高等教育公共基础课精品系列规划教材

信息检索与利用

主　编　钟云萍
副主编　刘振华　林　莉

北京理工大学出版社
BEIJING INSTITUTE OF TECHNOLOGY PRESS

内 容 简 介

本书简要介绍了信息检索的基本知识、基本方法和信息利用的正确方法。重点介绍了常用数据库和检索系统的检索途径与技巧，同时对知识产权和论文写作的相关知识进行了介绍。

本书既可作为高等院校学生学习信息资源检索方法和技能的教材，又可作为教学、科研和工程技术人员的参考书。

版权专有　侵权必究

图书在版编目（CIP）数据

信息检索与利用/钟云萍主编. —北京：北京理工大学出版社，2019.9
ISBN 978-7-5682-7571-2

Ⅰ.①信… Ⅱ.①钟… Ⅲ.①信息检索-高等学校-教材 Ⅳ.①G254.9

中国版本图书馆 CIP 数据核字（2019）第 196283 号

出版发行 / 北京理工大学出版社有限责任公司
社　　址 / 北京市海淀区中关村南大街 5 号
邮　　编 / 100081
电　　话 /（010）68914775（总编室）
　　　　　（010）82562903（教材售后服务热线）
　　　　　（010）68948351（其他图书服务热线）
网　　址 / http://www.bitpress.com.cn
经　　销 / 全国各地新华书店
印　　刷 / 唐山富达印务有限公司
开　　本 / 787 毫米 × 1092 毫米　1/16
印　　张 / 14.5　　　　　　　　　　　　　　　　　　责任编辑 / 朱　婧
字　　数 / 341 千字　　　　　　　　　　　　　　　　文案编辑 / 赵　轩
版　　次 / 2019 年 9 月第 1 版　2019 年 9 月第 1 次印刷　责任校对 / 周瑞红
定　　价 / 42.00 元　　　　　　　　　　　　　　　　责任印制 / 李志强

图书出现印装质量问题，请拨打售后服务热线，本社负责调换

前　言

人类社会已经进入信息和知识经济时代。信息意识和信息检索及利用能力是 21 世纪人才应具备的一项基本素质。作为新时代的大学生，具备信息检索能力尤为重要。文献检索课已经成为我国高等院校培养大学生信息素质的公共课之一。

本书是作者团队在多年教学实践的基础上，结合日新月异的现代信息检索技术新特点编写而成，重点介绍了信息检索相关理论、计算机检索、国内常用数据库、网络信息检索及信息资源的综合利用等内容。本书并未就信息检索涵盖的所有内容做全面详尽的介绍，而是从图书馆、信息检索基础、计算机信息检索、中文文献信息检索、国外网络数据库、特种文献及其检索等方面展开论述，希望读者对信息检索与利用有简明扼要的认识与了解。本书不仅可作为高校相关专业的教材，同时也可作为图书馆等专业从业人员的参考用书。

本书层次结构清晰，逻辑性强，注重检索过程的实际操作，难易程度契合应用型本科院校学生的实际。

本书由江西理工大学应用科学学院等有关高校专家和学者编写，钟云萍副教授担任主编，并负责全书大纲的编写和内容的构思，参加编写的还有刘振华、林莉。

本书在编写过程中，参考和引用了国内外专著、论文、教材和网站的相关观点，在此对提供文献资料的作者表示由衷的感谢！

由于编者水平有限，加上学科发展速度极快，本书难免有不足和疏漏之处，恳请同仁和广大读者批评指正。

编　者

CONTENTS 目录

第1章　绪论 ………………………………………………………………………… (1)
　1.1　信息概述 ……………………………………………………………………… (1)
　　1.1.1　信息的概念 …………………………………………………………… (1)
　　1.1.2　信息的属性 …………………………………………………………… (2)
　　1.1.3　信息、知识、情报、文献的关系 …………………………………… (2)
　　1.1.4　信息的作用与信息素质 ……………………………………………… (4)
　1.2　信息资源概述 ………………………………………………………………… (5)
　　1.2.1　信息资源的概念 ……………………………………………………… (5)
　　1.2.2　信息资源的类型 ……………………………………………………… (6)
　　1.2.3　文献信息资源的类型与特点 ………………………………………… (6)
　　1.2.4　信息检索的意义和使用 ……………………………………………… (9)

第2章　文献信息中心——图书馆 ………………………………………………… (10)
　2.1　图书馆概述 …………………………………………………………………… (10)
　　2.1.1　图书馆的概念与大学图书馆 ………………………………………… (10)
　　2.1.2　图书馆文献信息资源介绍 …………………………………………… (10)
　　2.1.3　图书馆的性质和特征 ………………………………………………… (11)
　2.2　图书馆读者服务 ……………………………………………………………… (12)
　2.3　大学生和图书馆 ……………………………………………………………… (14)
　　2.3.1　大学教育与图书馆 …………………………………………………… (14)
　　2.3.2　大学生成才与图书馆 ………………………………………………… (15)
　　2.3.3　终身教育与图书馆 …………………………………………………… (16)

第3章　信息检索基础 ……………………………………………………………… (18)
　3.1　信息检索概念 ………………………………………………………………… (18)
　　3.1.1　信息检索定义 ………………………………………………………… (18)
　　3.1.2　现代信息检索技术 …………………………………………………… (18)
　　3.1.3　信息检索类型 ………………………………………………………… (20)
　3.2　信息检索原理 ………………………………………………………………… (21)
　3.3　信息检索语言 ………………………………………………………………… (23)
　　3.3.1　信息检索语言的概论 ………………………………………………… (23)
　　3.3.2　信息检索语言的类型 ………………………………………………… (24)
　3.4　信息检索系统与检索工具 …………………………………………………… (27)

   3.4.1　信息检索系统的概念 …………………………………………………………(27)
   3.4.2　检索工具 ……………………………………………………………………(29)
  3.5　检索方法与步骤 …………………………………………………………………(31)

第4章　计算机信息检索 …………………………………………………………………(34)

  4.1　计算机信息检索基础 ……………………………………………………………(34)
   4.1.1　计算机信息检索概述 ………………………………………………………(34)
   4.1.2　计算机信息检索技术 ………………………………………………………(38)
   4.1.3　计算机信息检索策略 ………………………………………………………(44)
  4.2　联机信息检索 ……………………………………………………………………(48)
   4.2.1　联机信息检索的定义与系统构成 …………………………………………(48)
   4.2.2　联机信息检索系统的服务方式 ……………………………………………(49)
   4.2.3　联机信息检索的特点 ………………………………………………………(50)
   4.2.4　联机信息检索系统的联机方式 ……………………………………………(50)
   4.2.5　联机信息检索系统的综合评价指标体系 …………………………………(51)
   4.2.6　Internet 环境下联机信息检索的优势 ……………………………………(52)
   4.2.7　Internet 环境下联机信息检索的发展 ……………………………………(53)
   4.2.8　Dialog 联机信息检索系统 …………………………………………………(54)
   4.2.9　其他主要联机检索系统简介 ………………………………………………(57)
  4.3　光盘信息检索 ……………………………………………………………………(60)
   4.3.1　光盘信息检索的定义及其系统构成 ………………………………………(61)
   4.3.2　光盘信息检索的服务与利用模式 …………………………………………(62)
   4.3.3　光盘信息检索的特点 ………………………………………………………(63)
   4.3.4　光盘检索系统的评价指标体系 ……………………………………………(63)
   4.3.5　其他主要光盘检索系统简介 ………………………………………………(65)
  4.4　因特网信息检索 …………………………………………………………………(70)
   4.4.1　网络信息资源的定义和特点 ………………………………………………(70)
   4.4.2　网络信息资源的类型 ………………………………………………………(71)
   4.4.3　网络信息检索 ………………………………………………………………(74)
   4.4.4　常用网络信息资源的检索利用 ……………………………………………(82)
   4.4.5　人物和机构信息 ……………………………………………………………(90)
   4.4.6　学会、协会和基金等信息 …………………………………………………(91)
   4.4.7　会议文献信息 ………………………………………………………………(91)
   4.4.8　专利文献信息 ………………………………………………………………(93)
   4.4.9　科技报告和统计数据等信息 ………………………………………………(94)
   4.4.10　常用软件 …………………………………………………………………(95)
  4.5　搜索引擎 …………………………………………………………………………(96)
   4.5.1　搜索引擎的工作原理与系统结构 …………………………………………(96)
   4.5.2　搜索引擎的类型 ……………………………………………………………(98)
   4.5.3　各类型搜索引擎的介绍 ……………………………………………………(100)

第5章 中文文献信息检索 (111)

5.1 传统式文献信息检索与计算机检索系统概述 (111)
5.1.1 传统式文献信息检索 (111)
5.1.2 计算机检索系统 (113)

5.2 中国知识基础设施工程 (116)
5.2.1 中国知识基础设施工程概述 (116)
5.2.2 中国知识基础设施工程网站收录内容 (117)
5.2.3 中国知识基础设施工程检索 (121)
5.2.4 中国知识基础设施工程检索步骤 (122)
5.2.5 CAJ全文浏览器介绍 (124)

5.3 维普资讯数据库 (124)
5.3.1 维普资讯数据库概述 (124)
5.3.2 维普资讯数据库检索途径 (126)
5.3.3 VIP全文浏览器介绍 (130)

5.4 万方数据资源系统 (131)
5.4.1 万方数据资源系统 (131)
5.4.2 万方数据资源系统数据库 (132)
5.4.3 万方数据资源系统检索 (133)

5.5 超星中文电子图书 (137)

5.6 方正Apabi电子图书 (139)

5.7 中国高等教育文献保障系统 (140)
5.7.1 CALIS介绍 (140)
5.7.2 CALIS服务功能 (141)
5.7.3 CALIS的子项目建设 (142)

第6章 国外网络数据库 (146)

6.1 国外著名的检索工具 (146)
6.1.1 美国《工程索引》 (146)
6.1.2 美国《科技会议录索引》 (152)
6.1.3 《科学引文索引》 (155)
6.1.4 《化学文摘》(CA)数据库 (161)

6.2 重要国外数据库 (162)
6.2.1 EBSCO学术信息、商业信息网络数据库 (162)
6.2.2 Springer Verlag全文电子期刊 (165)

第7章 特种文献及其检索 (166)

7.1 专利概述 (166)
7.1.1 专利概况 (166)
7.1.2 专利文献的特点和用途 (166)
7.1.3 国际专利分类法简介 (169)
7.1.4 专利文献检索工具及其检索方法 (171)

7.2 中国专利文献及其检索 ……………………………………………… (173)
　　7.2.1 概况 ………………………………………………………… (173)
　　7.2.2 中国专利文献 ………………………………………………… (173)
　　7.2.3 中国专利文献检索工具 ……………………………………… (176)
　　7.2.4 中国专利文献检索途径 ……………………………………… (178)
　　7.2.5 因特网上检索中国专利文献 ………………………………… (180)
7.3 美国专利文献及其检索 ……………………………………………… (187)
　　7.3.1 概况 ………………………………………………………… (187)
　　7.3.2 美国专利文献 ………………………………………………… (188)
　　7.3.3 美国专利文献检索工具 ……………………………………… (191)
　　7.3.4 检索途径 ……………………………………………………… (193)
　　7.3.5 美国专利与商标局（USPTO）专利数据库 ………………… (194)
7.4 标准文献及其检索 …………………………………………………… (198)
　　7.4.1 标准文献概述 ………………………………………………… (198)
　　7.4.2 标准分类 ……………………………………………………… (200)
　　7.4.3 中国标准号识别 ……………………………………………… (202)
　　7.4.4 标准目录及其检索方法 ……………………………………… (203)
　　7.4.5 中国标准服务网的标准检索途径和方法 …………………… (203)

第8章 论文写作 …………………………………………………………… (209)

8.1 论文的特点 …………………………………………………………… (209)
8.2 论文的分类 …………………………………………………………… (210)
8.3 论文的基本格式及写作要求 ………………………………………… (211)
8.4 论文的写作步骤 ……………………………………………………… (216)

参考文献 ……………………………………………………………………… (224)

第1章 绪论

1.1 信息概述

1.1.1 信息的概念

今天,我们已经进入信息社会,信息包围着我们的生活,可以毫不夸张地说,我们今天是生活在信息的海洋中。在人类社会与自然界中,从日常生活到科学研究,信息和一切客观事物一样,无处不在、无时不有,在社会各个角落经常听到"信息"二字。信息和物质、能量一样,是构成客观世界的三个基本要素之一。然而,究竟什么是信息?对此,人们至今还没有一个严格统一的定义。我国《辞海》中记载:"信息是指对消息接受者来说预先不知道的报导"。这种说法有一定的道理,但它并没有揭示信息的本质和最实质性的内容。日本《广辞苑》载:"信息是对某种事物的预报"。美国《韦氏大辞典》载:"信息是通信的事实,是在观察中得到的数据、新闻和认识"。信息论的奠基人申农说过:"信息是能够用来消除不确定性的东西"。这些观点虽然都对信息的本质有一定程度的揭示,但它们都没有给信息一个明确的定义。我国信息理论界学者用辩证唯物的观点,对信息做出了种种解说。例如,我国学者周怀珍认为:"信息是物质和能量在空间和时间中分配的不均匀程度。"中国情报学的专家严怡民教授在其主编的《情报学概论》一书中,将信息定义为"生物以及具有自动控制系统的机器,通过感觉器官和相应的设备与外界进行交换的一切内容"。

从上述种种说法可以看出,目前,虽然理论界对信息的概念还没有一个统一的意见,但是从人们对信息的认识中,可以概括信息的一些最基本的内核:首先,信息的内容是客观的,即信息得以产生的基础是客观的,是不以人们的意志为转移的;其次,信息的形式是主观的,即信息是人们对客观事物的认知,是通过人们对客观事物的判断、推理而形成的;最后,信息是一切物质的基本属性,任何物质都可以成为信息源,任何物质都可以产生信息,任何物质的运动过程都离不开信息的运动过程。据此,我们可以把信息定义为:信息是物质的一种存在方式或状态,以及这种方式、状态的直接或间接的显示或表征。信息是事物本质、特征和运动规律的反映,它与事物同在,存在于整个自然界和人类社会。

1.1.2 信息的属性

信息具有的基本属性可归结为以下四方面：

①信息具有普遍性和客观性。世界是物质的，物质是普遍存在的，世间一切事物都在运动中，都具有一定的运动状态和状态方式的改变，因而一切事物时刻都在产生信息，物质及运动的普遍性决定了信息存在产生、更新、演变是一种取之不尽、用之不竭的源泉。信息的无限性还表现在时空上的可扩展性。例如，今天气象台报告的气象数据所包含的信息，明天就会失去价值，明天又会产生新的信息。如果将所有这些信息积累起来作为历史资料，又可以成为气候演变的重要信息，给人类创造幸福。

②信息具有相对性和特殊性。世间一切不同的事物都具有不同的运动状态和方式，并以不同的特征展现出来，因而不同的事物给人们带来不同的信息。

③信息具有实质性和传递性。事物在运动过程中和形态改变上所展现的表征，在被人们认知后，就构成了信息的实质内容。它只有依附于一定的载体传递后，才能被接受和运用。信息载体是多种多样的，如磁介质、电磁波、纸张、实物等。其表现方式也可以多种多样，如语言、文字、符号、图像、代码等。信息不可能不依附于任何物质载体而独立存在和交流。

④信息具有中介性和共享性。信息源于事物，但不是事物本身，而是人们用来认识事物的媒介。信息能够共享是信息区别不同于物质和能量的最主要特征，即同一内容的信息在同一时间、同一地域可以被两个以上的用户分享，其分享的信息量不会因分享用户的多少而受影响，原有的信息量也不会因之而损失或减少。我们对信息收集、整理、加工、存储，主要是为了使信息能够共享。当然，信息的共享性并不排除某些特殊信息的独占性和利用的有偿性，如军事信息、商业信息和专利信息等。

1.1.3 信息、知识、情报、文献的关系

人们在探讨信息的有关问题时，经常会遇到一些与信息有关的概念。因此，需要对信息与这些概念之间的关系进行必要的界定。

1. 知识

"知识是人类认识的成果或结晶"（《辞海》，1999年版普及本），知识是人类在认识和改造世界的社会实践中获得的对客观事物本质和运动规律的认识。知识可分为理性知识和感性知识。理性知识是人们对客观事物本质和规律性的认识，是经过思维、逻辑加工的知识，构成知识体系；感性知识是对客观事物的描述和对现象、事实的感知，是未经逻辑加工的知识。因此，人类不仅要通过信息感知世界、认识世界和改造世界，而且还要根据获得的信息组成知识。由此可见，知识是信息的一部分。但信息能否转化为知识，转化得是否充分、完整，则完全因人而异，这主要取决于信息接受方的认知能力。例如，不同的读者读同样一本书，由于每个读者的认知能力是不同的，他们所获得的信息量就会有显著的差别。

知识有两个来源：一个来自人们自身的检索实践，另一个来自前人和他人的知识。一般来说，一个人的知识绝大多数是继承或建立在前人和他人的知识基础上向前探索获得的结果。科学技术也正是有了继承才有发展。知识在人类社会的发展中起着巨大的作用。尤其在知识经济时代，它关系到一个国家和民族的未来生存和发展。

2. 情报

情报与信息在英文中为同一个词 Information，但信息的外延比情报广，信息包括情报。关于情报的概念，国内外众说纷纭。本书认为情报就是人们在一定时间内为一定目的而传递、收集的有使用价值的知识或信息。

早期人们只将情报和军事联系在一起，认为情报是战时关于敌情的报告。20 世纪中叶，情报的概念扩展到科技领域，出现了科技情报，因而形成了一个新的行业——科技情报业。随着科技情报事业的发展，科技情报概念逐渐成为一个主流的情报概念。20 世纪后期，为减少在国际交流中产生的误会，拓宽科技情报事业，国家将科技情报更名为科技信息。知识性、传递性、效用性是情报的基本属性，可见文献记录中的知识不一定都是情报。而情报也不一定都是文献记录的知识，因为情报还能以语言、信号等非文献形式存在。

3. 文献

文献是记录有知识的一切载体，即知识信息必须通过文献载体进行存储和传递。构成文献的三个最基本要素：一是文献含有知识信息；二是负载知识信息的物质载体；三是记录知识信息的符号和技术。文献使用各种标志符号，利用种种信息处理技术记录知识信息，而这些知识信息又依附于载体而存在。文献包括书刊等印刷出版物，还包括古代的甲骨文、书简等，以及当今的声像出版物、电子出版物和 Internet 网络数字文献等。

综上所述，信息、知识、文献和情报的关系归纳为：信息是事物运动的状态和方式及其反映；知识是人类通过信息对自然界、人类社会及其思维方式与运动规律的认识，是人的大脑通过思维重新组合的系统化的信息；情报是对用户有用的知识信息，文献是记录、存储、传播知识信息的载体，也是信息和情报的载体。简单地说，知识是系统化的信息；文献是静态的、记录的知识；情报是动态的、传递的知识。它们在一定条件下是可以相互转化的。目前，学术界比较一致的看法是：信息 > 知识 > 情报，文献和情报的关系十分密切，而且有所交叉。信息、知识、文献、情报之间的关系如图 1-1 所示。

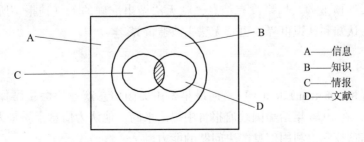

图 1-1　信息、知识、文献和情报关系

1.1.4 信息的作用与信息素质

1. 信息的作用

（1）信息是最主要的战略资源。

现代社会将信息、材料和能源视为支持社会发展的三大支柱，反映出信息在现代社会中的重要性。随着新技术革命的兴起，信息产业的迅速发展显示出带动经济和社会发展的巨大威力，信息产业已成为国民经济的先导产业。比如，美国第二次世界大战后从德国运回了大量研究成果资料，使得美国异军突起，成为经济和军事的超级大国。像日本那样资源贫乏、矿产奇缺的小国能挤进"超级经济大国"的行列，一个十分重要的原因，就是他们重视情报。20 世纪 60 年代，日本千方百计从美国各大学和研究机构获取大量的第一手实验阶段的技术资料，通过引进先进国家技术资源，在 20 世纪 80 年代日本国民经济产值跃居世界第三，日本人靠的就是信息通畅、信息产业发达。所以有人称日本是靠信息情报起家的国家。而非洲及其他地区的一些国家资源拥有量首屈一指却并不发达（或者富有但仍然不发达）。所以一个社会的进化速度是迅速还是缓慢，最基本的判断依据就是文化信息创新和流通是顺畅还是受阻。

（2）信息是社会的黏合剂。

从科学的观点来看，信息是社会的联结方式，人类的活动并不是孤立的个体活动，它通常表现为以个人活动为基础的社会性，人类活动的社会性赖以形成、维持和发展的根本保证就是人与人之间能够进行有效畅通的信息交流。社会是各种各样组织的有序集合，而社会的各种组织的有序集合也正是基于信息交流之上的。作为社会性的人，人与人之间的联系，基本上都属于一种文化信息的联系；社会有机体则是一个有一定自动调节能力的文化信息生态系统。没有信息就没有联系，也没有组织和团体，也就没有人类社会。正是在这种意义上，控制论的创始人维纳称："信息是人类社会的黏合剂。"

（3）信息是人类认识世界和改造世界的中介。

信息是物质的普遍属性。信息是事物的表象、本质、特征和运动规律的反映。信息对于作为认识主体的人类的基本作用，就是减少、消除人们认识上的不确定性。不同的事物有不同的信息，同一事物在不同的情况下也会产生不同的信息。人类就是在接受、感知这些不同的信息的基础上区别事物的差异，进而认识事物的。比如，我们就是通过收集各种气象信息来做出准确的天气预报的。如果没有信息，就无法做出准确的天气预报。所以如果没有信息，人类就无法认知和认识世界，也就无法去改造世界。

2. 信息素质

信息素质（Information Literacy）一词最早是由美国信息产业协会主席保罗·泽考斯基（Paul Zurkowsli）在 1974 年给美国政府报告中提出来的。他认为信息素质是人们在工作中运用信息、学习信息技术、利用信息解决问题的能力。

信息素质能力较强的人知道如何学习，因为他们了解知识是怎样组织的，知道如何找到信息，能够终身学习，因为他们能够发现所有与自己职责相关的决策所需要的信息。信息素质的内涵具体包括：意识到准确和完整的信息是决策的基础；了解信息需求及问题所在；制订信息检索策略；掌握信息检索技术；能评价信息；能根据实际用途组织信息；将新信息融合到现有的知识结构中。

具有信息素质的人主要具有以下几个方面的能力：

①运用信息工具的能力：熟练使用各种信息工具，特别是网上传播工具。

②获取信息的能力：根据自己的学习目标有效地收集各种学习资料和信息，能熟练地运用、阅读、访问、参观、实验、检索等获取信息的方法。

③处理信息的能力：能对收集的信息进行归纳、分类、存储记忆、鉴别、筛选、分析综合、抽象概括和表达等。

④生成信息的能力：在信息收集的基础上，准确地概述、综合、改造和表述所需要的信息，使之简洁明了，通俗流畅并富有个性。

⑤创造信息的能力：在多种收集信息的交互作用的基础上，迸发创造思维的火花，产生新信息的生长点，从而创造新信息。

⑥信息增效的能力：善于运用接收的信息解决问题，让信息发挥最大的社会效益和经济效益。

⑦信息协作的能力：使信息和信息工具作为跨越时空的交往和合作的中介，成为高效延伸自己的手段，同外界建立多种和谐的协作关系。

⑧信息免疫的能力：浩瀚的信息资源往往良莠不齐，需要正确的人生观、价值观判别能力以及自控、自律和自我调节能力，能自觉抵制和消除垃圾信息及有害信息的干扰和侵蚀，并完善合乎时代的信息伦理素养。

因此，信息素质是指从各种信息源中检索、评价和使用信息的能力，是信息社会劳动者必须掌握的终身技能。

21世纪是网络信息和知识大发展的世纪，在信息化社会中无论是个人还是企业，信息素质是谋生存、求发展的重要因素。信息素质教育是现代教育的重要组成部分，也是高校培养高素质人才的重要内容和主要目标，是知识经济创造性的特征和国家发展知识经济的要求。信息素质将使学生终身受益，它是终身教育的前提条件，具备信息素质的学生，无论在学校还是走上社会，都会养成主动学习的良好习惯。

1.2 信息资源概述

1.2.1 信息资源的概念

1. 信息资源的含义与特点

信息是普遍存在的，但并非所有的信息都是信息资源，信息只有经过人类加工后，可被利用的信息才称为信息资源。因此构成信息资源的基本要素是信息、人、符号、载体。信息是组成信息资源的原料，人是信息资源的生产者和利用者，符号是生产信息资源的媒介和手段，载体是存储和利用信息资源的物质形式。信息资源与其他资源相比，具有可再生性和共享性的特点。可再生性是指不同于一次性消耗资源，它可以反复利用而不失去其价值，对它的开发利用愈深入，不仅不会枯竭，反而还会更加丰富和充实。可共享性是指能为全人类所分享而不失去其信息量。

2. 信息资源的使用价值

信息资源使用价值的主要要素有两个：一是真实度。理论性和实证性是信息程度、科学研究的客观性和科学实验的可再现性，是信息资源真实度的体现。形象地说，信息资源的真实度如同矿产资源的品位，品位越高，其真实度就越高。二是时效性。信息资源的时效性主要体现在滞后性和超前性。由于事物皆处于运动中，作为反映事物运动状态和方式的信息也在不断变化，以信息为源头的信息资源也或多或少具有滞后性。信息的滞后性体现了认识总是落后于客观存在，如果不能及时地使用最新信息，信息的价值就会随其滞后使用的时差而减值。信息的超前性体现出在把握了客观事物规律的前提下，能够对可能发生的事物进行预测。因此，对具有继承性和创造性两重性的科学研究，信息资源可以帮助研究人员在科学研究活动中选择正确的研究方向或技术路线，避免重复劳动。

1.2.2　信息资源的类型

信息资源的类型，可根据多种依据来划分。

以开发的程度为依据，可分为潜在信息资源和现实信息资源。①潜在信息资源是指人类在认识和思维创造的过程中，存储在大脑中的信息，只能为本人所利用，无法为他人直接利用，是一种有限再生的信息资源。②现实信息资源是指潜在人脑中的信息通过特定的符号和载体表述后，可以在特定的社会条件下广泛地传递并连续反复地为人类所利用，是一种无限再生的信息资源。

按表述的方式和载体为依据，可分为口语信息资源、体语信息资源、实物信息资源和文献信息资源。①口语信息资源是人类以口头方式表述但未被记录的信息资源，通常以讲演、讨论等方式交流与利用。②体语信息资源是人类在特定的文化背景下，以表情、手势、姿势等方式表述的信息资源，通常以舞蹈等各种表演方式来表现与交流。③实物信息资源是人类通过创造性劳动以实物形式表述信息资源，通常以样品、模型、雕塑等实物进行展示与交流。④文献信息资源是人类用文字、数据、图像、声频、视频等方式记录在一定载体上的信息资源。只要这些载体不被损坏或消失，文献信息资源就可以跨越时空无限循环地为人类所利用，还可以按人类的需求整理成具有优化结构的文献信息资源体系。文献信息资源是本书研究与讨论的主体。

1.2.3　文献信息资源的类型与特点

（1）文献信息资源以载体材料、存储技术和传递方式为划分依据，可分为印刷型、缩微型、声像型和电子型。

①印刷型。以纸质材料为载体，采用各种印刷术把文字或图像记录存储在纸张上而形成。它既是文献信息资源的传统形式，也是现代文献信息资源的主要形式之一。主要特点是

便于阅读和流通，但因载体材料所存储的信息密度低，占据空间大，难以实现加工利用的自动化。

②缩微型。以感光材料为载体，采用光学缩微技术将文字或图形、影像等信息符号按照一定比例缩小后存储在感光材料上，并借助专用阅读器而使用的文献。主要特点是储存密度高（存储量高达 22.5 万页的全息缩微片已问世）、体积小、质量轻（仅为印刷型的 1/100），便于收藏；生产迅速、成本低廉（只有印刷型的 1/15～1/10）；缺点是制作、保存和使用条件严格，文字图像小，不能直接阅读，必须借助专用阅读机才能阅读，设备投资较大。

③声像型。以磁性和光学材料为载体，采用磁录技术和光录技术将声音和图像记录存储在磁性或光学材料上，主要包括唱片、录音录像带、电影胶卷、幻灯片等。主要特点是存储信息密度高，用有声语言和图像传递信息，内容直观、表达力强、易被接受和理解，但须借助一定的设备才能阅读。

④电子型。电子型的前身称为机读型，以软盘、磁带、光盘等磁性介质为载体，用键盘输入或光学扫描等记录手段，并通过计算机处理后生成的一类文献，包括计算机文档、光盘数据（电子、图书、期刊、报纸）、电子邮件和电传文本等。因此，它不仅可以进行检索，还可以对文本进行有目的的抽取、排序、重新组合，从而产生新的信息产品。同时，它可以对文献内容的各个知识单元，甚至字频进行计算机分析，使文献计量分析得以深化。

(2) 文献信息资源以撰写的目的和文体划分，主要可分为著作、学术论文、专刊说明书、科技报告、技术标准、技术档案、产品资料等。其中信息含量大、学术价值和使用频率较高的为前五种。

①著作。著作是作者或编著者在大量搜集、整理信息的基础上，对所研究的成果或生产技术经验进行全面归纳、总结、深化的成果。在内容上具有全面、系统、理论性强、技术成熟可靠的特点。著作一般以图书的形式出版发行。根据其撰写的专深程度、使用对象和目的，著作主要分为下列几类，即科学著作、教科书、技术书、参考工具书。若要对某学科或某专题获得较全面、系统的知识，或对不熟悉的问题要获得基本的了解时，选择著作是行之有效的方法。

②学术论文。学术论文是指作者为发布其学术观点或研究成果而撰写的论述性文章。论文内容一般是某一学术课题在理论性、实践性或预测性上具有新的研究成果或创新见解，或是某种已知原理应用于实践中取得新进展的科学总结，向使用者提供有所发现、有所发明、有所创造的知识信息。学术论文具有信息新颖、论述专深、学术性强的特点，是人们交流学术思想的主要媒介，也是开展科学研究参考的主要信息源之一，一般以期刊的形式刊载发表。学术论文按撰写的目的可分为科学论文、技术论文、专题论文、学位论文等。

③专利说明书。专利说明书是指专刊申请人向专利主管部门呈交的有关发明创造的详细技术说明书，是具有知识产权特性的信息资源，主要包括经实批准授权的专利说明书和未经实审的专利申请公开说明书，一般由专利主管部门出版发行。专利说明书数量庞大，累计已达 4 000 余万件，每年以约 100 万件的速度递增。其内容广博，新颖具体，从高深的国防尖端技术到普通的工程技术以及日常生活用品无所不包，具有融技术信息、经济信息、法律信息为一体的特点。根据世界知识产权组织统计，全世界每年发明创造成果信息的 90%～95% 都能在专利说明书中查到，并且许多发明创造只通过专利说明书公开。因此，在应用技术研究中经常参阅和利用专利说明书，可以缩短研究时间的 60%，节省开发费用的 40%，是了解掌握世

界发明创造和新技术发展趋势、制订科技发展规划、实施技术发行的最佳信息资源。

④科技报告。科技报告是描述一项研究进展和取得的成果，或一项技术研制试验和评价结果的一种文体。它反映了新兴学科和尖端学科的研究成果，能代表一个国家的科学技术水平，各国都很重视。在全世界的科技报告中，以美国的四大报告最为著名，即 AD 报告（军用工程）、PB（民用工程）、DOE（能源工程）、NASA（航空航天工程）。科技报告具有信息新颖、叙述详尽、保密性强、有固定的机构名称和较严格的陈述形式的特点。按研究阶段可将科技报告分为进展报告和最终报告。每份报告单独成册，是获取最新技术研究成果信息的重要信息资源。

⑤技术标准。技术标准是对产品和工程建设各个方面所作的技术规定，是进行科研和生产的共同依据，有单行本和汇编本（图书形式）两种出版发行方式。技术标准具有计划性、协调性、法律约束性的特点，它可使产品规格化、系列化和通用化，对提高生产水平、产品质量，节约原材料，推广应用研究成果，促进科技发展等有着十分重要的作用。根据使用的范围可将技术标准分为国际标准、区域标准、国家标准和企业标准，按内容可分为基础标准、产品标准、工艺及工艺装备标准和方法标准等。因此，它可以作为了解各国的技术政策、经济政策、生产水平和标准水平的参考，也可以为组织生产活动和制订出口策略提供依据。

（3）文献信息资源按其信息加工深度划分，可分为零次文献信息、一次文献信息、二次文献信息、三次文献信息和高次文献信息。

①零次文献信息资源。零次文献信息资源是指未以公开形式进入社会流通使用的实用记录、会议记录、内容记录、论文草稿、设计草稿等。具有信息内容新颖、不成熟、不定型的特点，因不公开交流而难以获得。

②一次文献信息资源。一次文献信息资源是指以作者本人的研究工作或研制成果为依据撰写，已公开发行进入社会流通使用的专著、学术论文、专利说明书、科技报告等。因此，一次文献信息资源包含了新观点、新发明、新技术、新成果，提供了新的知识信息，是创造性劳动的结晶，具有创造性的特点，有直接参考、借鉴和使用的价值，是人们检索和利用的主要对象。

③二次文献信息资源。二次文献信息资源是对一次文献信息进行整理、加工的产品。即把大量的、分散的、无序的一次文献信息资源收集起来，按照一定的方法进行整理、加工，使之系统化而形成的各种目录、索引和文摘，或各种书目型数据库。因此，二次文献信息资源仅是对一次文献信息资源进行系统化的压缩，无新的知识信息产生，具有汇集性、检索性的特点。它的重要性在于提供了一次文献信息资源的线索，是打开一次文献信息资源知识宝库的钥匙，可以节省查找知识信息的时间。

④三次文献信息资源。三次文献信息资源是根据一定的目的和需求，在大量利用一次、二次文献信息资源的基础上，对有关知识信息进行综合、分析、提炼、重组而生产的再生信息资源。如各种教科书、技术书、参考工具书、综述等，都属三次文献信息的范畴。三次文献信息资源具有综合性高、针对性强、系统性好、知识信息面广的特点，有较高的实际使用价值，能够被直接参考、借鉴和利用。

⑤高次文献信息资源。高次文献信息资源是在对大量一次、二次、三次文献信息资源中的知识信息进行综合、分析、提炼、重组的基础上，加入了作者本人的知识和智慧，使原有

的知识信息增值，生成比原有知识品位更高的知识信息新产品。如专题述评、可行性分析论证报告、信息分析研究报告等，它具有参考性强、实用价值高的特点，社会效益和经济效益显著。

综上所述，从零次文献信息资源到一次、二次、三次、高次文献信息资源，是一个从不成熟到成熟，由分散到集中，由无序到有序，由博而略，由略而深，对知识信息进行不同层次加工的过程。每一过程所含知识信息的质和量都不同，对人们利用知识信息所起的作用也不同。

1.2.4 信息检索的意义和使用

人类进入 21 世纪，也进入了信息和知识经济时代。在计算机、网络技术日新月异、国际互联网四通八达的今天，我们置身于信息与知识的海洋中，以致有"文献污染""信息爆炸"之说。如今人们查找所需文献信息越来越困难，因此，要想从浩如烟海的文献信息中，及时、准确、全面地查找到所需的信息资源，不学习和掌握信息检索的知识和方法是不可能的。只有用科学的方法、有效的工具，才能打开知识宝库的大门。信息意识（人们对特定信息的识别、分析、判断、吸收的敏感性和自觉性）和通过信息检索获得信息的能力是影响科技工作者从事科学研究和技术开发能力强弱的重要因素，同时也是影响一个国家、一个地区、一个单位科研成果多少和学术水平高低的重要因素。正因为如此，1984 年以来，信息检索知识的教育受到高等院校，特别是理工院校的普遍重视，教育部曾多次发文要求加强文献检索课的教育。由此可见，文献检索的重要性受到普遍重视。

信息检索的重要意义与作用主要体现在以下两个方面：

①充分利用信息资源，避免重复劳动。科学研究具有继承和创造两重性，科学研究的两重性要求科研人员在探求未知或从事研究工作之前，应该尽可能地占有与之相关的信息，即利用信息检索的方法，充分了解国内、国外相关研究人员对拟探索或研究的问题做过哪些工作，取得了什么成就，发展动向如何，等等。这样才能做到心中有数，防止重复研究，将有限的时间和精力用于创造性的研究中。因此，信息检索是科学研究不可缺少的前期工作。

②为人们更新知识、实现终身学习提供门径。当代社会，人们需要终身学习、不断更新知识，才能适应社会发展的需求。美国工程教育协会曾估计，学校教育只能赋予人们所需知识的 20%～25%，而 75%～80% 的知识是走出学校后，在研究实践和生产实践中根据需要，不断再学习而获得的。因此，掌握信息检索的方法与技能，是形成合理知识和更新知识的重要手段，能帮助人们不断进取。

第 2 章

文献信息中心——图书馆

图书馆是收集、整理、保管和利用书刊资料，为一定社会的政治、经济服务的文化、科学和教育机构。它是人类社会发展到一定阶段的产物。人类社会信息交流的方式主要有两种：直接交流和间接交流。直接交流是人们之间直接接触而产生的信息交流，它通过语言和动作、表情等体态语言，生动、直观地表达信息。直接交流受时间、空间和语言等方面的限制，而且不能长期有效地存储。间接交流是人们通过辅助工具（文献信息）间接接触所产生的信息交流，它突破了直接交流的局限。图书馆正是为适应人类间接交流需要而产生的。

2.1 图书馆概述

2.1.1 图书馆的概念与大学图书馆

什么是图书馆？对于这个问题，国内外有种种不同的解释。尽管解释各有千秋，但基本观点是一致的，即图书馆是收藏书刊资料的地方；图书馆收藏的书刊资料是供借阅使用的。《图书情报词典》中图书馆一词的解释为"通过文献的收集、整理、存储、利用，为一定社会读者服务的文化、科学与教育机构"。

大学图书馆是学校的图书资料情报中心，是为教学和科研服务的学术性机构。它的工作是学校教学和科研工作的重要组成部分。许多国家都把图书馆视为学校的三大支柱（师资、教学设备、图书资料）之一，称大学图书馆为"大学的心脏""学校学术活动的中心"。它的基本任务是要贯彻党和国家的方针、政策和法令，宣传马克思列宁主义、毛泽东思想和人类科学文化的优秀成果，履行教育职能和情报职能，为培养有理想、有道德、有文化、有纪律的社会主义建设人才，发展教育科学文化事业，建设社会主义物质文明和精神文明做出贡献。

2.1.2 图书馆文献信息资源介绍

图书馆是学校的文献信息中心，无疑也是校园网上的重要信息资源。图书馆的自动化、网络化、数字化建设为图书馆上网奠定了基础，校园网的开通为图书馆提供网上服务创造了条件。目前，许多大学图书馆都已建成自动化集成管理系统，正进行网络化、数字化建设，并通过校园网开始上网服务。读者进入相应的图书馆主页（HomePage），就可使用图书馆资源。

HomePage 被国内许多专家译为"主页"，也有将其译为"起始页"的。HomePage 主要用来介绍本单位的情况，包括本单位的产品、主要服务项目，甚至在网上的链接接口等。图书馆在 HomePage 上不单介绍本馆情况，更重要的是作为网上服务的窗口，引导读者使用图书馆的文献资源和服务，并帮助读者以最快的速度获得所需的信息。此外，图书馆还可以利用 HomePage 收集有关信息源的网址，建立学科信息导航系统，帮助读者在茫茫的网上电子信息世界中漫游、检索所需的文献信息。

各图书馆提供的网上服务项目不同，因而其主页的内容也不相同。图书馆主页一般由三方面的信息构成：一是介绍性信息，包括图书馆概况、读者使用指南、本馆规章制度、新闻通告等；二是图书馆提供的网上服务，如馆藏书目数据检索、光盘检索、新书荐购、预约借书、续借、文献传递等；三是网络信息资源导航、参考咨询等。

2.1.3 图书馆的性质和特征

1. 图书馆的性质

高等学校图书馆是学校的文献信息中心，是为教学和科学研究服务的学术机构，是学校信息化和社会信息化的重要基地。图书馆工作是学校教学和科学研究工作的重要组成部分。

为教学和科学研究工作服务是高等学校图书馆的基本特征，也是它存在的价值，是它全部工作的出发点和归宿，并贯穿于其全部工作的各环节之中。

高等院校图书馆的服务是一种专业性、学术性很强的服务，从服务内容、服务手段到服务方法，无不反映它的学术性质。因此，高等学校图书馆不是一个独立的教学机构或学术研究机构，也不是一个单纯事务性服务机构，而是为教学和科学研究工作服务的学术性机构。服务性和学术性共同构成了高校图书馆的整体，不能相互割裂。

高等学校中，图书馆、师资与实验设备是学校建设的三大支柱，它的建设和发展应与学校的建设和发展相适应，其水平是学校总体水平的重要标志。高等学校要培养高质量的、适应现代化要求的全面发展人才和取得高水平的科研成果，必须有高质量的文献信息资源和文献信息工作的保证。

英国哲学家卡尔·波普尔于 1967 年曾提出过两个思想实验：①如果人类所有的机器、工具都被毁坏了，而图书馆还保存着，那么，人类经过许多苦难，仍然能够重新发展；②如果图书馆连同所有机器、工具都被破坏了，那么，人类文明的重新出现，就会是几千年以后的事了。因此，收集和保存人类文化遗产和传递文献信息知识是图书馆的两个基本职能。就高等学校图书馆来说，主要履行的是教育职能和信息服务职能。

2. 图书馆的特征

①学习知识中心：获取知识的一个最基本最通常的途径就是学习，而获取、吸收知识的

一种方式就是阅读。图书馆提供的是自由、开放的最有吸引力的学习环境和阅读氛围，是一种不断对外部文化进行分析、选择、吸收，进而衍生出新兴社会潮流的文化体系，对社会文化产生先导作用。读者不仅可以利用阅览、外借、咨询等方式来学习知识，也可以利用图书馆的网络进行学习，还可以通过图书馆开展的研讨、交流、讲座、培训等活动进行学习。因此，图书馆提供的学习是一种"知识集合"，独一无二。这就是它的生命力所在。

②获取信息中心：图书馆是信息中心，这是《公共图书馆宣言》所界定了的。凭借现代信息网络传播媒介，它具有快捷、生动、鲜明、交流和渗透等特征，成为各种信息大潮奔涌的阵地。在图书馆，读者可以通过浏览图书、报刊、各类专业数据库、网上搜索或联机服务来获取信息；或从图书馆的咨询服务机构、信息机构，如参考咨询部、信息服务部、情报部等信息研究中心来获得信息；也可以参加图书馆的不同活动，或是图书馆的现场信息发布、交流会来收集信息，从而使社会各种文化在时空上的距离大大缩短。

③知识交流中心：图书馆知识密集，人流密集，就像一个"小社会"。图书馆文化既服务于学校的教学实践活动，又是学校教学实践的补充。图书馆通过组织的各项活动，通过创造的精神氛围和相应的文化载体，潜移默化地感染学生的情绪，陶冶学生的情操，塑造学生的心灵，引起个体的共鸣。它促进了读者之间、馆员与读者之间的学习交流、知识交流、信息交流、学术交流，使它成为知识信息交流中心、社会活动交流中心。

2.2　图书馆读者服务

在高等院校，图书馆是学校教学和科研的重要支撑，是学校不可或缺的学术机构之一。而且图书馆也是学生的第二课堂，学生通过图书馆可以学到更多在课堂上学不到的知识，随着个人知识的不断积累和沉淀，学生在学校获得的教育必然会使他们成为各行各业的栋梁之材。

随着图书馆在人们生活、学习和工作中地位的日趋提高，图书馆的发展也越来越人性化、现代化、信息化、网络化。图书馆的一切工作只能是围绕读者、以读者需求为导向而开展的，是以为读者提供一切便利优质的服务为前提的，图书馆工作的宗旨是"读者第一，服务至上"，尽量满足读者的教学科研或求知需求。

1. 外借服务

外借服务是提供读者将部分馆藏文献借出一定期限，进行馆外阅读的服务方式，它是图书馆最基本、最主要的服务工作，是读者利用图书馆文献的主渠道，可以满足读者系统阅读、随时随地查阅文献的需要。外借服务包括个人外借、集体外借、预约借书、馆际互借等方式。但外借服务受文献范围、品种、外借期限等因素的限制，尚不能完全满足读者的阅读需要。

2. 阅览服务

阅览服务是图书馆利用一定的空间、设施，组织相应的藏书，提供读者在馆内利用文献的一种方式。阅览室是图书馆为读者提供阅览服务的主要场所。一方面，阅览室有宽敞明亮的空间、整洁安静的环境和与阅读活动配套的各种辅助设备，并能得到工作人员的阅读辅导；另一方面，阅览室的文献种类齐全、品种丰富新颖，而且拥有一部分不适宜外借阅读的文献资料，能同时满足读者各方面的文献需要。阅览室根据读者对象、文献类型、文献学科性质、服务方式等可以划分为多种不同功能的服务单元，实现不同读者的阅读需要。

3. 宣传辅导

宣传辅导服务的目的是向读者揭示馆藏，让他们更好地利用馆藏，提高文献利用率，降低拒借率，是图书馆开发利用馆藏文献，教育、影响、指引读者的有效方法。它包括文献宣传和阅读辅导两方面的内容。文献宣传是及时向读者推荐优秀文献，常用的方式有新书通报、专题书展、报告会、书评活动等。阅读辅导包括阅读内容的指导和阅读方法的指导。前者是指导读者正确理解文献内容，评价和鉴别文献价值，帮助读者从文献中汲取有益的营养；后者是向读者传授学习方法，引导读者有目的地阅读，克服阅读活动的盲目性。

4. 参考咨询

参考咨询是图书馆工作人员对读者利用文献和寻找知识方面提供帮助的活动，是发挥图书馆信息服务职能、开发文献资源、提高文献利用率的重要手段。它以协助检索、解答咨询、专题文献报道、信息检索服务等方式向读者提供事实、数据和文献线索。

5. 文献检索

文献检索服务是图书馆针对读者研究课题的实际需要，利用书目、索引、文摘、百科全书、年鉴、名录等工具书，查找与课题有关的文献资料。文献检索是科研工作的重要组成部分，它能广、快、精、准地向读者提供所需文献资料，大大节省读者进行研究的时间和精力。

6. 读者教育与培训

读者教育与培训是培养读者信息素质的重要环节。图书馆通过开展新生入馆教育、开展文献检索与利用课程、举办不同层次培训班或讲座以及其他多种手段，宣传图书馆资源和服务，帮助读者了解文献信息知识、图书馆馆藏组织和服务内容，掌握文献检索的方法，增强读者的信息意识和获取、利用文献信息的能力。

7. 网络信息服务

网络技术和多媒体技术等信息技术的应用，极大地拓宽了图书馆信息服务的范围，出现了一些新型服务项目。如图书馆联机目录和联机数据库服务、全文型电子出版物和网络化文献传递服务、网络信息资源导航服务的广泛应用，使文献资源的获取和服务进入了电子化知识传递的新环境，形成多渠道、全方位的局面。

图书馆各种服务方式有其相对独立的功能、效果和适用范围，而整个方法体系的各组成部分又是相互联系、渗透、补充和结合的。传统的单一外借、阅览已转变为主动提供文献信息的咨询、检索、情报服务，以整体文献为单位的一次文献服务发展成以单篇文章、主题内容、知识单元为单位的多次文献信息服务。

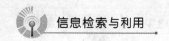

2.3 大学生和图书馆

2.3.1 大学教育与图书馆

大学图书馆是大学的重要组成部分,是大学的文献信息中心,是为教学和科研服务的学术机构,是人类知识的宝库,是寻求知识、追求理想的良师益友,是大学生的第二课堂。

1. 图书馆是大学生的良师益友

在大学中,学生能够在课余时间利用图书馆继续进行综合性和持续的学习。大学生借助图书馆的丰富藏书、参考工具书、各种报刊资料,以及各种有利条件,不断提高自学能力,通过自学来获得新知识,补充课堂上未学到的知识,拓宽自己的知识结构,丰富自己的综合知识,提高自己的文化素质。如果说上课的老师是言传身教的老师,那么图书馆便是无言的老师,它对每一位同学都是公平的,只要你付出,便会有收获。大学教育不同于初级教育,它在给学生传播基本知识的同时,还注重培养大学生的自学能力、思维能力和独立研究的能力。而大学生自学就需要依靠图书馆。图书馆有安静的环境;图书馆作为知识的海洋,它拥有丰富的藏书并使人产生求知的欲望;图书馆有课堂所学知识的延伸和课堂以外各种综合性知识。大学生写论文、进行学术研究、参加论文答辩,甚至做作业都需在图书馆查阅文献资料。图书馆不仅为大学生提供丰富的文献资料,而且还教会了大学生掌握文献及文献检索的基本知识,掌握收集、获取文献情报的基本技能,从而掌握论文的选题和写作方法等。大学生通过图书馆找到了所需要的知识,进行再学习、再教育,从而提高自身的文化素质。

2. 图书馆是大学生的第二课堂

大学生在大学期间,要巩固消化课堂上学到的知识,就需要自学。通过在图书馆查找资料,认真学习各种辅导书,能促进大学生进一步巩固课堂上所学到的知识。每位大学生在课堂上学到的知识是十分有限的,大学生要想在大学生活学习期间掌握更多的知识,对课堂知识有更深的理解,就需要进一步利用图书馆丰富的文献资料,来补充课堂上所学知识的不足。

图书馆是知识的宝库,大学生在学习期间,如果能珍惜宝贵的学习时间,充分利用图书馆文献资料,把自己的自学时间放到图书馆里去,在知识的海洋中遨游,将会给自己带来无穷的乐趣,并能进一步扩大知识面。通过自学图书馆的文献资料,学生不仅可以扩大自己的知识面,补充课堂知识的不足,巩固课堂知识,更重要的是增强了自己的自学能力。人类知识在不断更新,大学教育中学到的知识是有限的,要能够在人类社会实践中更好地工作,就需要不断地学习,不断地掌握新知识、新技术,而掌握各种新知识,最主要的方式就是自学。在大学学习期间,有意识地培养自学能力,能较好地利用图书馆的文献资料为己所用,是十分重要的。

确立目标,自信自强,方法得当,努力不懈,大学生在大学期间是可以有所作为的。牛顿 19 岁入剑桥大学，他的微积分、万有引力和二项式定理三项伟大科学成果都是在大学期间创造出来的；伽利略 17 岁进比萨大学，19 岁发现了单摆定律；郭沫若的《女神》就创作于大学期间；曹禺在大学期间构思、创作的《雷雨》，使他一举成名。大学教育离不开图书馆，高校图书馆不仅是教师从事教学科研的得力助手，也是学生提高文化素养和专业水平的良师益友。大学生必须学会利用图书馆，必须善于利用图书馆。只有这样，专业才能学得好、学得深，才能"有所发现，有所发明，有所创造，有所前进"，成为社会企盼的有用之才。学习的机会对每个人都是平等的，怎样利用好图书馆收藏的文献知识来达到学习的目的，是值得每位大学生认真思考的。

2.3.2 大学生成才与图书馆

1. 当代大学生成才的社会背景

近三十年来，以电子计算机和现代通信技术为核心的现代化信息技术在信息处理中的应用，使人类收集、整理和传播信息的方法进入了自动化时代，新的技术革命如滔天巨浪，对现代社会产生了激烈的冲击。但从 20 世纪 70 年代以来，以美国哈佛大学教授丹尼尔为先驱的各国未来学家，纷纷撰文揭示现代社会发展的大趋势是信息社会的到来。信息社会需要大量生产信息，而信息归根结底是人脑智慧的结晶。所以在信息社会中，世界各国最严重的挑战是人才的训练问题，教育产生了巨大的变革，自学已经成为信息社会主要的教育形式，终身教育、终身学习成为人们的共识。人们必须不断地获取新的信息、更新知识，才能适应现代社会科学技术日新月异的发展节奏。知识经济就是以知识的收集、传播、利用和增值为基础的新经济模式。由此可见，信息技术革命对人类现代社会的冲击，构成了当代大学生成才的新的社会背景。而图书馆作为社会信息流通渠道中的重要环节，在当代大学生成才教育中起着不可低估的重要作用。

2. 现代社会对人才的要求

信息技术革命掀起了教育事业改革的世界潮流，靠单纯的传授知识、培养知识型人才的传统教育，已不能适应现代化社会发展的需要，现代社会要求学校培养能力型、创造型人才。这就要求大学生具备自学能力和独立研究能力，这是当代大学生社会适应能力的两个重要方面。学生的自学能力和独立研究能力，在很大程度上取决于获取信息的能力。自学能力是指学生能够主动地获取信息、知识或情报来形成对某一课题或某个领域的系统了解，而独立研究能力是指学生通过自己获得的知识、信息或情报，对前所未有的、某一课题或某一领域的认识、判断，所以自学能力和独立研究能力的培养与产生，都离不开对信息、知识情报的选择、收集、判断和综合运用。北京大学陈蒸源教授指出："现代社会所达到的知识密度，一个人如不能系统接受信息的熏陶，便无法成才。"成才的过程就是吸收、利用、加工处理以及输出信息的过程。图书馆对文献信息的收集、整理、存储、开发、传播、利用，起着对信息传播的整序与延伸作用，充当着学生与文献信息、知识联系的中间纽带，是开发智力资源的工具，图书馆收藏的丰富的书刊，为学生自学深造、获取信息提供了优越条件。

2.3.3 终身教育与图书馆

1. 何谓终身教育

终身教育是指完成了某一教育阶段的人在参加工作之后重新接受一定形式的、有组织的教育。它作为知识经济时代人才培养的必然要求，已逐步为人们熟悉和接受。终身教育的目的在于最大限度地实现人生的价值，把过去一个人接受教育由阶段性转变为终身性，把过去片面强调学历教育转变为着重能力培养。

有一句谚语：求知不止，从出生到坟墓。终身教育观念认为学习是一种持续进行的自我实现的行为，它作为一种被人们广泛认可的观念，并不是"空中楼阁"，而是植根社会土壤，紧随时代发展的先进理念。终身教育观念基于知识经济社会产生。在知识经济时代，"知识"成为社会生产的最基本要素，而人才是知识的承载者，也是知识向物质生产飞跑的关键，所谓关键，是指一根环环相扣的链条上最为薄弱的一环。在科技飞速发展的今天，谁没有知识谁就落后，谁停止学习谁就可能被社会淘汰。一次培训、终身不愁的观念已经落伍，新知识层出不穷，使人们原有的知识在一段时间后就落后了，只有补充新知识、学习新技能，才能适应迅速变化的职业环境，即便人们曾经接受过较高层次的教育也不能是一劳永逸。

我们的教育应该不断地传达这样的信息：你只有终身学习，才能跟上时代步伐，如果故步自封或安于现状，原有的才能渐渐消弭，就会落伍于时代。以此形成一个"终身教育"意识强化的过程。终身教育意识是指教学双方把知识经济时代对人才培养提出的要求在现阶段自觉转化为着眼于提高实践能力的一种教学愿望和教学动力。

终身教育，边做边学不仅只是口号，而是已成为每个人内在的迫切需要。与之相关的学习精神、学习毅力、知识获取、运用能力就成为衡量人才的重要标尺。

2. 终身教育与图书馆

终身教育是教育发展的大趋势，是一种教育思想和新兴的教育体系，是对传统教育思想和教育体系的重要发展。随着经济的发展、产业结构和人才市场的不断变化，"创新人才是资本"成为一种基本的理念。新知识、新技术在当今社会扩散速度快，导致对知识技术的更新要求也加快，要求人们必须具备与之适应的竞争能力，强调人的一生要不断学习、补充和更新知识，接收新的信息。图书馆应认清形势，抓住机遇，积极推进终身教育的发展。

图书馆作为收藏知识的宝库，在教育中起着不可替代的作用，有着得天独厚的优势。它有传播知识、开发智力、启迪智慧、进行德育教育的功能。图书馆有丰富的馆藏，是教育的有益补充。它有取之不尽的文献资源，有参与终身教育的坚实基础和最佳场所。图书馆有保存人类文化遗产、收集文献资料的职能，它承担着把历史的、地域的各学科门类的文献汇集起来，并将纷乱无序的知识有序地组织且将文献信息提供给社会的职责。现代社会是一个信息时代，知识更新速度越来越快，客观上要求将正规、非正规及非正式教育有机地结合成一个教育体系，要求建立回流制度，鼓励人们回到教育机构接受教育，而图书馆的公益性和开放性特点，使每一位公民获得终身教育的愿望变成现实。

终身教育强调培养个人的自学能力、独立思考能力、动手操作能力，对知识只作必要的继承，主要从事的是研究性学习，而图书馆的现代化设施为终身教育提供了方便快捷的条件，许多图书馆都采用现代化管理手段，馆与馆之间形成网络管理，网络管理使文献信息服务深度、广度、速度大幅提高，信息利用的时效性增强。另外，图书馆工作人员不仅有图书馆专业系统知识，还掌握着网络技术、信息处理技术、知识重组技术等知识，图书馆员将成为"知识的导师"，他们指导、启迪、引导、咨询、传授知识，是参与终身教育的重要力量。这些使图书馆成为学生终身教育意识培养的最佳场所。

人人需要学习，人人参与学习，人人终身学习，21世纪是发展的世纪，是学习的世纪，终身学习、终身教育是每个人无法回避的也不能回避的话题。在学习化社会中，图书馆的自身特点和优势决定了它必然要为终身学习者提供学习资源、学习环境和现代化的手段，成为终身学习的重要基地。终身学习的学习化社会呼唤图书馆要不断扩大教育职能，设计与终身教育和学习化社会有关的服务，充分发挥其在终身教育体系中的作用，营造一个高层次的读者教育环境，使每一位读者在图书馆这一终身学习的场所获得成功的金钥匙。

总之，高等学校图书馆在大学生活中占有重要的地位，图书馆提供了大学生所需的知识和获得知识的信息意识、信息技能及实践的机会，这些知识和技能是大学生构建科学合理的知识结构不可缺少的组成部分。

第 3 章

信息检索基础

3.1 信息检索概念

3.1.1 信息检索定义

"检索"一词源自英文"Retrieval",其含义是"查找"。将大量相关信息按一定的方式和规律组织和存储起来,形成某种信息集合,并能根据用户特定需求快速高效地查找出所需信息的过程称为信息检索。从广义上讲,信息检索包括存储过程和检索过程;对信息用户来说,往往仅指查找所需信息的检索过程。信息检索实质上就是把表达用户信息需求的提问特征,同检索系统中的信息特征标识进行类比,从中找出一致的信息。

信息的存储主要包括对在一定专业范围内的信息选择基础上进行信息特征描述、加工并使其有序化,即建立数据库。检索是借助一定的设备与工具,采用一系列方法与策略从数据库中查找所需信息。存储是检索的基础,检索是存储的逆过程。在现代信息技术环境下,信息检索从本质上讲,是指人们希望从一切信息系统中迅速、准确地查找到自己感兴趣的有用信息,而不论它的出现形式或媒体介质。

传统的信息检索,主要是根据文献的内、外部特征,用手工方式实现。现代以计算机为核心的信息检索技术,开辟了信息处理与信息检索的新时代。从计算机处理数字信息发展到处理字符信息,又到能够处理静、动态图像(形)信息乃至声音信息等。这一过程不断拓展信息检索的领域,丰富信息检索的内容,提高信息检索的速度。

3.1.2 现代信息检索技术

20世纪80年代,光存储技术的应用促进了传统信息检索系统模式的改变。20世纪90年代,因特网的普及应用使传统信息检索的中介代理服务功能逐步减弱,成千上万的各行各业的人都成为网络系统的最终用户。网络系统中存储的内容除原来的二次信息外,已出现越来越多的全文本数据、事实数据、数值、图像和其他多媒体信息资源。全文检索、多媒体检索、超媒体及超文本检索、光盘技术、联机检索、网络检索等先进的信息检索技术日新月异地发展起来。

1. 全文检索

最早的全文检索系统是 1959 年美国匹兹堡大学卫生法律中心研制的。全文检索系统的出现为人们获取文献原文而非文献线索信息提供了一条有效途径。全文检索是以文献所含的全部信息作为检索内容的，即检索系统存储的是整篇文章或整部图书的全部内容。检索时可以查找到原文以及有关的句、段、节、章等文字，并可进行各种频率统计和内容分析。全文检索主要是用自然语言表达检索课题，适用于某些参考价值大的经典性文献，如各种典籍、名著等。

近年来，全文检索的应用范围不断扩展，它与出版技术的结合，使各种科技期刊、专利文献、新闻报纸等全文数据库应运而生。国外许多著名的报纸，如美国《纽约时报》《新闻周刊》《美国新闻与世界报道》，加拿大《多伦多环球邮报》等的通讯稿都出版了机读全文数据库且每天更新。全文数据库涉及的专业领域越来越广，除了法律文本、报纸期刊外，一些年鉴、手册、百科全书、参考书等也成为全文系统处理的对象。

全文检索是当前计算机信息检索的发展方向之一。

2. 多媒体检索

多媒体检索技术是把文字、声音、图像（形）等多种信息的传播载体通过计算机进行数字化加工处理而形成的一种综合技术。多媒体技术的应用使信息检索系统进一步满足了社会对多元化信息的需求。

（1）视频检索。其用途比较广泛，如关于卫星云图变化、人体内器官运作等。这种检索就是要在大量的视频数据中查找所需要的视频片段。用户需求往往具有层次化特征，比如要检索关于某一个镜头中的某个主题的视频段或某些图像帧等。

（2）声音检索。它包括用序号查找一段声音；以匹配方式检索给定样值的声音，对声音文本的检索等。常用的方法有：①特征描述法，包括自然语言描述法和声音解释；②内容检索法，包括赋值检索，即按用户指定某些声学特征的值或范围的说明进行检索；③示例匹配检索，即由用户根据选择示例的声音或在对声音的某些特征进行描述的基础上的检索；④浏览检索，即将某种或某些声音的内容分割为若干节点，用链路连接，用户可按任意顺序通过链路进行检索；⑤语言识别与合成方式的检索，该方法是由语言识别装置将原始语言转化为计算机可以理解的数据存入语言数据库，由数据库管理系统统一描述、编辑、存储与检索。

（3）图像检索。基于内容的图像检索技术是一种综合集成技术。它通过分析图像的内容，如颜色、纹理等建立特征索引，并存储在特征库中。用户查询时，只要把自己对图像的模糊印象描述出来即可在大容量图像信息库中找到所要的图像。用户一般对颜色、纹理、形状以及目标的空间关系特征比较敏感，因此常用基于内容的检索方法。具体包括基于颜色特征的检索，基于纹理特征的检索，基于形状特征的检索。

3. 超媒体及超文本检索

传统文本都是线性的，用户必须依照一定的顺序阅读。超媒体与此不同，它是一种非线性的网状结构。用户要沿着交叉链选择阅读自己感兴趣的部分。早期的超文本以文字为主，随着多媒体技术的发展，超文本开始容纳包括图像（形）、视频、声频等各种动、静态信息，这些统称为超媒体系统或超级文本系统。它可以提供用户自由浏览信息。从信息组织角度看，超媒体系统是一个由节点和表达节点之间关系的链构成的网状数据库。采用控制按钮的方式组织接口，按钮即为连接节点之间的链。节点是存储信息的基本单位，可以存储各种形式的数据内容，甚至一段程序。对节点的显示一般采用多窗口浏览方法，每个窗口分别表示一个节点。节点间的链接有两种方法，即索引链和结构链。索引链实施节点中"点""域"之间的链接，链的起始端为链源，往往以斜体、粗体、彩体、或加下划线、边框等形式表示，也可以是一个图符或按钮；结构链是对层次信息进行操作的，即它连接的是父子节点。超媒体系统是一个由节点和链构成的有向网络。超媒体系统主要提供基于浏览的检索方式和基于提问的检索方式。

（1）基于浏览的检索方式。超媒体系统的数据库是一个多维空间结构的文献链路网。链路网将同一篇文献或不同文献（或文献代表）的相关部分结构化地连接起来，这是传统的检索系统所无法实现的。这种组织结构决定了它主要通过非线性浏览获取信息，即通过跟踪信息节点间的链路在网络中移动的过程，并非直接检索。通过浏览不但可以了解数据库的组织，从中查询与课题相关的信息，而且可以不断得到新节点的启发，重新调整检索的目标使获取的信息更切题，或者通过浏览信息片段动态地建立新的查询路径。

（2）基于提问的检索方式。基于浏览的查询是从"哪里"到"什么"，而采用提问的方式则是从"什么"到"哪里"，与浏览方式相比，提问方式查找目标明确、准确度高，适用于大型系统。但该方式对用户要求高，用户必须熟悉专门化检索语言和检索策略。

3.1.3 信息检索类型

信息检索可以按照不同的标准划分成各种类型。

1. 按检索内容区分。

按检索内容区分，信息检索可以分为文献信息检索、数据信息检索和事实信息检索。
（1）文献信息检索。

文献信息检索（Document Information Retrieval）是以文献（包括题录、文摘和全文）为检索对象的信息检索。即利用相应的方式与手段，在存储文献的检索工具或文献数据库中，查询用户在特定的时间和条件下所需文献的过程。凡是查找某一主题、时代、地区、著者、文种的有关文献，以及回答这些文献的出处和收藏处所等，都属于文献型信息检索的范畴。它为用户提供的是与用户的信息需求相关的文献信息。这些文献可以是涉及某一主题、学科、著者、文种、年代的文献；文献的收藏范围可以是一馆、一地、一国乃至全世界。文献检索的结果提供与课题相关的数篇文献的线索或原文供用户参考，这些相关文献的相关程度随检索系统和检索技术的优劣有很大区别。

文献检索是信息检索的核心部分，它较数据检索和事实检索内容更为丰富，方法更为多样。文献检索根据检索内容不同又可分为书目检索和全文检索。

书目检索是以文献线索为检索对象的文献检索，即检索系统存储的是"二次文献"。它们是文献的外表特征与内容特征的描述，是文献的"浓缩体"。信息用户通过检索获得的是与检索课题有关的一系列文献线索，然后再通过阅读决定取舍。与全文检索、数据检索、事实检索比较，书目检索产生较早，发展也较完善。

（2）数据信息检索。

数据信息检索（Data Informaton Retrieval）是以数值或图表形式表示的数据为检索对象的信息检索，又称"数值检索"，即检索系统中存储的是大量的数据。它包括物质的各种参数、电话号码、银行账号、观测数据、统计数据等数字数据，也包括图表、图谱、市场行情、化学分子式、物质的各种特性等非数字数据，并提供一定的运算推导能力。数据检索是一种确定性检索，信息用户检索到的各种数据是经过专家测试、评价、筛选过的，可直接用来进行定量分析。数据检索与文献检索有许多共同之处，文献检索的许多方法也适用于数据检索。完成数据信息检索主要借助于各种数值数据库和统计数据库。

（3）事实信息检索。

事实信息检索（Fact Information Retrieval）是以从文献中抽取的事项为检索内容的信息检索，又称"事项检索"。其检索对象既包括事实、概念、思想、知识等非数值信息，也包括一些数据信息，但要针对查询要求，由检索系统进行分析、推理后，再输出最终结果。事实检索是信息检索中最复杂的一种，要求检索系统必须有一定的逻辑推理能力和自然语言理解功能。目前许多事实检索课题仍依靠人工完成，但已有一些试验性的计算机事实检索系统。事实检索也是一种确定性检索，用户获得的是有关某一事物的具体答案。完成事实信息检索主要借助于各种指南数据库和全文数据库。

2. 按检索方式区分

按检索方式区分，信息检索一般分为手工检索和计算机检索。

（1）手工检索。

手工检索（Hand Retrieval）是指通过人工来处理和查找所需信息的检索方式。手工检索是检索者与检索工具直接"对话"，它依靠检索者手翻、眼看、脑子判断而进行，不需要借助任何辅助设备。手工检索的特点是方便、灵活、判别直观，可随时修改检索策略，查准率较高。不足的是检索速度较慢，漏检现象比较严重，不便进行复杂概念课题的检索。

（2）计算机检索。

计算机检索（Computer Retrieval）是利用计算机和一定的通信设备查找所需信息的检索方式。它需要计算机、通信硬件设施、系统软件和应用软件。利用这种方式能对大量的信息进行存储，并可以根据用户要求从已存储的信息中迅速抽取特定信息，并提供插入、删除、修改等功能。计算机检索的特点是速度快、效率高、查全率较高，不足之处是成本高、费用大，查准率通常不尽如人意。目前广泛使用的计算机检索系统包括光盘检索系统、联机检索系统和因特网上检索系统。

3.2 信息检索原理

广义地讲，信息检索包含信息储存和信息检索两个过程。信息储存是对文献进行收集、标引及著录，并加以有序化编排，编制信息检索的工具的过程；信息检索是从大量的信息中查找用户所需的特定信息的过程。而实施检索的主要方法就是利用各种检索工具，如图 3-1 所示。

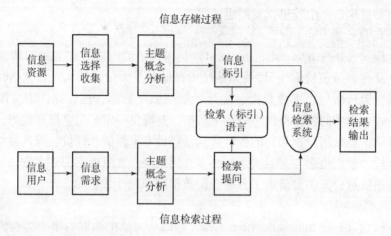

图 3-1 信息检索的原理

1. 信息储存

信息储存的工作内容，主要是由标引人员通过对原始文献的阅读分析，对文献中的信息进行鉴别、提炼和浓缩，并采用特定的方式予以整理、保存起来。它大致有以下几个步骤：

①选择文献。根据信息检索系统的主题、性质及任务等，结合原始文献本身的研究水平、角度及信息质量，对原始文献进行适当的评价，从中筛选出符合要求的文献。

②文献的概念分析。对所选文献进行仔细的主题分析，提炼出文献所论述的内容主题，归纳为代表文献内容的若干主题概念，并确定这些主题概念之间的关系。

③词汇转换。把文献的主题概念转换为适当的文献标识（或称为标引词），并以这些标识来表达文献的主题内容。这种转换需要严谨地建立在两个依据之上：一是必须以对文献主题概念的分析为依据，二是必须以信息检索语言为依据。前者主要决定转换什么的问题，即需要对文献中的哪些信息主题做出转换；后者主要决定怎样转换的问题，即把主题概念转换为哪些标识。

④信息检索工具的编制。概括地讲，检索工具是信息检索系统的核心和概括，它主要包括两个有序化的序列，即文献序列和文献标识序列。

文献序列是由文献描述体或文献本身按照一定的方式组织形成的有序化序列，构成文献库。文献描述体是对原始文献内容的浓缩，常见的有文摘、题录等，这是信息检索所采用的传统和主要的方式。其主要作用是使用户全面和准确了解文献内容，进而做出是否需要获取原始文献的选择。随着计算机技术和通信技术的发展，现在已经有越来越多的信息检索系统采用全文本的方式，直接把原始文献组织为有序化的序列，尤其是因特网的迅猛发展，为全文本检索拓展了更大的发展空间。

文献标识序列是由文献标识按照特定的顺序形成的有序化序列，构成文献库的索引。最常见的排列方式为字顺，即按照字母顺序或汉语拼音，排列为文献标识的序列。其作用主要是依靠字顺组织，提供对文献标识的快速查找，并与提问标识加以比较，据此做出文献是否与提问相符的判断。这个标识比较的过程，也称为检索的匹配。

2. 信息检索

信息检索的工作内容，主要是由检索人员接受用户的检索提问分析，对提问进行细致的主题分析，提炼出用户检索的主题概念，并编制出相应的检索策略。

其工作步骤如下：

①用户提问。在特定的条件下，用户会把头脑中的信息需求转变为具体的检索行为。

②提问的概念分析。分析检索提问，识别检索的真正主题内容，把检索主题分解为若干概念，并明确这些概念之间的关系。

③词汇转换。把检索提问的主题概念转换为相应的提问标识（或称为检索词），并以这些标识来表达检索提问的主题内容。其同样有两个方面的依据：一是对提问的主题概念分析，二是信息检索语言。

④检索的实施。根据所得到的提问标识，在文献标识序列中按照其排序的规则迅速地进行查找，并对文献标识与提问标识进行匹配比较。如果文献标识与提问标识相同，那就表明包含有该标识的文献与用户提问相符合，该文献被作为命中文献而进行检索输出；如果文献标识与提问标识不相同，则表明文献与用户提问不相符合，该文献被作为不命中的文献而予以排除。

综合上述信息储存和检索两个方面，信息检索的原理是由标引人员以文献或文献描述体构成文献库，同时把文献压缩转换为文献标识，以此表达文献的特征和主题内容，并对这些文献库和文献标识，按一定的方式分别予以有序化组织，从而形成信息检索系统。这也就是信息储存的过程。检索时，把用户的检索提问压缩转换为提问标识（检索词），以此表达提问的特征和主题内容，并将提问标识与信息检索系统中的文献标识进行对比，进而依据匹配与否，作出文献是否符合检索提问的判断，这也就是信息检索的过程。

因此，信息检索的原理就是提问标识与文献标识的对比。

3.3 信息检索语言

3.3.1 信息检索语言的概论

检索语言是用来描述文献的内容特征、外表特征和表达情报提问的一种人工语言。由于自然语言本身存在大量的词汇歧义和语义歧解现象，不能直接用作存储和检索中使用的语言。为了使检索的过程即文献标识和信息提问者的对比进行得顺利，两者都需要使用一种共同约定的语言（即检索语言）来表达。对信息处理人员来说，它是表达文献主题内容、形成文献标识并赖以组织文献的依据；而对检索人员来说，它是表达检索课题要求，借以同检索系统中已经存储的文献标识进行比较进而获得所需文献的依据。因此，检索语言就是为沟通文献标引与文献检索而编制的人工语言，也是连接信息存储和检索两个过程中标引人员与检索人员双方思路的渠道，是用于文献标引和检索提问的约定语言。如果没有检索语言作为标引人员和检索人员的共同语言，就很难使得标引人员对文献信息内容的表达和检索人员对相同文献信息内容需求时的表达取得一致，信息检索也就不可能顺利实现。此外，编制的检

索语言不但应该能够保证不同的标引人员报述文献特征的一致性,而且能够保证检索提问词与文献标引词的一致性。要使存储和检索联系一致,检索语言所表达的概念应该是唯一的。这就是说,表达的概念同所要表达的事物一一对应,尽量减少一词多义或多词一义的现象,要使其在该检索系统中具有单义性。

检索语言的基础是概念逻辑。概念逻辑是一种科学思维方法,它能揭示事物的本质属性及各种事物之间的联系和区别,概念是事物本质的概括。科学认识的成果都是通过形成各种概念加以总结和概括的,所以文献的情报内容只有通过概念才能加以科学地揭示。在日常的思想交流中,概念是用各种自然语言(词或词组)来表达的;在情报检索的过程中,概念是用各种检索语言(标识)来表达的。实践证明,代表文献情报内容的概念只有通过检索语言才能得到正确的表达。

3.3.2 信息检索语言的类型

检索语言是用于文献信息的存储和检索的。对于非文献信息,若运用检索语言,就要把非文献信息转换成文献信息后再使用。因此,在检索语言中,我们主要介绍文献信息检索语言。

就文献检索语言而言,它主要反映的是文献信息的内容特征和表象特征。在这些特征中,外表特征如书(篇)名、著者、号码等,其检索语言简单易懂,又属于非主要检索途径,故在检索语言中一般不予专门论述。而表述文献信息内容特征的检索语言,由于其使用频繁而又非常重要,所以检索语言一般均指表述文献信息内容特征的语言。信息检索语言可以根据不同的角度进行划分,这里简单介绍几种常用的划分方法。

1. 按组配方式可以划分为先组式检索语言和后组式检索语言

(1) 先组式检索语言。

先组式检索语言是指在检索之前,表述文献主题概念的标识已经事先拟订好的检索语言。先组式语言又分为定组型和散组型两种。定组型是指表述文献主题概念的标识,在编制检索语言词表时已经预先固定组配;散组型是指表述文献主题概念的标识,在编制检索语言词表时并不预先固定组配,而是在标引文献时,根据文献信息的主题内容予以组配,检索阶段也通过相同的组配与之匹配。主题检索语言中的标题词语属于先组定组型检索语言,而叙词语言当作标题词语言使用时,属于先组散组型检索语言。

(2) 后组式检索语言。

它是指表达文献信息主题概念的标识,在编制检索语言词表和标引文献时,不预先固定组配,而是在检索进行时根据检索的实际需要,按照组配规则临时进行组配的检索语言。叙词语言则属于此种类型。

2. 按检索语言的结构原理可以划分为分类语言、主题语言、代码语言

(1) 分类语言。

分类语言是检索语言的一种主要类型,它包括体系分类语言、组面分类语言和混合分类语言三种形式。分类检索语言用分类号表达各种概念,将各种概念按学科性质进行系统排列。

它集中体现学科的系统性，反映事物的从属、派生关系，由上至下，从总体到局部层层展开，构成一种等级体系，由类目或相对应的类号来表达各种概念，成为一个完整的分类类目表。

体系分类语言是一种传统的分类语言，具有列举式类目、分类符号标识、登记制结构、直线性序列等特点。体系分类语言由于在编制体系分类表时列举了所有类目，并加以固定组配，因此它是一种先组式检索语言。

组面分类语言是在体系分类语言的基础上发展起来的一种检索语言。它克服了体系分类法中不能容纳主体概念发展的局限性，以及直线性序列造成的集中与分散的矛盾。组面分类语言按照学科范畴分为若干组面，每个组面包括若干类目，每个类目表示一个简单的主题概念，用分类符号作为组面和类目的标记。在标引文献信息时，按文献信息的主题概念，选择相应的类目进行组配，组配后分类号所表达的概念与文献信息的主题概念基本一致。组面分类语言是在标引文献的时候进行组配的，因此它也是一种先组式检索语言。

混合分类语言是介于上述两种分类法之间的检索语言。它是在应用概念划分与概括原理和概念分析与综合的原理的基础上编制的分类法。实际上，现代的文献分类法几乎都要应用概念划分的概括、概念分析和综合的原理，只是应用的程度不同而已。因此，混合分类法具有较强的实用性。

等级体系分类法是图书信息界普遍使用的逻辑标识系统。我国的图书情报机构目前采用的体系分类法主要有《中国图书馆图书分类法》《中国科学院图书馆图书分类法》等。《中国图书馆图书分类法》是我国应用最广泛的图书分类法，它把人类知识和事物划分为五个基本部类，即：①马列主义、毛泽东思想、邓小平理论；②哲学、宗教；③社会科学；④自然科学；⑤综合性图书。在基本部类的基础上又划分出22个基本大类，作为分类法的第一级类目，如表3-1所示。

表3-1 《中国图书馆图书分类法》

基本部类	基本大类
一、马列主义、毛泽东思想、邓小平理论	A. 马列主义、毛泽东思想、邓小平理论
二、哲学、宗教	B. 哲学、宗教
三、社会科学	C. 社会科学总论
	D. 政治、法律
	E. 军事
	F. 经济
	G. 文化、科学、教育、体育
	H. 语言、文字
	I. 文学
	J. 艺术
	K. 历史、地理
四、自然科学	N. 自然科学总论
	O. 数理科学和化学
	P. 天文学、地球科学

续表

基本部类	基本大类
四、自然科学	Q. 生物科学
	R. 医药、卫生
	S. 农业科学
	T. 工业技术
	U. 交通运输
	V. 航空、航天
	X. 环境科学、安全科学
五、综合性图书	Z. 综合性图书

在《中国图书馆图书分类法》中，以大写字母表示一级类目，以数字表示二级和二级以下的类目。由于"工业技术"大类（T）的内容复杂，所以专门设计了双字母的二级类目，如表3-2所示。

表3-2 带有双字母的二级类目

T 工业技术				
TB 一般工业技术	TL 原子能技术	TD 矿业工程	TM 电工技术	TE 石油天然气
TN 无线电电子学	TF 冶金工业	TP 计算机科学技术	TG 金属学 金属工艺	
TQ 化学工业	TH 机械 仪表工业	TS 轻工业及手工业	TJ 武器工业	TU 建筑科学
TK 能源与动力工程	TV 水利工程			

以TP类的细分方式为例，可以看出其规律性，如表3-3所示。

表3-3 TP类的细分

符　号	内　　容
T	工业技术
TP	自动化技术、计算机技术
TP3	计算技术、计算机技术
TP31	计算机软件
TP311	程序设计、软件工程
TP311.1	程序设计

从以上表格可以看出，对类目的科学划分，就把复杂、庞大的类目按学科系统排列成一个严密的分类体系，为用户提供了从学科角度检索信息的途径。

（2）主题语言。

主题检索语言是用规范化的自然语言作为揭示文献信息主题的标目，并按照字顺组成文献信息或检索文献信息的一种检索语言。它用主题词汇来表达各种概念，并忽略概念的相关关系而按字顺进行排列，这样表达的概念较为准确。主题词表通过参照系统反映词汇之间的关系，具有较好的灵活性和专指性。它通常包括标题词语言、单元词语言、叙词语言和关键词语言四种形式。

标题词语言是用规范化的名词标引文献信息的主题概论。在编制主题词时，往往列举所有作为标题词的规范化的名词，并按字顺排列，所以标题词语言又称字顺主题分类法语言。标题词中的主题词和副标题词在编表时已固定组配，所以它是一种先组式检索语言。

单元词语言是在标题词语言的基础上发展起来的，目的是改革标题词语言的先组式标识，采用最小的字面单元——单元词来标引文献信息，即通过单元词的组配来检索文献信息。它是主题词语言中最早出现的一种后组式检索语言。

叙词语言是以规范化的中词作为基础的一种检索语言，它吸收了多种检索语言的长处。因此，叙词语言是一种性能较为优异、检索效率较为理想的检索语言类型，叙词语言在检索时，根据用户的需要，组配规划临时进行组配，因此它是一种后组式的检索语言。值得注意的是，在叙词表作为手工检索使用时，实际上它成了先组式检索语言。

关键词语言是直接选用文献信息标题或内容中具有实质意义的自然语言，作为标引和检索文献信息主题概念的检索语言。它是未规范化的自然语言，若按严格的主题检索语言的意义来衡量，是不属于主题检索语言范畴的，但是其在文献信息标引和检索中起着主题法检索语言的作用，因此它是一种准主题检索语言。

在上述两种形式的基础上，可以引申出一种新的形式，即分类主题一体化语言。分类语言和主题语言分别是以分类号和主题词反映文献信息的主题内容的，为了在文献信息标引时使分类标引和主题标引能够一次性完成，故而产生了分类主题一体化语言。分类主题一体化语言是指在一个检索语言系统中（或由各原理独立的检索语言合成的系统），对它们的分类表部和叙词表部的术语、参照、标识、索引实行统一控制，从而能够满足分类标引与主题标引的需要，简称一体化检索或一体化词表，国外称为分类法或叙词表系统。

（3）代码语言。

代码检索语言一般针对事物某一方面的特征，用某种代码系统来加以标引和排列，如化合物的分子式索引系统等。

3.4 信息检索系统与检索工具

3.4.1 信息检索系统的概念

实现信息检索的必备手段是信息检索系统。信息检索系统是为满足各式各样的信息需求而建立的一整套文献信息的收集、加工、存储和检索使用的完整系统。这种系统可以是提供手工检索使用的书目、索引等检索书刊，也可以是计算机检索使用的数据库系统。信息检索系统是根据一定社会需要的特定的信息交流目的而建立的一种有序化的信息资源集合体。信息检索系统通常是一个拥有选择、整理、加工、存储、检索信息的设备与方法，并能向用户提供信息服务的多功能开放系统。

信息检索系统包括两个子系统，即存储子系统和检索子系统。存储子系统的主要功能是通过著录、标引等手段建立检索工具体系；检索子系统的功能是通过编制检索策略在检索工具体系（数据库）中查找信息。

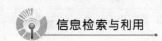

在存储文献时，文献信息标引人员首先要对文献信息的内容进行主题分析，使之形成若干能反映文献信息主题的概念。然后借助于检索语言（分类法、主题词表等）把这些概念转换成检索词汇，形成检索标识。从对文献信息的主题分析到检索标识形成的这一段工作，就是文献信息的标引著录工作。然后再把这些检索标识以标引记录的方式加以组织或输入计算机，形成被称为检索工具的检索体系（印刷型/电子型）。

在检索信息时，检索人员首先要根据用户提问确定用户所需信息的实质内容，形成主题概念，然后同样借助于各种检索语言，把主题概念转换成检索词汇，并按实际需求把这些词汇之间的逻辑关系表达出来，形成检索表达式。从用户提问进行主题分析，到检索表达式形成的这一过程，就是编制检索策略的过程。检索表达式形成后，检索人员采用各种检索手段，将检索表达式与检索工具中的检索标识进行相符性比较，将符合检索表达式的结果输出给信息用户（信息用户有时自己就是检索人员）。在手工检索过程中，相符性的比较是由人脑进行的，而在计算机检索过程中，则由计算机担负两者间的匹配工作。

1. 信息检索系统的组成

信息检索系统由三个基本部分组成。

（1）检索文档。

检索文档即经过有序化处理并标有检索标识的信息集合。如手工检索系统的书目、索引、文摘中由文献款目组成的正文，工具书中由条目组成的主体以及计算机检索系统主文档中包括的以一定形式存储的书目信息或事实、数据等。

（2）检索设备。

检索设备即用以存储信息和检索标识以及实现存储和检索操作活动的一切技术设备，如手工检索系统的卡片目录或检索刊物，计算机检索系统的输入装置、运算器、存储器、控制器、输出装置等，联机、网络检索时还需要调制解调器、网络线路、通信装置、终端设备及其相应的软件等。

（3）检索规则。

检索规则是系统用来规范信息采集、分析、标引著录、组织管理、检索与传输等过程的各项标准体系。规则包括标引方法、检索语言、著录规则、检索系统构成与管理、信息传输与控制标准、输出格式等。

2. 信息检索系统的类型

（1）按信息存储介质划分。

按信息存储介质划分，信息检索系统可分为手工式检索系统、穿孔卡片检索系统、缩微品检索系统、计算机检索系统。

（2）按信息组织形式划分。

按信息组织形式划分，信息检索系统可划分为一般文本检索系统、超文本检索系统、多媒体检索系统。

（3）按计算机检索方式划分。

按计算机检索方式划分，信息检索系统可划分为脱机检索系统、联机检索系统、光盘检索系统、网络检索系统。

3.4.2　检索工具

1. 信息检索工具概述

为了从大量信息中及时获得特定需要的信息，必须借助于一定的检索工具。检索工具是在人们解决庞大的信息和对其特定需要之间的矛盾中应运而生的，并且随着这种矛盾的逐步加深，检索工具的功能不断完善，应用领域不断扩展。从文献书目型检索工具到参考工具书，从手工检索工具到计算机检索工具，以及到联机检索、光盘检索、网络检索等数据库系统的出现，信息检索工具将人类查找信息资源带入了一个全新的应用领域。

（1）信息检索工具的定义。

信息检索工具是人们用来存储、报道和查找各类信息的工具，包括传统的二次、三次印刷型检索工具，面向计算机和网络的联机数据库检索系统、光盘数据库检索系统以及搜索引擎等各种网络检索工具。

（2）信息检索工具的类型。

①按载体形式划分为书刊型检索工具、卡片型检索工具、缩微型检索工具和机读型检索工具。

a. 书刊型检索工具。它是以图书、期刊载体形式出版的常用信息检索工具。这类检索工具又可分为期刊式、单卷式和附录式。

期刊式检索工具具有科技期刊的出版特点，即有统一的刊名，分卷分期，定期连续出版。它具有连贯性，能不断地积累文献资料，提供多种检索途径，使用户能极方便地进行回溯检索。

单卷式检索工具是以某一专题内容为主而编制的累积性信息报道，并单独出版。它专业性强，收集的文献比较集中，并以特定范围的用户作为对象。

附录式检索工具是指附于图书、期刊、会议录或科技报告等文献之后的检索工具。其特点是专业性强，引用的参考文献与文章的中心内容密切相关，而且是从大量的文献中精选出来的，所以具有极高的参考价值。

b. 卡片型检索工具。它就是以将文献的主题、分类、著者和文献题名等检索标识录在卡片上，并按一定的方法将这些卡片有序地排列起来形成的检索工具。这种卡片式检索工具可以按使用者的需要抽补，比较灵活，无须像书刊型检索工具那样另编累积索引。

c. 缩微型检索工具。它是指以缩微胶卷、缩微平片等形式报道文献线索的检索工具。这种检索工具的特点是出版速度快、体积小，但需要借助于相应的缩微阅读设备才能使用。

d. 机读型检索工具。它是以光、电、磁等作为信息存储和传递的介质，以计算机为主要手段进行信息检索的工具。它包括磁带、磁盘、光盘以及网络数据库等各种形式。这种检索工具是目前发展迅速、应用广泛和使用便捷的新型检索工具，是信息检索工具今后发展的主流形式和方向。

②目录。目录是对图书、期刊或其他单独出版物特征的揭示和报道。目录以单位出版物为著录对象，一般只记录其外部特征，如题名、著者、出版事项、载体形态等。目录的种类很多，如国家书目、联合目录、馆藏目录等。网络上的目录型搜索引擎，如Yahoo(http://

www.yahoo.com）提供一种可供检索的分等级列出的主题目录，以超文本链接的方式将不同学科、专业、行业和区域的信息按分类或主题目录的方式组织起来，人们通过主题目录的批引，逐层浏览，查找自己需要的信息。

a. 使用说明。为使用者编写的必要指导。一般包括编制目的、收录范围、著录格式、代号说明及注意事项等，使用前要仔细阅读。

b. 目次表。检索工具的正文一般都按分类组织编排，因此前面都有详简不等的目次表作为分类查找文献的依据。

③正文。正文是检索工具的主体部分。存储在检索工具中的内容不是原始文献，而是描述文献外表特征与内容特征的著录条目。著录后的每篇文献都有一个固定的序号以和其他著录项目相区别，这个序号称为文摘号或顺序号。把大量的文献著录条目按一定的规则（一般是分类）组织起来，就构成了检索工具的正文。

a. 题录。题录是对单篇文献外表特征的揭示和报道，著录项目一般有篇名、著者、著者单位、文献来源、语种等。由于著录项目比较简单，因此收录范围广，报道速度快，是用来查找最新文献资料出处的重要工具。报道题录的检索工具的名称不统一，有的定名为目录，有的定名为索引，这是因为题录在形式上和功能上分别与目录、索引相似的缘故。但就其性质而言，题录与目录、索引有着根本的不同。

国内外许多大型的题录型检索刊物，我国的《全国报刊索引》、美国的《化学题录》(Chemical Title) 等均属这种类型。

b. 文摘。文摘是以精练的语言把文献信息的主要内容、学术观点、数据及结构准确地摘录下来，并按一定的著录规则与排列方式编排起来，供用户使用的一种检索工具。文摘在国外的检索刊物中常用的词有 Abstract、Digest、Summary、Quotation 等，在我国通常称为文摘、摘要、内容提要等。文摘是二次文献的核心，以单篇文献为报道单元，不仅著录文献的外表特征，还著录文献的内容特征。

根据文摘的目的与用途，文摘可划分为指示性、报道性和评论性三种类型。

指示性文摘，又称描述性、简介性文摘，根据原文的主题内容编写，揭示文献研究的主要问题，以及文献信息涉及的范围、目的等，从而为判断是否需要阅读原始文献提供依据，这种文献的特点是字数少、概括性强。

报道性文摘，又称叙述性文摘，是以原文为基础浓缩写成的摘要，主要报道原文的主题范围、基本观点以及结论等。读者不需要阅读原文便可大致了解文献信息的内容，反映的内容具体、客观，不带有任何评价。

评论性文摘，除浓缩原文内容以外，还包括文摘员的分析和见解。

④索引。索引是对一组信息集合的系统化指引。索引一般只起指引特定信息内容及存储地址的作用，是查找图书、期刊或者其他文献中的词语、概念、篇名或其他知识单元的检索工具。索引作为一种附属性的检索工具广泛应用于各种检索工具或数据库中。一般文献检索型检索工具主要由文献（或题录）和索引两部分组成。文献（或题录）主要起报道作用，索引主要起检索作用。索引的类型是多种多样的，在检索工具中常用的索引类型有篇名索引、引文索引、分类索引、号码索引、主题索引和著者索引等，其中以主题索引、著者索引使用最多。

⑤附录。附录部分主要是使用该检索工具必须参考的一些内容。例如，引用期刊一览

表、文献来源名称缩写与全称的对照表、缩略语的解释以及收藏单位代码等。读者在学习利用新的检索工具时，应首先阅读其使用说明，然后根据所查文献的隶属学科或专业，查找目次或分类表，经过浏览选中文献。如果已知主题词、著者名、机构名或其他代码（如专利号、科技报告号、化学分子式等），则利用索引可直接到达特定信息的界面，迅速、准确地查到所需文献。

2. 检索工具的一般结构

一种完整的检索工具一般由 5 部分组成，如图 3-2 所示。

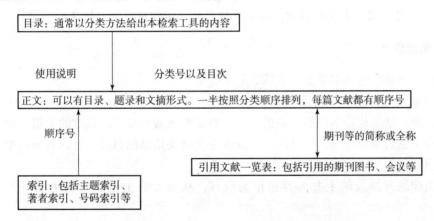

图 3-2 检索工具的一般结构示意图

3.5 检索方法与步骤

1. 检索方法

检索方法是指为省时、省力，又可获得最佳检索效果而采取的检索程序，检索方法有工具法、追溯法和循环法。

（1）工具法。

这是利用各种检索工具进行文献查找的方法，也是一种常用的检索方法。具体操作时有以下 3 种方法供选择。

①顺查法。根据课题需要，按时间顺序从远至近逐年查找。也就是从确定的开始时间一直查到近期为止。该方法的优点是对所查文献能全面了解课题的过去、现状及发展趋势。误检、漏检较少，所获取的文献系统全面。通常在撰写学科发展动态、综述、述评等论文或申请专利时采用此法。查准率和查全率较高，但花费时间较长。

②倒查法。根据课题的需要，从近至远逐年查找，这种方法通常是对新兴科学新课题或解决某些关键技术问题时采用。查找起来省时间，可检索到内容新颖的文献，但漏检率比顺查法高，补救的办法可查阅综述的文献。

③抽查法。针对学科发展特点，抓住其发展迅速、文献发表较为集中的年代的前后时间进行检索的方法。要求检索者必须熟悉该学科发展特点，并了解相关文献发表的大概时间和范围，方能取得最佳检索效果。

（2）追溯法。

即利用原始文献所附的参考文献进行追溯查找的方法。这种方法简便易行，但工作量大，检出的文献有时较陈旧，或者有些文献内容离课题较远，故通常在检索工具不齐全或不占有检索工具时使用。美国出版的《科学引文索引》采用一种追溯方法，这种方法是从某一特定著者的一篇论文为起点，从该论文发表一年后跟踪查找同行著者一代一代引用的情况。这种方法独辟路径，可以避开分类法或主题法检索文献的难点。只要准确知道某作者的姓名，就能像滚雪球一样把同行专家的最新论文检索出来。1995年3月，中国科学院文献情报中心编辑出版了《中国科学引文索引》，也能收到同样的追溯检索效果。不足之处是这两种"引文索引"都偏重基础科学，对工程技术各领域的文献收录较少。

2. 检索步骤

文献检索一般应遵循以下5个步骤。

（1）分析研究课题，明确检索要求。

分析课题，是实施检索中最重要的一步，也是检索效率高低或成败的关键。面对一个课题，需要找出它的研究范围，所处的国内外水平及将要达到的目的。在课题分析中，要考虑以下几个问题：

①找出课题所涉及的主要内容和相关内容，从而形成主要概念和次要概念，选取主题词。

②明确课题需要的文献类型。在检索工具中收录了来自各种不同类型的文献信息，课题性质不同，所需要的文献类型也不同。例如，想要系统补充某一个学科的知识，可考虑选用图书；若是写一篇开题报告或搞某项技术攻关或研究项目，可考虑研究报告、科技论文、学位论文、会议文献等资料；搞某项发明、工艺改革、新产品设计时，可从专利说明书、标准文献和产品资料中得到帮助；在引进设备、签订合同时，应首先考虑标准、专利及产品资料等文献类型。

③确定检索的时间范围。每一项理论或技术都有其发生、发展和形成的过程。为避免浪费时间和精力，检索时应根据研究课题的背景——有关知识发展的形成期、高峰期和稳定期，从而确定检索的时间范围。对发展较快的学科应优先查找最近几年的文献。

④课题需要的主语种。

⑤了解课题对查新、查准、查全诸方面有无具体要求。

（2）选择检索工具或检索系统。

检索工具或检索系统的选择是否恰当，将直接影响检索质量。可从以下两个因素来衡量：①收录文献的覆盖面及文献类型、学科范围。②文献的质量及检索的功能。

（3）确定检索途径。

检索途径即开始查找的入口点。常用的有分类检索途径、主题检索途径、著者检索途径、序号检索途径等。

①分类检索途径：分类途径是利用目次表分类索引进行的检索。关键是确定分类类目或分类号。有的课题涉及多个学科时，应注意从不同类目交叉进行。在专利普查时，常采用分类检索途径。

②主题检索途径：主题途径是利用主题索引进行的检索，关键是确定主题词或关键词。

③著者检索途径：著者途径是利用著者索引进行的检索，关键是要书写准确著者的姓名，包括个人著者和团体著者。

④序号检索途径：序号途径是利用代码（代码编排的）索引进行的检索，一般有专利号索引、标准号索引、化学分子式索引、CAS登记号索引等多种。

（4）实施检索。

在分析课题的基础上选择好检索工具后，即可按照一定的检索途径和检索方法实施检索。但在实际检索过程中，除著者、序号等几种反映文献外表特征的途径所用的检索标目可事先确定外，按主题途径或分类途径事先选择的主题词或分类号标识，往往与具体的检索工具所提供的标识有差异，此时就要作相应的调整，使其趋向检索工具中的标识。

在确定检索标识后，即可查找文摘，经阅览便可决定取舍，凡符合课题要求的应随时记录其文献出处，以便查考原文之用。

（5）索取原始文献。

索取原始文献是信息检索的最后一步，但在做这一步之前，还必须能识别出文献出处的类型以及文献出处为期刊时的缩写刊名还原问题。

①文献类型的辨别：检索工具著录的文献出处款目项中，一般对文献类型不加说明，需检索者自己识别。检索刊物所收藏的文献大多只有图书、期刊、会议文献、科技报告及专利文献等几种，它们均可以从"文献出处"款目项中加以判断，这对用户按不同的文献类型去查找不同的馆藏目录、索取原文具有一定的实用价值。

②缩写刊名还原成全称：在国外的大部分检索工具中，为了压缩篇幅，其文摘中著录的刊名出处，一般习惯采用缩写名称。因此，还必须将缩写刊名转换成全称才能索取原文。其方法如下：

a. 假如要把西文期刊的缩写变为全称，可利用检索工具中的"期刊表"对照转换，如Ei可使用"Publication List"还原。

b. 对于非拉丁语系的国家和日文、俄文的刊名缩写还原比较麻烦，因为这些文种的刊名在用英文书写的文摘中一律采用拉丁文音译缩写著录，因此，首先应使用检索工具中提供的"期刊表"将其缩写刊名变成全称，然后再借助《科技期刊与连续出版物名称对照手册》等工具书，将其全称还原为通用刊名，就可以直接索取原文。对于中文出版的期刊，在用英文书写的检索工具中一般都按汉语读音，直接音译为拉丁字母，也有按英文音译的，但我国港台地区的期刊多采用威妥码拼音著录。在使用时应特别注意，切忌把音译刊名直接当成英文刊名去查找原文。

第4章 计算机信息检索

4.1 计算机信息检索基础

4.1.1 计算机信息检索概述

如何从浩如烟海的信息海洋中找到所需的信息资料,一直是信息检索的主旨核心。计算机技术、现代信息处理技术、网络通信技术的发展,以及 Internet 这个新型信息发布和传播媒介的迅速普及,使得信息的采集、加工、存储和获取方式都发生了很大的变化。以缩微品、声像制品、磁盘、光盘等载体形式记录的非纸质信息和依托于 Internet 的网络信息数量急速上升。仅依靠纸质载体的信息已经不能满足科技人员对信息的完整性和及时性需求,手工检索方式也已经难以适应当今信息时代的发展。将以计算机技术为核心的现代信息技术应用于信息检索领域就成为时代发展的需要和结果。现代信息技术大大推动了信息存储和信息检索方式的变革,计算机信息检索应运而生,并已经发展成为信息检索的方向和主要手段。

1. 计算机信息检索的含义

计算机信息检索是计算机技术应用于信息检索领域而形成的一种信息检索方式,因此简单地说,计算机信息检索就是以计算机为检索手段,从计算机信息系统中查检所需信息的过程。这也就是我们所说的狭义的计算机信息检索。

信息的检索必须以信息的存入为基础,因而从广义来讲,计算机信息检索应该包括信息的存储和检索两个方面。信息的存储是按照既定的标准和原则,从信息源中选择合适的信息,提取这些信息的外在特征或者对其主题内容进行概念分析,用系统的索引语言进行标引,形成信息的检索特征标识,将其整理与排序,构成可供检索的数据库,主要包括人工或者自动方式的信息收集、标引、文摘编写、机读索引文档和数据库的建立几个环节。信息检索作为信息存储的逆过程,主要指对用户的检索课题加以分析,明确检索范围,弄清主题概念,然后用系统语言来表示主题概念,形成检索标识以及检索策略,输入到计算机中进行查找。

与手工信息检索相比,计算机信息检索建立在现代信息处理、存储和管理技术的基础上,是以信息检索系统——数据库为检索工具,需要人与计算机协同作用,计算机进行用户信息需求与数据库中记录的比较和匹配。检索系统有其特定的检索语法、检索技术、检索策略、多个检索途径的保证,克服了检索人员的一些主观判断,因此检索结果能够达到较高的查全率和查准率。此外,计算机信息检索系统提供的数据库资源较全面丰富,更新更快,经过专业人员严格加工整理,所以检索功能强,检索质量较高。

2. 计算机信息检索系统的构成

从计算机信息检索的定义可以看出,计算机信息检索系统是计算机信息检索的基础。计算机信息检索系统是一个关于目标、设备、人员、规则、程序、状态、信息资源与检索方法及策略的信息集合。从整体上讲,计算机信息检索系统由硬件设备、软件设备和数据库三部分构成。

(1) 硬件设备。

硬件设备是计算机信息检索系统用于处理数据和传送数据的各种硬件设备的总和,包括服务器、检索终端、网络通信设备、辅助设备以及其他与数据处理或数据传送有关的设备。服务器是计算机信息检索系统的核心部分,管理和控制整个系统的运行。在检索过程中,服务器要处理大量的指令和数据,因此要有相当高的运算速度和处理能力,以及较大的内存。

检索终端是用户与检索系统进行"人—机对话",交互传递信息的装置。以前检索终端有电传终端、数传终端和微机终端几种形式。目前基本上都是微机终端,即常用的 PC 机。

网络通信设备是连接服务器和检索终端的桥梁,包括网络传输媒介(光纤、双绞线等)、网络连接设备(集线器、路由器、调制解调器等),确保检索终端与服务器之间的信息交流。

辅助设备一般包括外部存储设备和外部输入/输出设备,即光盘、磁盘等存储设备和打印机、扫描仪等输出/输入设备。

(2) 软件设备。

上述各种硬件之所以能够执行运算和处理数据,是因为信息检索系统的软件设备。软件设备是信息检索系统中各类程序和各种文件数据的总称,分为系统软件和应用软件。信息检索系统的设计思想和总体结构存在差异,因而,各个信息检索系统的系统软件和应用软件的构成也不同。

系统软件是为支持计算机运转与管理其他程序的执行而设计的操作系统。它的主要功能是组织控制计算机软硬件资源协调工作,把应用程序送入或读入主存储器内,进行输入输出管理等。应用软件通常包括自动标引软件、词表管理软件、各种匹配程序及数据库管理程序等,其中数据库管理程序是计算机信息检索系统最基本、最重要的软件组成部分。

(3) 数据库。

数据库是计算机信息检索系统的物质基础,是信息检索系统的重要组成部分,也是用户进行检索的对象,由一系列信息记录组成。对于不同的信息需求,数据库可以随时按照不同的检索策略提供各种组合的信息,以满足检索者的需求。

3. 计算机信息检索系统的类型

如前所述,计算机信息检索系统是根据一定的目的,利用计算机对信息集合进行记录、存储与排序，以便用户从中获得所需信息资源的计算机系统。由于使用范围、存储的信息内容、检索方式等各方面的不同，计算机信息检索系统的类型也不同。本书将主要介绍下面两种常规划分标准。

（1）按照检索系统存储的信息内容划分。

按照数据库中存储的信息内容可以将计算机信息检索系统划分为文献检索系统、事实检索系统、数值检索系统、图像检索系统、多媒体检索系统等。

①文献检索系统。文献检索系统主要提供文献资料的检索，系统把关于文献的外在特征、内容特征以及内容的知识单元的信息存储起来，并组织成一定结构的数据库，供用户获取文献的二次信息（如目录、索引、文摘）或者全文。文献检索系统根据数据库存储的信息的类型可以划分为目录检索系统、全文检索系统和超文本检索系统。

目录检索系统存储的是关于文献外在特征和内容特征的一般描述性信息，如目录、索引、文摘等，目的在于提供文献线索，指引用户到另外的信息源中获得原文或者其他细节。因而该检索系统也被称为"二次文献检索系统"，如《全国期刊联合目录》《全国报刊索引数据库》以及美国的《化学文摘数据库》等。

全文检索系统以计算机可读的字符代码形式或文献页面扫描图像的形式，存储文献全文或者主要部分内容，以便用户以任意字、词、句、段落等为检索点，查询并直接获取文献全文。与传统的信息检索方式相比，它不是对文献特征的格式化描述，而是用自然语言深入揭示文献的知识单元，用户使用自然语言检索即可，如《中国期刊全文数据库》。

超文本检索系统主要用于检索网络信息资源，它不同于传统的一般文本的线性组织方式，而是按照人脑的联想思维方式把相关信息非线性组织连接起来，形成一个以节点（Node）为基本单位，节点之间以链路（Link）相连的网状结构数据库，用户通过"顺链"浏览来发现所需信息。节点用于表示网络信息的基本知识单元，如一个关键词，其大小视主题而定。链路用于表示各节点信息之间的关联，是超文本检索系统的灵魂。网络信息检索工具——搜索引擎就属于超文本检索系统。

②事实型检索系统。事实型检索系统是一种以"事实"为检索对象的非文献型检索系统，它提供有关人物、机构、地域、事件等各种事实一般性信息的直接查找方法。这类数据库内容丰富、类型很多，如人物传记数据库、机构名录数据库、产品指南数据库等，再如万方数据库系统的《中国企业与产品数据库》。另外，电子形式的百科全书、年鉴、手册、名录等也属于事实型检索系统的一种。

③数值型检索系统。数值型检索系统中存储和检索的对象均是数值型的数据，以数据形式记录物质、材料等各种事物的特性、参数、常数、价格等，如人口数据库、商品价格数据库等。世界粮农统计数据库、Dialog 检索系统中的"ICC 英国公司财务数据资料库"就属于该类。

④图像检索系统。图像检索系统用于存储和检索各种图像或图形及有关说明文字资料。早期图像信息的检索基于文本描述，但文本描述常常无法准确表述图像（形）中丰富的信息内容，从而影响查准率。20 世纪 90 年代以来，基于内容的图像检索应运而生，出现了以颜色、形状和纹理结构等特征为检索内容的图像检索系统，目前许多搜索引擎都提供了图像检索功能。

⑤多媒体信息检索。以上所谈的种种检索系统，都属于单一媒体的检索系统，目录、数

值、全文和超文本检索都是基于文本的，图像检索系统也只能用于检索图像（形）信息，而多媒体信息检索系统通过运用多媒体信息检索技术，将文本、音频、视频、图像（形）、动画等各种各样的媒体信息融为一体，从而可以获得检索主题的"全方位"信息。多媒体信息检索系统可分为基于文本方式的多媒体信息检索（Text – Based Retrieval，TBR）和基于内容特征的多媒体信息检索（Contend – Based Retrieval，CBR）两种形式。

基于文本方式的多媒体信息检索系统是以关键词的形式来反映多媒体的物理特征和内容特征，建立类似于文本文献的索引数据库，检索实际上是对描述多媒体的关键词的检索。目前常用的关键词索引字段有文件名或者目录名、多媒体标题、内容描述信息或者说明文字，以及所在Web页的URL、页标题等其他信息。以文本方式对多媒体信息进行描述具有一定的主观性，缺乏直观性，而且难以充分揭示蕴藏在多媒体信息中的丰富内容。

基于内容特征的多媒体信息检索系统是指根据媒体和媒体对象的内容及上下文联系组织信息，建立基于内容特征的标引系统，以便用户根据多方位特征检索多媒体信息的系统。目前，基于内容的多媒体信息检索的主要工作集中在识别、描述和揭示图像、音频和视频等信息的内容特征。其中图像画面的内容特征主要包括颜色、纹理、形状、结构、空间关系；声音的内容特征主要包括音频、响度、频宽、音色和节奏等；影像的内容特征包括对象运动特征、背景、颜色和光线的变化等。

目前基于内容特征的多媒体信息检索系统虽然发展很快，但检索效果存在不尽如人意之处，标引比较宽泛，多媒体资源不够丰富，很多信息都停留在艺术、娱乐、体育等方面，缺乏专业多媒体信息。

（2）按照检索系统的工作方式划分。

按照系统的工作方式可以将计算机信息检索系统分为脱机信息检索系统、联机信息检索系统、光盘信息检索系统和网络信息检索系统四种类型。

①脱机信息检索系统。这是一种最早应用的批处理方式的计算机信息检索系统，利用单台计算机的输入输出装置进行检索。检索人员把众多用户的各种信息需求编成"用户提问单"，按要求一次输入计算机进行检索，并将检索结果整理分发给用户。这种方式适用于大量检索而不必立即获取检索结果的用户。脱机检索系统的数据处理和储存能力有限，检索的执行由专职检索员统一处理，而且不提供任何实际浏览的可能性，用户无法与系统进行交互，所以就要求检索者必须制订完备的检索策略才能保证较好的检索效果。脱机检索系统于20世纪70年代被联机信息检索系统所取代。

②联机信息检索系统。联机信息检索系统是计算机技术和通信技术在情报检索中应用的成果，是由通信网络将计算机检索终端与系统主机远程连接构成的主从结构式的信息检索系统，用户从检索终端输入检索指令，直接与系统进行会话式检索。联机信息检索系统不仅能够使许多相互独立的检索终端同时与主机进行"对话"，而且能及时处理用户的提问，即刻回答。用户还可以浏览有关信息，即时修改检索提问，调整检索策略，直至获取满意的结果。20世纪70年代Dialog之类的大型国际联机系统的出现，使得计算机信息检索步入联机信息检索。目前许多联机信息检索系统，如Dialog、OCLC等，开始依托Internet提供基于WWW方式的联机信息检索，这极大地推动了联机信息检索在网络环境下的发展。

③光盘信息检索系统。20世纪80年代中期至今，自光盘产生后，因其存储量大、价格

低廉、使用方便，已发展成为一种主要的信息载体，光盘信息检索得到迅猛发展。光盘信息检索系统是利用计算机和光盘驱动器读取与检索存储在光盘上信息的计算机信息检索系统。光盘信息检索系统主要有两种类型，即单机光盘检索系统和网络光盘检索系统。

④网络信息检索系统。网络信息检索系统是以 Internet 上的信息资源作为检索对象而形成的检索系统，系统采取客户机/服务器结构，彼此之间的关系对等，这样可以互相访问和利用对方的资源。由于 Internet 上的信息资源丰富、类型繁多，因此作为检索这些资源的网络信息检索系统也呈现多样化。早期的网络信息检索工具有 Archie（针对 FTP 资源）、WAIS（网上文本信息资源）、Veronica（针对 Gopher 资源）等。目前针对 WWW 资源的检索系统是网络信息检索系统的主力，搜索引擎、门户网站、网络资源指南等都是检索网络信息的主要检索工具。

4. 计算机信息检索原理

无论对于手工检索还是计算机信息检索而言，信息检索的过程实际上都是一个比较、匹配的过程，其本质是信息用户将自身信息需求与信息集合进行匹配和选择。为了实现信息的检索，首先要对大量的信息进行收集、加工处理和排序，并用特定的标识系统描述信息获取的特征，然后分析用户信息需求的内容，提取用户信息需求中包含的概念或属性，并用与信息集合相同的标识系统将其表示出来，形成检索提问。当检索提问与信息集合中信息的标识相一致，则属于"检索命中"，即找到了符合要求的信息。所以计算机信息检索的基本原理仍是"匹配运算"，但不同于手工检索的"匹配运算"方式。

手工信息检索是通过人工方式对书本式检索工具中的文献款目进行"扫描""匹配"和"选择"。这种检索过程采用手工操作配合人脑判断来进行，因此，这种检索操作主要是依靠人脑来进行思考、比较和选择的，匹配与选择的标准是隐性的，取决于检索人员的检索知识、技能和经验。计算机应用到信息检索中后，信息检索的本质没有改变，但是信息的表示方法、存储结构和匹配方法变化了。要使用计算机可以识别的代码来表示信息，使用便于计算机快速存取的方式存储信息，匹配的方法亦由人工比较变为计算机匹配，匹配标准由隐式变为显式。在这种计算机匹配的过程中，人们要将检索提问变成计算机可以识别的检索提问式，要使用系统特定的检索指令、检索词和检索策略，由计算机自动对数据库中各文档记录进行信息查找。检索标识、检索策略只要与数据库中信息的特征标识及其逻辑组配关系相一致，即为命中，然后将命中的结果输出给用户。因此，计算机信息检索的实质就是由计算机将输入的检索策略与系统中存储的文献特征标识及其逻辑组配关系进行类比、匹配的过程，需要人—机协同作用来完成。

4.1.2 计算机信息检索技术

信息检索技术是用户信息需求和文献信息集合之间的匹配比较技术。由于信息检索提问式是用户需求与信息集合之间匹配的依据，所以信息检索技术的实质是信息检索提问式的构造技术。目前，计算机信息检索技术已经从基本的布尔逻辑检索、截词检索、邻近检索、短语检索、字段检索，发展为高级的加权检索、自然语言检索、模糊检索、概念检索和相关检索等多种技术并存。每一种信息检索系统都有自己特定的检索技术，因此，计算机信息检索技术的掌握是进行计算机信息检索的基础。

1. 布尔逻辑检索

逻辑检索是一种开发较早、比较成熟、在信息检索系统中广泛应用的技术。布尔逻辑检索就是采用布尔关系运算符来表达检索词与检索词之间逻辑关系的检索方法，目前最常用的布尔逻辑运算符主要包括"与"（AND）、"或"（OR）、"非"（NOT）。

（1）逻辑"与"。

逻辑"与"，也称为逻辑乘，用 AND 或 "*" 表示，是用来组配不同含义检索词之间的限定关系。检索词 A、B 若以 AND（或 "*"）相连，即 A AND B（或 A*B），表示同时包含 A、B 两词的文献才是命中记录，因而逻辑"与"可用于对检索词进行限定，从而缩小检索范围，提高检索结果的查准率。

例如，要查找 children education（儿童教育）方面的文献，检索逻辑式可表示为 "education * children" 或者 "education AND children"。运算的结果是同时含有 education 和 children 的文献才被检索出来。

（2）逻辑"或"。

逻辑"或"，也称为逻辑加，用 OR 或者 "+" 表示，是用来组配同义或者同族检索词之间的并列关系。检索词 A、B 若以 OR（或 "+"）相连，即 A OR B（或 A+B），表示只要含有 A、B 之一或者同时包含 A、B 的文献都是命中记录。因而逻辑"或"可用于扩大检索范围，增加命中文献数量，提高检索结果的查全率。

例如，要查找"汽车"方面的文献，因为汽车在英语中可以用 car 或者 automobile 表示，所以为了将有关汽车的文献全部检出，避免漏检，检索逻辑式就可表示为 "car + automobile" 或者 "car OR automobile"。运算的结果是含有 car 或者 automobile 任意一个或者同时两个的文献均被检索出来。

（3）逻辑"非"。

逻辑"非"用 NOT 或者 "-" 来表示，是用来组配概念的包含关系，可以从原检索范围中排除一部分，因而使用逻辑"非"组配可以缩小检索范围。检索词 A、B 若以 NOT（或 "-"）相连，即 A NOT B（或 A-B），表示只含有检索词 A 而不含有 B 的文献才是命中记录。逻辑"非"可用于缩小检索范围，但是不一定能提高文献命中的准确率。在使用时要注意，避免将相关的有用文献排除在外。

例如，要查找有关 energy（能源），但又不涉及 "nuclear（核能）"方面的文献，检索逻辑式可表示为 "energy NOT nuclear" 或者 "energy - nuclear"。运算的结果是含有 energy，但不含有 nuclear 的文献将被检索出来。

上面三种检索逻辑式是最为简单的布尔逻辑运算。在检索实践中，可以根据实际需要，组合使用多个布尔运算符，以准确表达检索主题。

布尔逻辑检索与人们的思维习惯一致，表达清晰，方便用户进行扩检和缩检，而且易于计算机实现，因此在计算机信息检索系统中得到广泛应用。但是它无法反映检索词对于检索的重要性，无法反映概念之间内在的语义联系，因而检索结果不能按照用户定义的重要性排序输出。

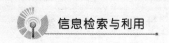

2. 截词检索

截词检索是利用检索词的词语或不完整的词形查找信息的一种检索方法。用相应的截词符（如"?""*"等）代替检索词的可变化部分，让计算机按照检索词的片段同标引词进行对比匹配，这样可以简化检索程序，扩大检索范围，以提供族性检索的功能，提高查全率。截词检索按照截断的位置划分，可分为右截断（前方一致）、左截断（后方一致）、左右截断（中间一致）和中间截断四种方法。

（1）右截断。

右截断即将检索词的词尾部分截断，要求比较匹配检索词的前面部分，是一种前方一致的检索。这种方法可以省略输入各种词尾有变化的检索词的麻烦，有助于提高查全率。

例如，输入检索词"econom*"（"*"为截断符号）可以检索出任何以econom开头的检索词的文献，如economic、economics、economist、economize、economy等。

一些计算机检索系统规定了右截断的限度，可在截断符号后加入一个限定字母数的值，例如"Circ*3"可检出包括Circle、Circlet，但不包括Circuitry、Circulation的文献。

（2）左截断。

左截断即将检索词的词头部分截断，要求比较检索词的后面部分，是一种后方一致的检索。这种方法可以省略输入各种词头有变化的检索词的麻烦，有助于提高查全率。

例如，输入检索词"*biology"（"*"为截断符号），可以检索出任何以biology结尾的检索词的文献，如electrobiology、neurobiology、pathobiology等。

（3）左右截断。

左右截断即将检索词左右词头、词尾部分同时截断，检索词中间一致，只要检索词中含有指定的词干即为合法检索词。

例如，输入检索词"*biolog*"可以检索出含有该词干的所有索引词的文献，如neurobiology、neurobiologist、microbiology、microbiologist等。这种检索方式在检索较广泛课题的资料时比较有用，可以获得较高的查全率。

（4）中间截断。

中间截断即在检索词中间嵌入截断符，允许检索词中间有若干形式的变化。检索时，检索词中嵌入的字母与截断符号数相同即为合法检索词。

例如，输入检索词"wom*n"，可以检索出包含women、woman的文献。

目前截词检索在计算机信息检索系统中有广泛应用，利用截词检索可以减少检索词的输入量，简化检索，扩大查找范围，提高查全率，但也有可能检索出大量无关资料。不同检索工具有自己的截词规则，使用时要注意。有的是自动截词，有的是在一定条件下才能截词。在允许截词的检索工具中，一般是指右截词，部分支持中间截词，前截词较少。有的需要限定截断的字符数量，有的是无限制截断。检索工具中使用的截词符没有统一标准，如Dialog用"?"，BRS系统用"$"，ORBIT系统用"#"等。

3. 邻近检索

邻近检索，又称位置检索，主要是通过位置运算符来规定和限制检索词之间的相对位置。引入位置运算符的目的是弥补布尔逻辑运算符某些提问式的不足，表达复杂专深的概念，从而提高检索的专指度。常用的位置运算符介绍如下。

(1) 相邻位置算符：(W) 或者 (nW)、(N) 或者 (nN)。

①(W) ——with 或 (nW) ——nword：

(W) 是 with 的缩写，表示在此运算符两侧的检索词按前后衔接的顺序排列，次序不许颠倒，而且两个检索词之间不许有其他的词或者字母出现，但允许有空格或标点符号。例如 CD (W) ROM 相当于检索 "CD-ROM" 或者 "CDROM"。

(nW) 是 nword 的缩写，表示在此算符两侧的检索词之间允许插入不多于 n 个的实词或虚词（通常指系统中出现频率较高而不能用来检索的冠词、介词和连接词，如 an、in、by、other、to、with 等），两个检索词的次序不允许改变。如 "control (1W) system"，可以检索出含有 control system、control of system 或 control in system。

②(N) ——near 或 (nN) nnear：

(N) 是 near 的缩写，表示在此运算符两侧的检索词彼此相邻，次序可以颠倒，但两个检索词之间除空格或标点符号外不允许有其他的词或字母出现。如输入 "robot(N) control"，可以检索出含有 robot control 或者 control robot 的文献记录。

(nN) 是 nnear 的缩写，表示在此运算符两侧的检索词之间允许插入不多于 n 个的实词或虚词，两个检索词的次序可以改变。如 "control (1n) system"，不仅可以检索出含有 control system、control of system 或 control in system 的文献记录，还可以检索出含有 system of control，甚至 system without control 等的文献记录。

(2) 字段算符 (F)、(L)。

①(F) ——in the same field：

(F) 是 field 的缩写，表示在此运算符两侧的检索词必须同时出现在文献记录的同一字段内，如出现在篇名字段、叙词字段、文摘字段等，两个检索词的前后顺序不限，夹在两个检索词之间的词的个数也不限。例如输入 "robot (F) control"，可以检索出在篇名字段或叙词字段等同一字段中同时包括 robot 和 control 的文献记录。

②(L) ——link：

(L) 是 link 的缩写，表示在此运算符两侧的检索词必须同在数据库界定的同一规范词字段中出现，两个词之间具有一定的从属关系，可以用来连接主标题词和副标题词。

(3) 句子位置算符。

(S) ——in the same subfield or Sallie paragraph

(S) 是 subfield 的缩写，表示在此运算符两侧的检索词只要在一个子字段（如在文摘中，一个句子就是一个子字段）或者全文数据库的一个段落中出现，就符合检索提问的要求，两个检索词的次序和插入词的个数不限。例如输入 "expert (w) system (s) medical"，则可以查到所有子字段含有 expert system 和 medical 这两个词的文献。

相邻位置算符、字段位置算符、句子位置算符可连用，顺序为 A (W) B (S) C (F) Do 在同一检索式中，如果两个检索词之间的位置算符由 (W) — (S) — (F)，说明检索范围越大，查全率越提高；反之，检索范围小，查准率提高。位置检索对提高检索的查准率和查全率有重要作用，但网络检索中基本只支持 (W) 和 (N)。

4. 限制检索

限制检索是通过限制检索范围达到优化检索结果的方法。限制检索的方式有多种，例如字段检索、使用限制符、采用限制检索命令等，这些限制检索方法既可独立使用，也可以混合使用。

（1）字段检索。

把检索词限定在某个（些）字段中，如果记录的相应字段中含有输入的检索词则为命中记录，否则就为检不中。联机、光盘信息检索系统的数据库记录都是由各种字段组成的，检索的时候可以限定检索词出现的字段范围，以缩小检索范围，提高查准率。对于网络信息而言，网络信息一般不分字段，但是一些网络信息检索工具设计了类似于字段检索的功能，依据这类功能，用户可以把查询 WWW 信息的检索范围限制在标题、统一资源定位地址（URL）或超链接等部分。例如"TITLE：北京大学"这一检索提问可以查得网页题名中含有"北京大学"的网页。

（2）使用限制符。

用表示语种（LA）、文献类型（DT）、出版年代（PY）等的标识符来限制检索范围。例如，要查找 1999 年出版的英文或法文的个人计算机方面的期刊，检索式可表示为"（personal computer/ti, ab）AND PY = 1999 AND（LA = EN OR FR）AND DT = Serial"。

（3）使用范围符号。

符号如 Lessthan、Greaterthan、Fromto 等。如查找 1989—1999 年的文献，检索式可表示为："PY = 1989：1999"或者"PY = 1989 to PY = 1999"。又如，查找 2000 年以来的计算机方面的文献，检索式可表示为"computer?? And Greater than1999"。

（4）使用限制指令。

限制指令可以分为一般限制指令 Limit（它对事先生成的检索集合进行限制）和全限制指令 Limit all（它是在输入检索式之前向系统发出的，它把检索的全过程限制在某些指定的字段内）。Dialog 系统的检索指令就包括了 Limit 命令。

例如，"Limit S5/328000 - 560000"表示把先前生成的第 5 个检索集合限定在指定的文摘号内。又如，"Limit all/de, ti"表示将后续检索限定在叙词和题名字段。

5. 区分大小写检索

大小写有别是英文等西方文字中的一个特点。在查找西文信息时，区分大小写这一检索特性有助于提高查准率。为此，许多的网络信息检索工具让用户选择是否分辨检索词的大小写。例如 Web 专指万维网，而 web 表示蜘蛛网。这一检索功能尤其有助于对专有名词的检索查询。

6. 短语检索

短语检索也称为精确检索（Exact search），将检索词用双引号（""）括起，检索出与双引号内形式完全相同的短语，以提高检索的精度和准确度。

7. 加权检索

检索提问式中不同检索词的重要性是不同的，因此，可以用一定的数值来表示它们的重要性，这就出现了定量检索技术——加权检索。加权检索的基本方法就是在检索时赋予每个检索词一个表示其重要程度的数值，即所谓的"权值"。检索过程中，对含有这些检索词的文献进行加权计算,权值之和在规定的数值(称为阈值)之上才会作为检索结果输出,权值的大小可以反映被检出文献的切题程度。

运用加权检索可以命中核心概念文献,因此它是一种缩小检索范围、提高查准率的有效方法。其重点不在于判定检索词是否在某一文献中存在以及与其他检索词的关系,而在于判定检索词在满足检索逻辑后对文献命中与否的影响程度。

目前加权检索在信息检索系统中的应用还很不完善,并不是所有系统都提供这种检索技术。而能提供加权检索的系统,对权的定义、加权方式、权值计算和检索结果的判定都有不同的技术规范。不过现在几乎约定俗成,加号"+"表示检索词一定要出现在检索结果中,而减号"-"表示某检索词一定不能出现在检索结果中。目前存在两种基本的加权检索方法,即词加权检索和词频加权检索。

(1) 词加权检索。

词加权检索是指在构造检索方式时,检索者根据对检索需求的理解选定检索词,同时每一个检索词(概念)被赋予一个数值(权重),表示其在本次检索中的重要程度。检索时先判断检索词在文献记录中是否存在,然后计算存在检索词的记录所包含的检索词的权值总和,通过与预先给定的阈值进行比较,权值之和达到或超过阈值的记录视为命中记录,命中记录的输出按权值总和从大到小排列输出。这种给检索词加权来表达信息需求的方式,称为词加权。

检索词的权值是按照提问者的需要给出的。加权运算符的表示如表 4-1 所示。

表 4-1 加权运算符的表示

符号	含义和作用	举例
/n (n) 1)	指定某个检索词在查询中的权重(默认权重为1)	计算机/10

例如,以"粮食收购政策"为检索课题,给检索词"粮食""政策"和"收购"分别赋予权值30、30 和40。检索时,在关键字文本框内输入"粮食/30 * 政策/30 * 收购/40",单击查询,则依所含关键词的权重检出相应记录,按权值递减排列如下:

100 = 30 + 30 + 40　粮食收购政策

70 = 30 + 40　粮食收购

60 = 30 + 30　粮食政策

若规定权值大于或者等于 70 的为命中文献(70 为阈值),则只有有关粮食收购政策和粮食收购的文献被打印输出。

(2) 词频加权检索。

词频加权检索是根据检索词在文档记录中出现的频率来决定该检索词的权值的,而不是由检索者指定检索词的权值。这种方法消除了人工干预因素,但是必须建立在全文或者文摘型数据库基础之上,否则词频加权将没有意义。

8. 自然语言检索

自然语言检索是指用户在检索时可输入用自然语言表达的检索要求。在检索过程中,检索工具收到用户的提问后,首先利用一个禁用词表从提问式中剔除那些没有实质主题意义的词汇,然后将余下的词汇作为关键词进行检索。

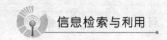

9. 模糊检索

模糊检索允许被检索信息和检索提问之间存在一定的差异。这种差异一部分来自用户在输入检索提问式时的输入错误，例如少输入一个字，打错一个字母等，另一部分差异来自某些词汇在不同国家的不同表现形式。检索工具能够估计到这些词汇的正确形式或者其他变形，使用户能够检索到正确词汇或者以其他变形形式标引的结果。

10. 概念检索

概念检索是用户输入一个检索词后，检索工具不仅能检出包含这个具体词汇的结果，还能检出包含与词汇属于一类概念的词汇的结果。例如，检索 automobile 时能找出包含 automobile、car、trunk、van、bus 等任一词汇的结果。又如，在查找公共交通这一概念时，有关"公共汽车""地铁"等的信息也能检索出来。在此意义上，概念检索实现了受控检索语言的一部分功用，即考虑到了同义词、广义词和狭义词的使用。至今为止，搜索引擎 Excite 在概念检索方面取得了比较明显的成就。

11. 相关检索

相关检索是目前大多数搜索引擎提供的一种检索技术。当使用关键词检索时，除得到相应的检索结果之外，在结果页面的上方或者下方会出现与检索词相关的一些关键词，单击这些关键词就可以得到其相应的搜索结果。相关检索可以避免重复输入搜索关键词，并给出选择的范围，使用户更容易地找到真正想得到的信息，大大提高搜索效率，减少找到有效信息所花费的时间。

上述的多种信息检索技术，一些是联机信息检索、光盘信息检索和网络信息检索系统全部支持的，但是像自然语言检索、模糊检索、概念检索、相关检索等信息检索技术是网络信息检索系统所特有的。在实际的检索实践中，往往可将上述多种检索技术混合使用，从而构造一个适当的检索提问式，提高检索结果的查全率和查准率。

4.1.3 计算机信息检索策略

信息检索策略是针对用户信息需求，运用一定的检索技术和方法而设计的信息检索方案，是影响检索效果的关键因素。实践表明，一个好的信息检索策略不仅可以优化检索过程，以便从整体上节省检索时间和检索经费，而且还可以获得较高的查全率和查准率，取得最佳的检索效果。

1. 计算机信息检索策略的含义

目前人们提及信息检索策略往往是指检索提问式的构造，即运用系统特定的检索技术确定检索词之间的逻辑关系，形成表达用户信息需求的检索提问式，这是我们所说的狭义上的检索策略的含义。

广义上的检索策略是指在分析检索课题的实质内容、明确检索目标的基础上，选择检索工具，确定检索途径与检索用词，以及检索词之间逻辑关系与查找步骤最佳方案的一系列科学安排。因此,完整的检索策略的构造过程应该包括四步:分析用户信息需求,选择检索工具,确定检索词和构造检索提问式,以及实施检索策略、输出检索结果。

检索策略的构造涉及多方面的知识和技术,检索者需要了解检索系统的特性和功能,熟悉系统数据库的记录结构、特定的文献标引规则、检索方法与技术等,能够随机不断地调整检索策略,从而制订一个科学合理的检索策略。

2. 计算机信息检索策略的构造及其实现

通常计算机信息检索策略的构造可按下面步骤进行。

(1) 分析用户信息需求,明确检索目的。

用户的信息需求是信息检索的出发点,也是检索策略制订的依据。只有仔细分析用户的信息需求,了解用户检索目的与意图,才能确定检索的角度、深度和广度,选择适当的检索工具,确定检索途径,制订最佳检索策略。

用户的信息需求可谓多种多样、千变万化,有时甚至同样地提问,其检索目的也会不同,有的"求全",有的"求准",有的"求新",有的需要原文,有的只需要一般性信息。因此,不同的检索目的,其检索策略与检索步骤的安排也会截然不同。

(2) 选择检索工具,确定检索途径。

根据用户检索目的和具体要求,选择最恰当的检索工具,是保证检索效率的重要环节之一。因为检索工具类型多种多样,而各种检索工具都有自己的特色,在收录文献信息的学科主题范围、时间范围、文献信息的类型、语种等方面均各有侧重。同时,各种检索工具之间又存在着严重的重复交叉现象,对某一课题的检索,可供选择的检索工具不止一种。因此,检索人员需要确定采用何种检索工具,以哪种检索工具为重点来检索。

对于联机信息检索和光盘检索而言,选择检索工具就是选择数据库。联机检索系统和光盘检索系统都是由一些数据库组成,这要求用户在检索前必须了解检索系统所含数据库的主题范围、文献类型、结构,以及检索途径等,从而确认是否与自己检索课题有关。联机检索系统的数据库数量一般较大,内容广泛,所以选择起来有一些困难。光盘检索系统收录范围小,数据库数量少,因而选择的难度较小。对于网络信息检索工具的选择要尽可能从收录范围、标引的深度与准确度、数据更新的频率、检索机制、检索速度、界面友好程度等多方面综合评价。例如,查公司和个人信息可以用 Internet Yellow Page、Whois 等;查用户组可以用 DeiaNews 等;查 FTP 资源可以用 Archie;查 WWW 资源可以用搜索引擎和网络资源指南等检索工具。

选择好检索工具后,就要根据检索工具提供的检索入口,选择最佳检索途径。例如查找法律资料,可以从法规颁布的时间、法规的主题、法规颁布的机构等多方入手,这就要求检索人员根据已掌握的信息选择最佳、最便捷的检索途径。

(3) 选择检索词,构造检索式。

①选择检索词。选择好检索工具、确定检索途径后,就要依据检索工具的特定检索用词规则,将用户的检索课题用一些具有检索意义的主题概念表示出来,形成检索词。检索词是表达用户文献信息需求的检索提问式的基本元素,也是计算机信息系统中有关数据库据以进行匹配运算的基本单元。检索词的选择恰当与否会直接影响检索效果。在计算机信息检索系统中,检索词除了表示文献信息形式的题名、著者、出处等外部特征标识之外,基于文献信

息内容的检索词有受控词汇和自然词汇两种形式。

a. 受控词汇。受控词汇是经过规范化处理的词或者词组,即主题词,主要指叙词、标题词以及各种人工代码,如分类代码、国家或地区代码、产品代码、化学物质代码等。受控词汇是从待检数据库的叙词表或者主题词表中选取的。在使用词表的计算机检索系统中,词表是数据库标引和检索共同遵循使用的检索语言。为了使检索提问标识和文献特征标识相一致,获得最佳检索效果,应该优先使用受控词汇。

b. 自然词汇。自然词汇是指未经规范化处理的词或者词组,包括关键词和自由词,直接取自文献信息本身。关键词是文献篇名、摘要、正文中出现的具有实质意义的表达文献主题内容的词。自由词是指在检索时估计文献中可能出现、具有检索意义,未被词表收录的词,可以实现全文信息查找。使用自然词汇检索时,字面匹配则表示命中。自然词汇往往一词多义,很容易产生误检,因此,在检索时要尽量做到概念匹配。

选择检索词一般要从以下几个方面进行考虑:第一,对检索课题进行科学正确的主题分析,将课题内容分解或综合成某些概念,选择核心概念,发掘隐含概念,排除非核心与宽泛概念,力求这些概念能反映用户信息需求和检索主题内容。第二,在确定检索用词时,检索词的数量和专指度要合适,主次分明。一般遵循优先使用规范词,其次选用关键词,然后再根据实际情况恰当使用自由词的原则。目前联机检索系统和光盘检索系统一般要求使用系统特定的词表,而绝大多数的网络信息检索工具都支持自然语词的检索。第三,可以随时视检索需要,调整选择检索词,灵活使用多义词、同义词、近义词等。如果想扩大检索范围,选择检索词时要尽量选择上位概念或者词组;如果想缩小检索范围,则选择专指性强、特定概念或者专业术语,避免普通词和太泛指的词。

②构造与优化检索提问式。在选择好检索词后,检索人员就需要采用上一节提到的计算机信息检索的技术,构造检索提问式。检索提问式是计算机信息检索系统用来表达用户检索要求的逻辑表达式,由检索用词和各种布尔逻辑运算符、位置运算符、截词运算符以及系统规定的其他连接组配符组成。从某种意义上讲,检索提问式是检索策略的具体体现,是检索策略构造中的关键环节。目前,联机信息检索和光盘信息检索比较注重检索提问表达式的构造与优化,网络信息检索比较简单,多采用浏览和关键词检索,所以对检索提问式的构造要求并不突出。但毫无疑问的是,一个准确合理的检索提问式可以极大地提高检索的质量和速度。

在构造检索提问式的过程中,我们要注意以下两点。

a. 灵活运用各种运算符号。为了达到理想的检索结果,可以同时使用多种运算符,以准确表达检索需求的内容。例如,为了扩大检索范围,可以增加利用截词符、布尔逻辑运算符 OR、模糊检索等;如果想缩小检索范围,可增加使用 AND、NOT 运算符,使用字段检索限定查找范围;使用精确检索技术的双引号,来提高检索的精确度;使用各种位置运算符限定检索词之间的位置关系,从而提高检索的准确性和灵活性。

b. 准确构造检索提问式。熟悉检索系统的索引体系、检索用词规则和运算符的含义,仔细分析检索词之间的逻辑关系,分期分步制订检索表达式,不断修改检索提问式,以期获取最佳、最合理的检索提问式,完整而准确地反映用户提问的主题内容。

(4) 实施并修改检索策略,输出检索结果。

将编制好的检索提问式输入检索系统,计算机进行匹配运算后输出检索结果。在信息检索过程中，用户需求的随机性、对用户信息需求分析和表达的主观性，以及检索提问式的构造不完善等，制订检索策略的过程中必然会存在一些产生检索失误的潜在根源，所以为了实现检索目的，需要修改优化检索策略，如"扩检"用来提高查全率，"缩检"用来提高查准率，输出用户真正需求的检索结果。检索结果如何输出也属于检索策略范畴，因为一些检索系统允许对检索结果的输出进行定制，可以进一步限定输出的内容和格式，选择检索结果的输出排序方式。如OCLC就允许将检索结果按照本馆年订购项目、著者、年等来限制输出，提供了时间和相关度两种排序方式。选择适当的结果输出方式有利于用户以最快捷的方式获取所需的相关性最高的文献信息。按照时间顺序排列，便于直接获取最新文献信息；按照相关度排列，便于直接获取最有用的文献信息。因此，依据用户信息需求和检索目的，优化检索策略、定制检索结果的输出会极大地提高检索效果。计算机信息检索策略的构造其实现过程如图4-1所示。

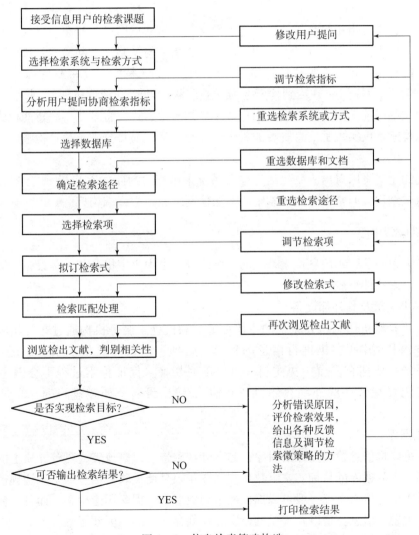

图4-1 信息检索策略构造

4.2 联机信息检索

从 20 世纪 60 年代中期开始,在脱机信息检索的基础上相继出现了许多联机信息系统,如 ORBIT、Dialog 等,提供某一局部范围,甚至全国范围的联机信息检索服务。70 年代后,借助于国际通信网络,联机信息检索逐步走向全世界,发展成为信息检索最重要的形式。90 年代,因特网的产生和普及有力地推动了联机信息检索在网络环境下的变革与发展,出现了许多网络化的联机信息检索系统,从而使得联机信息检索仍然在信息检索领域发挥着重要的作用。

4.2.1 联机信息检索的定义与系统构成

联机信息检索是指用户利用计算机终端设备,通过通信网络与分布在世界各地的信息检索系统联机,以人—机对话方式,运用特定的检索指令与策略,访问检索系统的数据库,查找所需信息的过程。相对于脱机信息检索,这种检索方式是实时(real-time)、在线(on-line)进行的,用户提问一旦传到检索系统主机,被接收后,计算机便立刻执行检索运算,并很快将检索结果传送到用户终端,用户可反复修改检索式,直至获得满意的检索结果。因而联机信息检索不仅实现了信息资源的集中管理和共享,而且打破了信息检索的地域和时间限制。

从上述的定义可以看出,联机信息检索系统采用相对封闭的客户机/服务器模式,属于典型的主从式结构,通常由联机检索中心、通信网络和检索终端构成。

1. 联机检索中心

联机检索中心是联机信息检索系统的中枢部分,由中央主机及其外部设备、数据库、数据库管理与检索软件组成。

(1)中央主机及其外部设备。

中央主机是联机信息检索系统的主体部分。联机检索服务机构通过开发相应的联机信息检索软件,利用中央主机进行信息的存储、处理、检索以及整个系统的运行和管理。联机检索系统一般拥有多台中央主机,可以随时切换,保证检索过程不会因主机故障而中断。另外需要配置一些外部存储设备和输入/输出设备,如磁盘阵列、光盘塔、打印机等。

(2)数据库。

数据库是联机信息检索操作的对象,是存储在磁带、磁盘或者光盘等介质上的文献或数据记录的集合。数据库的品种、文献数量和回溯年限是衡量联机信息检索系统规模的重要标志。一个联机信息检索系统一般可以提供数十到数百个数据库用于检索,而各个数据库存储内容的学科主题、信息类型以及提供的检索途径都存在不同,因此了解各个数据库的特性是进行联机信息检索的基础和前提。

(3)数据库管理与检索软件。

数据库管理与检索软件是控制中央主机或者服务器进行数据库检索操作的程序,在整个检索系统中发挥着至关重要的作用,其性能和质量将直接影响用户所获取信息与检索需求的匹配程度。不同联机信息检索系统采用的数据库管理与检索软件的功能是不同的。

2. 通信网络

通信网络是连接联机信息检索中心和检索终端设备的桥梁,在两者之间传输信息和数据。联机信息检索系统的通信网络已经从最初的依托公用电话线、专用线,以及通信卫星和海底电缆构成的国际通信网络,发展到依托因特网,以 Telnet(远程登录)方式或者 WWW 方式与信息检索系统联机。

3. 检索终端

检索终端是用户向联机信息检索中心发送或者接收信息的设备。目前检索终端已经从最初的屏幕显示终端,即只由一个用于输入的键盘和一个用于输出的显示屏幕组成,不具备信息处理能力,只能接收或者发送信息,发展到现在的微机终端,即以一般的 PC 机为终端,可以对接收的数据进行处理(套录进数据库或者打印等)。

4.2.2 联机信息检索系统的服务方式

目前联机信息检索服务系统的功能,即提供的服务方式主要有以下几种。

1. 回溯检索(Retrospective Searching,RS)

一般的联机信息检索系统除了提供最新信息的检索服务外,都回溯收录了很长时间范围的数据,供用户回溯检索,如 Dialog 提供了长达 20 年的历史数据。这种服务可以使用户通过检索全面了解某一课题的来龙去脉,以及在某一段时间的发展情况,对专利申请、课题开题、科研项目鉴定、撰写综合性论文等非常有用。

2. 定题服务(Selecting Dissemination of Information,SDI)

定题服务是将用户预先制订的检索表达式长期保留在检索系统的主机中,在相应的数据库更新时,由中央主机自动按保留的检索式对储存到数据库中的最新文献信息进行检索,并将检索结果定期反馈给用户。定题服务由于只查找更新部分的记录,因而能够及时提供有关主题领域的最新文献信息、科研动态和成果。这种服务适用于专题开发研究的信息需求,以及对某个专业领域的发展、动向等进行长期跟踪的需求。

3. 联机订购原文(Online Ordering Full Copies)

目前尽管全文信息检索服务已经得到很大的发展,但绝大多数的联机信息检索系统都只提供二次文献(题录、索引、文摘等)的检索。如果用户找到相关的文献信息线索后,想要获取原文,就可以直接向检索系统提交联机订购原文的请求。联机信息检索系统或者将原文直接传递给用户,或者将用户的原文订购请求转到相关的文献供应商,由文献供应商将用户所需文献传递给用户,这种服务一般是收费性质的。

4.2.3 联机信息检索的特点

与手工检索或者其他形式的计算机信息检索相比，联机信息检索具有以下一些特征。

1. 优势

（1）检索范围广。

联机信息检索系统一般都由很多的数据库组成，如Dialog、OCLC等，这些数据库收录的信息资源十分丰富，几乎涉及各个学科的主题范畴。世界上公开出版发行文献的90%都可以通过几种主要的联机信息检索系统查到。

（2）检索内容新。

联机信息检索系统一般都由专业人士负责管理，定期更新数据库中的信息，而且更新周期日益加快，尤其是一些时效性强的信息的更新速度更快，有的随时都在更新。如Dialog系统的工程索引每周更新，报纸类数据库每天更新；商情数据库有的每天更新，有的随时更新。

（3）检索途径多。

联机信息检索系统一般都给数据库记录字段做了全面而详尽的索引，因此提供的检索途径相当多，用户既可以从文献信息的外在特征，如题名、著者、机构名、出版年月等进行检索，也可以从文献信息的内容特征，如分类号、主题词、关键词、内容单元及全文进行检索。

（4）系统安全可靠。

绝大多数联机信息检索系统采用集中式管理，有一套严格的管理程序，专人负责对系统进行更新与维护，确保系统的安全运行。此外，系统中的信息都经过了严格的筛选、加工和标引，无用信息被过滤，信息的附加值高、可靠性强。

（5）检索效率高。

联机信息检索系统一般由专业人士负责管理，内容丰富、索引完备，具有功能比较完善和强大的指令系统，规定了大量的指令、字段限制符、逻辑运算符、位置运算符等，确保准确表示检索主题，提供同步查询多个数据库的功能，而且用户可以在检索过程中随时根据需要调整修改检索策略，从而保障了检索的快速性以及检索结果的查全率和查准率。

2. 缺点

（1）联机信息检索系统的信息组织方式以线性为主，不够灵活。

（2）联机信息检索系统的检索指令、规则与方法比较复杂，需要经过专门培训才能有效使用联机信息检索系统。

（3）检索费用高，普通用户难以负担。

4.2.4 联机信息检索系统的联机方式

用户检索终端与联机信息检索系统中央主机的联机方式主要有以下三种。

1. 传统的专线联机方式

在联机信息检索早期，主要采取专线联机方式。用户要在检索终端上安装相应的检索软件，通过数据通信专线或电话线，利用卫星通信网络，几经连线中转，才能实现与远程检索系统的联机。以专线方式（尤其是数据通信专线方式）联机的检索速度较快，预先编制好检索策略后，真正的联机时间只需几分钟。但是检索费用较高，除了包括必要的数据库使用（机时）费和记录显示打印费外，还要付给电信部门每次检索的数据通信费用，以及每月的专线租用费。此外，专线方式必须使用复杂的指令语言，因此一般只限于受过专门训练的检索人员使用，这样，既妨碍了联机检索的普及，又因检索服务费的额外支出增加了检索负担。

2. Telnet 联机方式

Telnet 是 Internet 上一种很重要的信息服务和资源获取方式，通过 Telnet 可远程登录国际联机系统主机进行检索。远程登录成功后，按提示依次输入用户账号和密码，就能与专线联机方式一样进行检索。不过，Telnet 方式不能预先编制检索策略，只能联机输入，这无疑增加了联机时间。以这种方式进行检索会受到 Internet 通信线路的影响，有时会因突然中断联机而丢失检索到的信息，因此不如专线方式稳定，但是检索费用却因免收基本网络通信费而要比专线方式便宜得多。此外，相比 WWW 联机方式，Telnet 方式速度快了许多。

3. WWW 联机方式

除了 Telnet 之外，当前 Internet 上最为普遍和易用的信息提供和查找方式首推 WWW（World Wide Web，万维网）方式。在网络信息技术发展的支持下，许多联机信息检索系统都推出了以 Web 为平台的联机信息系统，适合不同检索级别和需求的用户，特别是非专业信息检索人员。这些 Web 系统都采用了对话框检索界面，用户不必掌握复杂的指令，不用编制烦琐的检索策略，只需在网页上选择合适的主题范围，按照提示在对话框中输入检索词，并可通过下拉列表进行检索范围、语种、年限等的限定，从而获得满意的检索结果。

4.2.5 联机信息检索系统的综合评价指标体系

怎样选择最佳联机信息检索系统，获取最有效的检索结果，是检索用户最关心的核心问题。建立联机信息检索系统的评价指标体系，有助于帮助检索人员选择合适的联机检索系统。联机信息检索是一个比较复杂的专业检索过程，涉及用户、检索人员和检索系统多种因素，这些都是影响检索效果，从而影响对检索系统评价的因素。因此，为了细致、完善和全面地反映联机系统的检索水平，我们要根据联机检索过程流及其特征设置综合评价指标。

根据兰卡斯特（F·W·Lancaster）的阐述，判断一个检索系统的优劣，主要从质量、费用和时间三方面衡量。根据我国学者提出的评价联机检索效果的四指标体系，在这四个准则中，查全率和查准率是判定检索效果的主要标准，检索费用和检索时间略为次要。查全率和查准率体现了质量标准。影响查全率和查准率的因素，主要从用户、检索者、数据库、词表、课题特征五个方面考虑。检索费用，即费用标准，是指用户为检索课题投入的总费用。时间标准是指检索花费时间，包括检索准备时间、检索过程时间和获取文献的时间。

联机信息检索自产生起，就采用指令检索语言和非图形检索界面，专门面向专业的信息检索机构和信息检索人员。检索人员需要经过专门培训，掌握特定的检索语言、指令和方法后才能使用联机检索系统，而且检索费用很高，从而将非专业用户"拒之门外"，影响了联机信息检索的利用率。现代网络技术的发展，使得计算机通信网络成为一种无所不在的信息承载体。Internet作为一种信息资源最丰富的计算机互联系统，成为人们查找信息的首选，网络信息检索系统应运而生。网络信息检索工具由于面向最终用户，是计算机信息检索工具中使用最简单、界面最友好的，非常适合非专业检索人员查找信息，因此网络信息检索呈现一片繁荣景象。此外，许多联机信息检索系统的数据库供应商纷纷将各自的数据库资源推向Web平台，直接面向检索终端用户提供服务，无须借助联机检索系统，从而使得Internet环境下的联机信息检索受到很大的冲击。

4.2.6 Internet环境下联机信息检索的优势

面对网络信息检索如火如荼的发展，联机信息检索并不会走向消亡，因为与网络信息检索工具相比，联机信息检索系统仍然有其不可比拟的优势，人工采集、内容标引、概念组配与规范化处理是联机检索技术的核心。其优势具体表现在以下几个方面。

1. 联机信息检索系统在信息数量上的优势

目前，联机数据库依然是提供信息资源增值服务的主力军，虽然Internet上的网页数量增长速度快，资源极大丰富，但是在学术专业信息资源数量上远远无法与联机信息检索系统相比。联机信息检索系统大多数是综合性的，其数据库覆盖了宽广的学科领域，资料的丰富性以及主题的宽度和深度，都是Internet检索工具所无法比拟的。

联机信息检索系统在数量上的优势还特别表现在回溯性信息方面。商业联机信息检索系统在累积数据方面投入了相当的时间和经费，因而能提供某一主题来龙去脉的背景资料，较好地体现了信息的累积性、系统性和完整性。而网络信息大多涉及现实话题及当前事件和新闻，缺乏相应的历史信息和背景信息。

2. 联机信息检索系统在信息质量上的优势

联机数据库中的信息都经过严格的加工、标引，信息的附加值高、可靠性强；而大多数网络信息检索工具依靠自动搜索和标引软件来进行信息的收集和标引，以超链接的形式将信息组织在一起。与联机信息检索系统的数据库提供的信息相比，网络信息检索工具提供的信息资源的质量和可靠性不稳定，缺乏广度和深度。联机系统在信息质量上的优势还表现在信息的独占性和安全性方面。大多数联机信息检索系统所提供的信息，可能是其他任何信息源都无法提供的，而Internet上信息雷同的现象相当普遍，还存在大量虚假信息、有害信息和含有病毒的信息，信息的安全性难以保证。可以说，高质量的信息是联机信息检索最显著的优势。

3. 联机信息检索系统在检索效率上的优势

联机信息检索系统都具有比较完备的指令语言和功能强大的检索功能,支持多种检索技术,从而保证了较高的查准率。一些联机系统还提供了同步查询多个数据库的功能,使得联机检索具有较高的查全率。Internet 上虽然有海量的信息,但由于它不属于某一个机构,因此这些信息是分散、无序的,导致很多有用的信息埋没在大量无用的信息之中。大多数网络信息检索工具虽然也采用了一些信息标引组织技术,但是标引质量并不高,检索效率往往"顾全",无法实现"顾准"。

4.2.7 Internet 环境下联机信息检索的发展

面对网络信息检索的挑战,联机信息检索立足于自己信息量大、学科覆盖面广、检索迅速方便、查准率高、信息可靠性强和信息质量好的优势,顺应潮流,紧密与 Internet 结合,充分利用 Internet 在检索环境和检索手段等方面提供的广阔发展空间,采取有效措施,改进自己的信息系统和服务方式,在网络环境下寻找新的生长点,已经成为 Internet 环境下联机信息检索发展的必然。

1. 联入 Internet

面对 Internet 的广泛、便捷、交互性强等特性,许多传统的联机检索系统纷纷改革,将检索系统安装在 Internet 服务器上,建立 Web 检索界面,将传统的联机检索融合在 Internet 环境之中,如 Dialog、STN、OCLC 等。这样,首先,可以将联机检索系统的服务对象从原来的有限用户扩大到世界各地,大大增加用户人数;其次,联机信息检索系统可以利用 Internet 提供的廉价发行信息和数据的渠道,大大降低信息传递的时间和费用,提高信息服务效率;最后,利用 Internet 在信息服务方面的长处,增加服务项目和功能,如动态信息服务(简讯、网络新闻组等)、信息咨询服务、电子原文传递等,面向最终用户提供更大的方便和更多服务选择。

2. 改善用户界面

早期的联机信息检索系统采用非图形检索界面和指令式检索语言,从而使得检索定位于专业信息检索人员。联机信息检索系统上网后,可以借助于网络编辑语言,大大改善系统用户界面的友好性,采用直观性强、可交互的对话框检索方式,使系统的可操作性更加简单和容易,用户无须懂得系统的检索指令和操作规程,只要输入检索词就可以使用系统、进行信息检索。

3. 调整收费制度

检索费用是用户选择检索系统和检索方式时考虑的重要因素。传统联机信息检索的收费较高,不仅包括数据库使用费,还包括联机机时费、记录输出费等,大大超出了普通用户的承受能力,因而费用问题始终是困扰联机信息检索系统广泛推广应用的瓶颈。面对低费用的网络信息检索的巨大冲击,联机信息检索系统需要调整收费政策,如 Dialog 系统于 1998 年

5月宣布中止基于联机时间的收费方式，推行按照用户使用系统资源多少收费，从而以合理的价格来吸引用户。对于信息检索来说，联机信息检索的规范高效与Web方式获取信息的灵活廉价都是不可或缺的。借助Internet，联机信息检索系统不仅秉承了原来联机检索的优点，又兼具用户界面友好、操作简单灵活、链接便利等优势。联机信息检索系统将成为Internet上的一个信息节点，提供高效规范而便捷的信息检索服务，推动信息检索行业的发展。

4.2.8 Dialog联机信息检索系统

1. Dialog联机检索系统概述

Dialog联机检索系统是世界上最早和当前规模最大的综合性商业计算机信息检索系统，其用户遍及世界100多个国家，也是我国图书情报机构最早使用的国外联机检索系统之一。

20世纪60年代中期，美国洛克希德导弹和宇航公司下属的一个情报科学实验室，研制出一套大型数据文件的管理软件，名为Dialog。利用这套软件，可以对计算机数据库进行实时的人—机对话式检索。1972年Dialog公司成立，开始对外提供联机信息服务。1981年作为洛克希德公司的子公司，正式以Dialog情报服务公司为名，开始营业性服务。同年，针对生物医学和药物学开展信息服务的DataStar由瑞士政府在欧洲推出。1988年，Knight–Ridder公司从洛克希德公司购得Dialog，几年后也将DataStar收购。1997年，Knight–Ridder公司与英国M.A.I.D信息公司合并，Knight–Ridder公司的Dialog和DataStar服务与M.A.I.D公司1995年开展的Profound信息服务联合组成名为Dialog的信息服务部。该信息服务部于2000年被Thomson公司收购，同样取名为Dialog。此后，Thomson在2001年和2002年分别又将NewsEdge和IntelligenceData信息服务公司并入Dialog。自此，Dialog以无与伦比的广度和深度的内容、完善精准的检索工具和高效的检索速度，成为世界上最强大的信息服务机构Dialog。

2. Dialog联机检索系统的特点与功能

（1）信息量大、更新周期快。

Dialog系统是全球最大的专业信息源，被许多公司誉为"世界资讯源头"，拥有的信息是通过网络搜索引擎获取信息的500倍，提供涉及各行业和学科主题的数据库900多个，可以检索到14亿多条记录，超过15TB的深加工信息。这些信息包括美国版权数据，14个国家的商标，60多个国家的专利，15万多种期刊收录的研究报告和文章，120万篇学位论文文摘，200万篇会议文献，6 000多种世界商业、新闻、行业出版物，全球6 000万家企业的名录，1 100万篇投资报告，150万页市场研究报告。Dialog系统每个月处理超过70万次的检索和传输超过1 700万页的文献。这些数据更新速度很快，工程索引每周更新，报纸类数据库每天更新，商情数据库有的每天更新，有的随时更新。所以，Dialog是用户跟踪高技术发展、了解市场状况的最丰富及时的信息服务系统。

（2）信息覆盖面广、来源可靠。

Dialog系统数据库覆盖了知识产权、政府规章、社会科学、食品和农业、新闻和媒体、商业和财务、参考、能源和环境、化学、生物医学、药物学、航天、生物技术、科技等各种信息。除了提供即时信息检索外，Dialog 系统还提供长达 20 年的历史数据的回溯检索，有利于了解整个事件的来龙去脉，以及行业、技术和公司发展的各阶段的状况。

Dialog 的优势不仅体现在信息资源的庞大，更在于其具有极高的权威性。Dialog 系统的信息源有 20 多万种，主要来自社会公开出版物，数据库的供应者均为世界各国著名专业信息机构、市场研究机构、出版社和新闻媒体，如美国化学文摘社、D&B 公司、路透社、道琼斯、标准普尔等。

（3）信息产品与服务多样。

Dialog 系统目前提供的信息产品分为五大系列：Dialog、DialogProfound、DialogDataStar-TM、DialogNewsEdge 和 DialogIntelliscopeTM，每一系列都包含多种 Dialog 产品，提供大量的数据库资源，以满足各领域各个层面用户的各种需求。在服务方面，除了信息资源检索服务外，Dialog 还提供了免费数据库目录检索、定题通报服务（Alerts）、原文订购服务（Source-One）、免费即时费用查询等，并在商业、科学、工程、财务、法律等领域为寻找竞争优势的用户量身定做信息解决方案，以及各种个性化信息服务，如门户服务（DialogPortals）、个人 DataStar 定制（PrivateStar）等。

（4）检索平台灵活多样。

30 多年来，Dialog 检索系统不断改进和完善，在保留原有指令语言检索功能的同时，Dialog 推出了基于 Windows 图形界面的 DialogLink 检索软件和基于 Web 的检索系统。因此借助于现代通信技术，Dialog 系统提供了多种服务接入平台及相应的检索应用程序，目前包括 Web 检索平台、公司局域网检索平台、个人电脑检索平台和门户服务平台，便于用户选择适当的应用环境。每个检索平台都提供了多个 Dialog 信息产品的检索入口，以及多个数据库同时进行检索的功能。

（5）检索功能强大。

Dialog 系统能够保障较高的查准率和查全率。数据库检索入口多，使用灵活方便，支持单词检索、词组检索、截词检索、布尔逻辑检索、位置检索等多种检索技术，保障了检索快捷、精确；支持多数据库访问则保障了较高的查全率，此外，针对多库查询引起的检索结果重复现象，Dialog 提供了查重功能。目前推出的众多 Web 检索系统都提供了丰富的联机帮助工具和文档，使得没有检索经验的终端用户也可以自行检索。

3. Dialog 系统的数据库资源

（1）Dialog 系统数据库资源的类型。

Dialog 数据库资源按数据类型划分主要有四种类型。

①Bibliographic Databases（题录文摘型数据库）。主要提供科技、专利类信息。这类数据库的数量远远超过市场可以买到的光盘种类，300 多个科技数据库和一些市场数据库都含有此种数据类型。

②Directory Databases（名录手册型数据库）。主要是各种工商企业名录、百科全书、各种专用手册、药典等。

③Full – Text Databases（全文型数据库）。主要是市场行业报告、分析报告和工业报告、新闻报道、期刊、报纸。

④Numeric Databases（数值型数据库）。主要是各种统计信息，诸如价格、进出口数据、

生产、销售数据等。除个别专门的统计数据库外，大部分市场信息数据库中的一些分析研究报告和文章都带有统计数据。

(2) Dialog 数据库资源的分布。

Dialog 数据库资源几乎涉及各行各业，但总的来说可以分为以下五大范畴。

①Business（商业）。主要收录了商业期刊新闻和分析、消费者市场数据、公司大事记和历史、出版物、股票价格等信息。信息主要来源于 Dun & Bradstreet、Standard & Poor's、Frost & Sullivan、SECfilings、Thomson Financial、Gale Group 等。

②Intellectual Property（知识产权）。主要收录了世界范围内的专利、商标和版权信息，以及专利图片、专利诉讼新闻、知识产权规章等，如美国版权数据、14个国家以及欧盟和世界知识产权组织的商标、400万的商标图片、日本商标（英文）、60多个国家的1 500万的专利、韩国专利应用文摘（英文）等。信息主要来源于 Derwent's World Patents Index（德温特专利索引）、IMS World Patents International（药物方面）、Claims/UNITERM（化学方面）、EiEnCompassPatTM（石油方面）、Thomson 公司的 TRADEMARKSCAN（商标）等。

③Science & Technology（科技）。主要收录了生物医学研究、化学、计算机科学、能源和环境、卫生与健康、机械与土木工程、医学实践、医疗设备、药物学、软件、治疗方法创新、药效等信息。信息主要来源于 BIOSIS、Embase、EiCompendex、INSPEC、Kirk‐Othmer 和 AdisInternational 等。

④News & TradeJournal（新闻与贸易期刊）。主要收录了世界范围内主要的报纸、商业杂志和专业时事报道。商业报纸有200多种，主要包括 New York Times、Le Monde、Neue Zuercher Zeitung 等，商业杂志包括 BusinessWeek、Asiaweek、Euromoney、Forbes、Reuters、AgenceFrance‐press 等，专业时事报道包括 Accounting Today、Chemic~Marketing Reporter、Computers and Electronics 等。

⑤MarketResearch（市场研究）。主要收录了1 400多万美国乃至国际上的公司的市场占有率和销售数据、竞争情报、企业名录和财务等方面的信息，以及很多的知识产权信息。信息主要来源于 Frost&Sullivan、Euromonitor International、Faulkner Information Services、AC-Nielson、Freedonia、Jane's Information Group、Kalorama 等。

(3) Dialog 系统的产品系列。

目前的 Dialog 是由原 Dialog、DataStar、Profound、News Edge、Intelligence Data 合并而成的，因此 Dialog 系统的产品分为上述五个系列。

(4) Dialog 系统的联机检索方式。

Dialog 系统根据不同用户的需求，提供了多种联机方式和检索界面。

面向专业检索人员的联机检索方式。专业检索人员可通过以下几种联机方式接入系统，检索 Dialog 的所有数据库。

①通过 Internet 检索 Dialog。

A. DialogClassic（http://www.Dialogclassic.com）。检索界面为纯文本形式，使用指令语言进行所有 Dialog 数据库资源的检索。

B. DialogWeb（http://www.Dialogweb.com）。检索界面为 Web 页面形式，提供专业检索人员使用的 Command Search（指令检索）和非专业人员以及专业人员使用的 Guided Search（引导检索）两种方式，检索的资源包括 Dialog 所有数据库，界面友好。导航栏的菜单中提供数据库蓝页信息、检索费用、数据库索引字段、打印格式以及联机帮助等信息。

②通过 Internet 远程登录方式检索 Dialog。使用 Dialog 的专用通信检索软件 DialogLink，远程登录到 Dialog 系统，以纯文本界面形式进行检索，主机域名为 Dialog.com。

③通过公共数据网（X.25）检索 Dialog。以专线或者电话拨号方式进入 CHINAPAC，输入 Dialog 主机所属的分组交换网址，实现与 Dialog 主机连通，输入 Dialog 账号和口令，登录系统进行检索，检索界面为纯文本形式。

面向非专业检索人员的联机检索方式。Dialog 依靠网络技术的发展，推出了多种面向没有检索经验人员的 Web 检索系统，检索界面简单、直观，只需单击所需信息类别，然后输入相关检索词，再连接到有关数据库中进行检索即可。此外，还提供了多种联机检索帮助。不过这些基于 Web 的检索系统只能检索 Dialog 部分数据库，用户可根据需求进行选择。

①DialogPRO（http：//Dialogpro.Dialog.com）。为中小型企业量身定做的产业信息平台，提供商业、知识产权、新闻和科学信息。

②Dialogl（http：//www.Dialog.com）。整合科技行业信息内容的简易检索平台，提供生物技术、商业、经济情报、化学、能源、工程、知识产权、市场营销药物学和全球新闻信息等。

③Dialog Select（http：//www.Dialogselect.com）。按行业细分建立的简易检索平台，提供商业、化学、能源、食品、政府、知识产权、医学、新闻、药物学、技术等信息。

④DialogProFound（http：//www.profound.com）。提供 700 多个行业超过 10 万份专业且极具有价值的全球市场报告。

⑤DialogTradstatWeb（http：//www.tradstatweb.com）。提供来自多个国家政府的贸易统计，覆盖了全球约 90% 的贸易数据。

⑥DialogDataStarWeb（http：//www.datastarweb.com）。侧重于生物技术、药物学和欧洲市场的信息检索平台。

⑦DialogNewsRoom（http：//www.Dialognewsroom.com）。提供全球 7 000 多份报纸、新闻广播、贸易期刊和杂志的最新、最快的新闻和商业信息、科技信息，以及不同专业领域科技发展、趋势的信息。

⑧DialogNewsEdge（http：//Dialog.newsedge.com）。提供全球最完整的实时新闻和信息。

⑨DialogIntelliscope（http：//intelliscope.intelligencedata.com）。提供投资银行、证券商、咨询公司及经济事务所的分析报告。

⑩DialogOpenAccess（http：//www.Dialog.com/openaccess）。以信用卡方式访问 Dialog，提供的信息包含商业、新闻、化学、工程、环境、政府、知识产权、医学和药物学等。

4.2.9　其他主要联机检索系统简介

1. 国外联机信息检索系统简介

（1）OCLC 的 FirstSearch 信息检索系统。

FirstSearch 是 OCLC（联机计算机图书馆中心）于 1992 年在原有联合目录和馆际互借服务的基础上推出的，以文摘报道服务为中心的联机信息检索服务系统。1999 年 8 月，借助现代信息领域的高新技术,扩展成为一个综合的以 Web 为基础的联机参考服务系统,目前发展成为全世界使用量最大的交互式联机信息检索系统。由于面向最终用户设计,界面直观、操作简单,提供多种语言界面、详细的联机帮助以及辅助检索工具,极大地方便了非专业检索人员对其的使用。当前利用 FirstSearch 可以检索到 86 个数据库,内容覆盖各个学科领域,主要分为 15 个主题范畴:艺术和人文学科、工商管理和经济、会议和会议录、消费者事务和人物、教育、工程技术、综合类、普通科学、生命科学、医学和健康学(消费者)、医学和健康学(专业人员)、新闻和时事、公共事务和法律、快速参考、社会科学等。我国 CALLS 全国工程中心订购了其中的 13 个基本组数据库,提供给"211"工程的 61 所院校共同使用。这些数据库分别是:

①Article First——期刊文章及目录索引;
②ECO——联机期刊全文收藏;
③ERIC——教育方面的期刊文章和报告;
④GPO——美国政府出版物;
⑤MEDLINE——医学期刊论文摘要;
⑥Papers First——国际会议论文索引;
⑦Proceedings First——世界范围会议的会议录索引;
⑧Union Lists of Periodicals OCLC——成员图书馆期刊列表;
⑨Wilson Select Plus——科学、人文、教育和工商方面的全文文章;
⑩World Almanac——世界年鉴;
⑪World Cat——世界范围图书馆的图书和其他资料的书目数据库;
⑫Clase Periodica——科学和人文学领域中的拉丁美洲期刊索引;
⑬Ebooks——世界各地图书馆的联机电子书的 OCLC 目录数据库。

FirstSearch 的数据库记录包括文献信息、馆藏信息、索引、名录、文摘和全文资料等内容。资料的类型包括书籍、连续出版物、报纸、杂志、胶片、计算机软件、音视频资料、乐谱等。FirstSearch 实现了各数据库之间的联机全文共享,因此用户不仅可以查询到相关文献的线索和信息,掌握世界范围内文献的收藏情况,而且可以利用 OCLC 的全文数据库,以及馆际互借服务获取所需文献的全文,实现全方位的"一体化"服务。

FirstSearch 系统的检索功能强大,主要体现在以下几个方面:①提供推荐最佳数据库功能,帮助用户选库;②支持三个数据库同时检索,并对全文数据库进行标识;③提供基本、高级和专家三种检索界面,适应不同检索水平的用户的需求;④检索途径多样,80 多个数据库按照内容不同而设置了不同的检索点,一般有十几个,最多达 20 个,这些检索点以下拉列表的形式显示在检索屏幕上提供给用户,用户只需用鼠标选择即可;⑤系统支持多种检索技术,如布尔逻辑、截词检索、位置检索、精确检索等;⑥可以对检索出来的结果按照多种条件进一步限制输出,定制检索结果的输出排序等。

(2) STN 国际联机信息检索系统。

STN(The Scientific and Technical Information Network International)创建于 1983 年,是由美国化学文摘社 CAS、德国卡尔斯鲁厄专业信息中心(FIZ)和日本科学技术振兴机构(JST)共同合作经营的提供科技信息联机服务的跨国网络数据库公司。STN 采用分布式管理体制,系统主机和数据库不集中在一起,在目前传统商用数据库中最早采用广域网互联方法，将位于美国哥伦比亚、德国卡尔斯鲁厄、日本东京三大主机系统的所有数据库进行互联。用户只要与其中一个服务中心的主机联机，就可实现对三家主机的同时访问，是一个真正的国际性的科技信息联机检索系统。

STN 系统目前有 220 多个数据库，主要以自然科技信息为主，涉及化学、工程、生物技术、专利、数学、物理、商业、农业、健康安全、材料、医学、能源、石油、制药、食品、地质、政府法规等各基础学科领域和综合技术应用领域，其中化学化工信息和专利信息是该系统的特色与优势。所收数据库都是本专业领域内的权威数据库，例如，生物学文摘 BIOSIS、化学文摘 CA、英国科学文摘 INSPEC、美国医学文摘 MEDLINE、美国政府四大报告 NTIS、科学引文索引 SCI、世界专利索引 DERWENT、日本科技速报 JICST、有机化学物质手册数据库 BEILSTEIN、美国工程索引 COMPENDEX 等。数据库类型涵盖文献型、事实型和数值型以及全文数据库，数据记录包括论文、期刊、报告、标准、专利、商情等多种类型。

STN 的特色在于：①收录了最为全面丰富的化学领域信息资源；②是世界上第一个实现图形检索的系统，特别是 STN 的化学物质结构图形检索功能，是世界上任何一个联机系统都无法与其媲美的；③拥有丰富的德国文献（德国专利数据库、德国研究报告、德国教育与研究组织名录、德国国家书目数据库、德国信息研究项目数据库、德国航空航天数据库）、专利信息、综合而全面的化学信息、材料特性数据以及强有力的检索功能；④STN 属于非纯商业性机构，不以赢利为目的，它每年都得到德国政府和日本政府的资助，联机信息检索费用低，系统中的某些文档的打印价格几乎免费。

（3）ORBIT 国际联机检索系统。

ORBIT 系统是美国 Online Retrieval of Bibliographic Information Time – Share 的缩写，原意为文献信息分时联机检索。现更名为 Questel – Orbit。ORBIT 系统拥有数据库 100 多个，涉及的专业范围有化学、能源、工程、生物工艺学、计算机科学、商业经济以及其他一些自然科学和社会科学。虽然在数量上不如 Dialog 系统，但 ORBIT 有自己的特点，在专利、化学、能源、工程、环境、安全学等领域的信息更为齐全，并对一批使用价值较高的数据库拥有独家经营服务权。近年来竞争策略有所改变，致力于提供一些 Dialog 没有的数据库，如在知识产权信息方面，收录了最为全面的专利、商标等信息，是其他任何信息检索系统都无法比拟的。此外，还有 SAE 数据库（汽车、飞机等交通工具）、TULSA 数据库（石油、天然气开采与勘探）等专有数据库。ORBIT 拥有较先进的软件技术，以每周 125 小时以上向全世界 2 万多终端用户提供联机检索、联机订购原文、定题检索、回溯检索和建立私人文档等服务。目前也提供 Web 平台的检索服务，网址为 http：//www.orbit.com。

（4）BRS 国际联机信息检索系统。

BRS 系统即存储与信息检索系统，建立于 1976 年，其前身是纽约州立大学生物医学通信网，总部设在美国纽约附近的拉赛姆（Latham）。BRS 系统拥有 160 多个数据库，分为公用数据库和私人数据库，较早地实现了全文检索。数据库内容包括社会科学、人文科学、商业经济、教育、医学、生物化学、工程技术等，其收集的重点在于医学、药物学和生命科学方面。文献类型不仅包括各类书目文献，还收集有关专刊、政府报告、标准、工业产品说明等，并独家经营工业标准和技术规范方面的数据库。BRS 系统拥有四种标准数据库，可以检索美国军用标准、国际标准和各学会或协会的标准，拥有多个能够检索文献全文的数据库。

对于相同的数据库，BRS 系统收费比 Dialog 系统低。

(5) ESA/IRS 国际联机信息检索系统。

ESA/IRS 系统是欧洲航天局信息服务处推出的检索系统，成立于 1964 年，是欧洲最大的国际联机检索系统，也是世界上最重要的检索系统之一。目前拥有数据库 100 多个，大多数为文献数据库，也有部分指南数据库和数值数据库。该系统收录了航空、航天和宇宙空间、天文学、天体物理、化学、金属、工程、政府、生物学、机械、环境、农业、海洋、能源、食品等，以及经济、管理和社会科学等多行业的数据库，还收录了标准、原材料价格等数据。ESA 系统收录的数据库与 Dialog 系统或 ORBIT 系统有很多相同的，但也有一些数据库独具特色，如 PASCAL（法国文摘通报）、PRICEATA（原材料价格数据库）等，弥补了 Dialog 系统对欧洲数据库收录不全的缺陷。ESA 系统提供的服务除回溯检索、定题检索和联机订购原文等项目外，还提供用户之间的快速通信业务，并可联机结算用户账目。

2. 国内联机信息检索系统简介

(1) 北京文献服务处信息检索系统。

北京文献服务处（Beijing Document Service, BDS）是 1978 年中国国防科技信息中心与北京市科协共同策划联合组建的，以联机信息检索服务为主，同时进行信息技术应用研究开发的综合性机构。BDS 于 1981 年建立了中国第一个计算机联机信息检索系统。经过三十几年的发展，已经成为国内系统配置最大、信息量最多的联机科技信息检索系统之一，目前联机终端有 200 多个，遍及全国 60 多个城市。BDS 在大型服务器上自行开发的全文检索系统，为用户提供了 40 多种、2 200 万篇文献数据库的联机检索服务。其收录的数据库包括中国国防科技信息、国防科技成果综合推广库、现代军事、中国工程院院士学术报告、国防科技简讯、国内成果交流库、国防科技报告中文馆藏库、国防科技中文文摘库、中国经济信息库、中国科技期刊题录库、中国专利文摘库以及外文馆藏库和电子书库等。这些数据库既有收费的，也有免费服务的。此外一些数据库属于保密性质，不对外公开。目前 BDS 也开通了 Web 平台检索服务，网址为 http://bds.cetin.net.cn。

(2) 中国科技信息研究所联机信息检索系统。

中国科技信息研究所（ISTIC）联机检索系统是于 1985 年创建的中国首家国际联机服务系统，收录了十多个数据库，文献量达几百万篇。数据库内容包括期刊论文、中文期刊联合目录、科技报告、科技成果、适用技术成果、中国专利、标准、会议论文、学位论文、公司企业产品、西文期刊馆藏目录等。所收数据时间跨度较长，许多的数据库能够极好地满足用户回溯检索的需求。目前中国科技信息研究所依托上述众多的数据库资源推出万方数据资源服务系统，成为集信息资源产品、信息增值服务和信息处理方案为一体的综合性信息服务商。

4.3 光盘信息检索

光盘信息检索是 20 世纪 80 年代中期发展起来的一种计算机信息检索方式，从最初单纯的 DOS 界面发展到方便实用的 Windows 界面，检索方式由原来的单机检索，发展到光盘塔（库）局域网检索，最后发展到光盘因特网检索。尽管近几年随着 Internet 的普及，光盘信息检索受到了网络数据库检索的冲击，但是光盘数据库的独特特点使它在计算机信息检索中仍然占据一定的位置。

4.3.1 光盘信息检索的定义及其系统构成

20世纪80年代以来，随着光学技术和半导体激光技术的发展及其在信息存储领域的应用，出现了一种新型的信息载体——光盘。光盘集激光技术、计算机技术以及多媒体技术于一体，能将文字、声音、图像、视频等多介质信息存储在一起，具有存储密度高、存储容量大、质量轻、成本低、适合大批量生产、便于携带等优点，因此成为计算机存储领域继磁带、磁盘等磁性载体之后的另一种重要的信息存储载体。将光盘与微机、光盘库、光盘塔，以及局域网，甚至广域网相连接，就出现了光盘信息检索系统。因此，光盘信息检索是在光盘信息检索系统的支持下，从光盘数据库中查找所需信息的一种计算机信息检索方式。从上述定义可以看出，光盘信息检索系统是由光盘、光盘驱动器、光盘服务器、网络连接设备和相关软件构成。

1. 光盘

指光盘数据库。

2. 光盘驱动器

光盘驱动器（简称光驱）是读取光盘信息的设备，它采用半导体激光技术读取光盘上的数据，并将其输入到计算机中。光盘驱动器大致可以分为单盘式和多盘式两种。单盘式驱动器只包含一个光盘箱，每次只能使用一张光盘。多盘式驱动器是将多个光盘箱连接、叠加在一起，目的是对多个光盘进行统一存放、管理，无须人工换盘就可读取多个光盘上的数据。目前包括光盘库、光盘塔和网络镜像光盘服务器。

（1）光盘库（CD-ROM Jukebox）。

光盘库是一种带有自动换盘机械构件（机械手）的光盘网络共享设备，因此它也称为自动换盘机。用户访问光盘库时，机械手首先将CD-ROM驱动器中的光盘取出并放置到盘架的指定位置上，然后再从盘架中取出所需的光盘并送入CD-ROM驱动器进行读写。光盘库一般配置有1~14台CD-ROM驱动器，存储容量极大，可容纳几十张，甚至高达几千张光盘。光盘库的主要特点是安装简单、使用方便，并支持几乎所有的常见网络操作系统及各种常用通信协议。光盘库利用机械手进行取盘和放盘操作，因此换盘时间通常比较慢，数据传输速率也较慢，并且不支持多用户并发访问。

（2）光盘塔（CD-ROM Tower）。

光盘塔由多个SCSI接口的CD-ROM驱动器串联构成。由于受到计算机SCSI的ID号限制，光盘塔中的CD-ROM驱动器一般以7的倍数出现。在光盘塔中，光盘预先放置在CD-ROM驱动器中，通过软件来控制某台光驱的读写操作。也就是说用户访问光盘塔时，可以直接访问CD-ROM驱动器中的光盘，因此光盘塔的访问速度较快。但光盘塔存放的光盘数量有限，所以在数据源很大的情况下，不能满足用户的要求。

（3）网络镜像光盘服务器（Network-Ready. CD Mirror Files Server）。

网络镜像光盘服务器是继光盘库和光盘塔之后，最新开发的一种可在网络上实现光盘信息共享的网络存储设备，采用大容量高速硬盘或磁盘阵列镜像光盘数据技术，内置 CPU 和操作系统。网络镜像光盘服务器不仅具有大型光盘库的超大存储容量，而且还具有与硬盘相同的访问速度，其单位存储成本（分摊到每张光盘上的设备成本）大大低于光盘库和光盘塔，因此光盘网络镜像服务器已开始取代光盘库和光盘塔，逐渐成为光盘网络共享设备中的主流产品。

3. 光盘服务器

光盘服务器是光盘检索系统的关键设备之一，在整个光盘检索系统中起着主控作用。当终端设备访问光盘上的数据时，服务器传输映射命令来控制光盘驱动器工作，并把光盘上的数据反馈给检索终端。目前一般都是以 PC 或专用服务器作为光盘服务器。

4. 网络连接设备

网络连接设备是连接光盘服务器和检索终端的桥梁，在两者之间传输信息和数据。目前主要指集线器或者交换机。

5. 软件

软件主要包括系统软件和检索软件。系统软件包括光盘服务器的操作系统和光盘驱动软件，用于使计算机可以运行和操作光盘驱动器以及识别光盘存储的信息。检索软件是与特定的光盘数据库相对应的，用于实现光盘数据库的检索。

4.3.2 光盘信息检索的服务与利用模式

光盘信息检索系统的发展经历了单机服务与联机网络服务两个阶段，目前还处于两种服务形式并存的时期，总的趋势是将大力发展光盘网络服务系统，使光盘数据库检索网络化，真正实现信息资源的共享。

1. 单机光盘检索系统

单机光盘检索系统基于一台计算机，配合一台或者数台光盘驱动器，或由装有数台光驱的塔式驱动器组成，自成一体，系统结构简单，但数据量少，利用率低，一次只能供一个用户检索。这种服务方式在数据库数量相对较少、用户需求量不大的年代尚可应付，但是随着信息资源的激增，以及资源共享的要求，单机光盘检索系统逐渐走向网络化服务。

2. 网络光盘检索系统

网络光盘检索系统是在网络通信技术基础上发展起来的，根据目前的实际应用，可分为面向特定范围对象的局域网联机光盘检索，和依托 Internet 面向所有用户开放的网络光盘数据库检索两种。其实质是将光盘资源上网，允许局域网、广域网甚至 Internet 上的众多用户在同一时间、不同地点同时访问一个或多个光盘数据库。优点在于很好地解决了单机检索存在的弊端，能更好地满足多用户的需求；加快了信息的流通，实现了资源的共享，极大地提高了光盘数据库这种电子信息资源的利用率。

4.3.3 光盘信息检索的特点

光盘检索、传统联机检索和网络信息检索同属计算机信息检索的范畴,都是用户借助计算机获取信息的检索手段。它们之间有着本质的联系和相同之处,如检索原理、所用数据和数据库结构等都存在相同之处。但是,同 Internet 上的网络数据库检索和传统联机信息检索相比,光盘信息检索具有以下特点。

1. 光盘信息检索的优点

①检索成本低。光盘数据库一次购买,多次使用,利用的频率越高,分摊的成本越低。而且目前光盘检索主要利用的模式是单机或者局域网内联机检索,因此检索过程中不涉及远程通信费用,检索成本较低。

②操作界面友好。易学易用光盘检索系统通常采用菜单方式,界面友好,允许人—机对话,并设有联机帮助,用户不需要专门的学习和培训,只需按照屏幕提示或帮助功能使用检索系统,就可独立完成检索操作。此外,由于光盘检索不受时间和流量限制,用户可以反复修正检索式和检索策略,进行重复检索,直至获取满意的检索结果。

③运行速度快。无论是单机模式还是局域网联机模式的光盘检索,都属于近程检索,不受通信线路的影响,因此数据传输速度较快。

④安全性能高。光盘数据库采用只读光盘,所存储的数据内容不可删除和修改,而且一般只供局域网范围内的用户使用,因此,不会出现因病毒或者黑客攻击而造成数据丢失的情况。

2. 光盘信息检索的缺点

①信息的时效性差。光盘数据库的信息的更新周期一般比较长,在一定程度上影响了数据库的时效性,所以只适用于追溯检索和一般的信息检索,而不适用于查新等新颖性的信息检索。

②数据库的规模和容量有限。光盘数据库的收录范围一般都以某专业学科领域为主,不可能囊括各个学科门类和领域的信息,而且信息回溯的年代一般不长。因此,无论是从收录时间上,还是收录范围上,光盘数据库都有一定的局限性。

③检索软件不统一。不同生产商制作的光盘数据库都建立在特定的数据库技术平台上,而且开发了特定的检索软件或者数据阅读器。后台运作平台的异构使得跨库检索无法实现,为了提高查全率,用户需要分别在不同系统中依次检索。而检索界面和阅读软件的不一致,使得用户需要一一掌握其检索和使用要领,从而给用户造成极大的不便。

4.3.4 光盘检索系统的评价指标体系

为了有效地选择最佳的光盘检索系统,我们可依据下面所列的光盘检索系统综合评价,对指标体系进行评价与选择。光盘检索系统的评价指标体系主要从光盘数据库的内容及检索便捷方面来确定,该指标体系由四个准则构成,即"全""准""便""快"。

1. 全

指光盘数据库收录内容的学科类目、文献类型和范围、报道数量要全。具体指以下内容。

（1）学科类目。

查看光盘数据库收录的学科领域范围及其侧重点。

（2）文献类型和范围。

查看光盘数据库收录内容的文献类型，如图书、期刊、专利、会议文献、学位论文等，以及来源范围，类型越全、范围越广越好。

（3）报道数量。

查看光盘数据库收录的记录条数。评价时，一方面要看数据库总的文献报道数量，另一方面要看其核心文献的报道量占其总文献报道量的百分比。

2. 准

指光盘检索系统应准确无误地报道原始文献信息的外部特征与内容主题。具体指以下内容。

（1）著录标准化程度。

查看数据著录是否遵守了相关标准，以及所达到的标准化程度。

（2）标引的深度。

查看对文献信息的揭示程度，是否完整地揭示了文献的外部特征和内容知识单元。一般来说，标引深度越深越好。

（3）报道形式。

查看数据库记录的报道形式属于文摘、简介、题录还是原文级别。

（4）内容的错误率。

查看数据库所录入的文字、符号、数据等的差错率。

3. 便

指光盘检索系统应该使用方便、查找速度快、界面友好、帮助提示信息丰富、检索结果便于打印转存等。

该指标主要用于对检索软件进行评价。从用户使用的角度将其细分为以下指标。

（1）检索途径。

查看光盘检索系统提供的检索入口。目前一般都具备的检索途径包括主题、分类、著者、题名、号码、年代等。总体而言，检索途径越多，越利于快速而准确地定位检索目标。

（2）辅助功能。

查看是否提供了相关的便于检索和处理检索结果的功能，以及这些功能的完善程度，如联机帮助、屏幕提示、个性化定制、检索结果的显示、打印和转存等，以最大化地方便用户评价目标。

4. 快

指光盘报道内容的时效性，是否及时反映最新资料。具体表现为以下指标。

（1）文献报道的时差。

指文献发表到被系统收录至该系统最终与读者见面的时间差。

（2）发行周期。

光盘的发行周期决定其数据更新的快慢。由于光盘的制作有数据采集、录入、整理、母盘制作、光盘压制等工序，其发行周期一般较长。

4.3.5 其他主要光盘检索系统简介

自 1985 年世界上第一个商品化的光盘数据库 Bibliofile（美国国会图书馆机读目录）问世以来，光盘数据库得到迅速发展，到目前已经形成了数量庞大、种类繁多的光盘数据库群。从数据库类型上来说有题录型、文摘型、全文型、事实型、多媒体型等，从数据库收录的学科范围来说有综合性光盘数据库、专门性光盘数据库，用户检索时要根据不同的信息需求选用不同类型的光盘数据库。本节将重点介绍一些国内外著名的光盘数据库产品。

1. 国外著名光盘数据库简介

（1）CAOilCD——化学文摘。

化学文摘（Chemical Abstract，CA）光盘数据库由美国化学学会于 1996 年推出，收录内容对应书本式《化学文摘》，是涉及化学学科领域最广、收集文献类型最全、提供检索途径最多的世界性检索工具。该数据库收录了世界范围内有关生物化学、物理化学、无机与有机化学等众多化学、化工领域，以及医药、生物、轻工、冶金、物理等领域的科技期刊、专利文献、会议文献、学位论文、科技报告和图书等科技文献，年文献量达 81 多万条，其中 10 多万条专利数据。数据库文献内容及索引信息按月更新。CA 的内容主要反映理论化学和应用化学各方面的科研成果，不收录化工经济、市场、产品目录、广告、新闻等信息。CA（光盘版）提供四种基本检索途径：索引浏览式检索（Index Browse）、词条检索（Word Search）、化学物质等级名称检索（Substance Hierarchy）和分子式检索（Formula）。其出版形式包括年度光盘（CAonCD）和累积索引光盘（CIonCD）两种。年度光盘从 1996 年开始推出至今，累积索引光盘分为 1997—2001 年度、1977—1981 年度、1987—1991 年度、1992—1996 年度、1982—1986 年度。

（2）SCI——科学引文索引。

科学引文索引（Science Citation Index，SCI）是美国科技信息研究所（ISI）推出的了解全世界科技期刊出版信息的最重要的检索工具，被公认为是世界范围内科学技术文献最权威的索引工具，能够提供科学技术领域所有重要的研究成果。收录了世界范围内发表的农业、生物及环境科学、工程技术及应用科学、医学与生命科学、物理学及化学、行为科学等近 100 个相关学科领域的 3 300 多种期刊，并对其引用文献建立索引。检索文献时，可分别从著者、篇名、著者所在单位及学科主题等途径入手。除了常规文献检索外，更重要的是可以对文献的引文情况进行检索。因此它是科技文献查新、查引不可或缺的最重要参考信息源。所收资料每年以 60 万条新记录及 900 万条以上引文参照的速度增长。

（3）SSCI——社会科学引文索引。

社会科学引文索引（Social Science Citation Index，SSCI）收录全球1995年以来的1 400种主要的社会科学期刊论文，共涉及50多个学科领域，具体包括社会科学及行为科学、人类学、考古学、商业、财政、经济、教育、地理、历史、图书馆学与情报学、法律、语言、政治、统计、都市发展等。该数据库每年平均增加12.5万条记录，它除了能检索文章被引用的情况外，还可以揭示原文中所有的参考文献，从而据此获得一批相关文献。因此，它是人文及社会科学研究领域学者查引的最有效并最具权威性的参考工具。

（4）INSPEC——英国科学文摘。

英国科学文摘（Information Servicein Physics，Electronics Technology and，Computer and Control，INSPEC）数据库是由英国电气工程师学会（Institute of Electrical Engineers，IEE）提供的世界著名的电子、物理和计算机信息数据库，是世界著名的检索刊物——英国《科学文摘》（SA）的机读版。收录了全球的尖端科技信息资料，包括物理、电子工程、电子学、通信、控制工程、计算机科学、信息技术，以及生产和制造工程等领域的4 000多种国际性期刊、2 000多种会议论文集，以及技术报告、学位论文、图书等多种出版物的摘要和索引，每季度更新。每一条记录都包含有一个英文题名和摘要，以及期刊名、作者、作者单位、原始语种等在内的书目信息。目前，INSPEC已经在中国设立镜像服务器，CALIS全国工程文献信息中心以集团方式订购了INSPEC数据库，集团成员馆已达20个。

（5）ISTP——科技会议录索引。

科技会议录索引（Index to Scientific & Technical Proceedings，ISTP）是美国科学信息研究所（ISD）推出的专门检索会议文献的检索工具，于1978年创刊。全世界将近75%～90%著名的、重要的会议文献均在ISTP中有报道，ISTP成为报道会议录的权威性刊物和评价学术成果水平的统计工具。ISTP光盘数据库收录内容对应印刷版ISTP，内容覆盖150多个学科范畴，几乎囊括了科学和工程方面的所有领域。该数据库提供论文（或会议录）题目、作者姓名、会议主题类目、作者地址等几种检索途径，记录不带论文摘要，属于题录型检索数据库。

（6）TRANSPORT——国际交通运输数据库。

国际交通运输数据库（TRANSPORT）是目前国际上最具权威的交通运输数据库，收录了1968年至今世界交通运输领域的上千种期刊文章、图书、会议论文、学位论文、标准、专利、科技报告等科技文献的书目、索引和文摘信息，数量超过65万条，每年新增12万条记录。目前其记录主要来源于两个数据库：国际运输研究文献数据库（International Transport Research Documentation，ITRD），由经济合作与发展组织（OCED）的道路运输研究计划的所有成员国家的交通运输研究部门开发推出；运输研究信息服务数据库（Transportation Research Information Services，TRIS），由美国运输研究部（Transportation Research Board of the United States，TRB）开发推出。两者本身各有特色和侧重，结合在一起几乎涵盖了交通运输系统及其各个组成部分，如高速公路、交通、运输、公路安全、协调联运、运输对环境的影响、运输经济学、运输政策规章及运输的社会科学等。TRANSPORT数据库（光盘版）使用了银盘公司的SPIRS检索软件，检索功能强大。目前推出Web版检索系统，建立在Ovid平台上，面向全球网络用户。

（7）ICONDA——国际建筑数据库。

国际建筑数据库（International Construction Database，ICONDA）是由银盘信息服务公司

推出的覆盖房屋建造设计、土木工程以及建筑物和城镇规划等所有建筑领域文献信息的一个文摘型数据库。收录了 1976 年至今的 20 多个国家有关建筑的期刊论文、图书、研究报告、学位论文、会议记录、商业报告等文献的 50 多万条摘要。记录包括题名、摘要、著者及其地址、收录单位、出版信息、文献类型、价格、语种、资料来源、入库时间等。

(8) NTIS 美国政府报告通报与索引数据库。

美国政府报告通报与索引数据库（National Technical Information Service，NTIS）是由美国国家技术情报社推出的美国政府报告文摘题录数据库，提供有关由美国政府资助的科研及发展项目的信息。以收录 1964 年以来美国多个政府部门，如国防部、能源部、内务部、国家航空航天局（NASA）、环境保护局、国家标准局等立项研究完成的项目报告为主，也少量收录世界各国（如加拿大、法国、日本、芬兰、英国、瑞典、澳大利亚、荷兰、意大利）和国际组织的科学研究报告，包括项目进展过程中所做的初期报告、中期报告和最终报告等，能够及时反映科技的最新进展。该数据库每年新增数据约 6 万条。该库 75% 的文献是科技报告，其他文献有专利、会议论文、期刊论文、翻译文献等。专业内容覆盖行政管理、农业和食品、行为科学与社会学、建筑物、商业和经济、化学、土木工程、能源、卫生规划、图书馆及情报科学、材料科学、医学和生物学、军事科学、交通运输等科学技术的各个领域。检索结果为报告题录和文摘。该数据库所对应的印刷型刊物为 Government Reports Announcements &Index（GILA&I）和 Government Inventions for Licensing。目前该数据库也推出 Web 检索服务，在 CSA 数据库的 IDS 平台上提供使用，并已在清华大学图书馆设立镜像服务器。

2. 国内著名光盘数据库简介

(1) 全国报刊索引数据库。

《全国报刊索引数据库》是由上海图书馆制作的书本式《全国报刊索引》的光盘版，分为社科版和科技版两种，其收录的内容以及收录范围与《全国报刊索引》相同，但在数量与收录报刊品种上都多于书本式报刊索引，现年更新量近 50 万条，为目前国内特大型文献数据库之一。《全国报刊索引数据库：社科版》于 1993 年推出，当时名为《中文社科报刊篇名数据库》，2000 年改为现名，收录的时间范围跨度很长，从 1857 年至今，数据量近 600 万条。《全国报刊索引数据库：科技版》于 2000 年推出，收录 1998 年至今的科技报刊信息。两者基本上覆盖了全国的邮发和非邮发报刊，内容涉及社会科学、自然科学的各个学科领域。条目收录采取核心期刊全收，非核心期刊选收的原则。数据库格式严格按照国家有关标准，其著录字段包括序号、分类号、题名、著者、报刊名、卷期年月、所在页码、题中人名、主题共 9 项，2000 年起增加摘要项。数据分类标引采用《中国图书资料分类法》（第三版），主题标引参照《中国分类主题词表》。目前已经推出网络版《全国报刊索引》。

(2) 复印报刊资料。

《复印报刊资料》（光盘）是由中国人民大学书报资料中心开发的光盘数据库，对国内公开出版的 3 000 余种报刊上的社会科学、人文科学文献进行不同层次的整理加工，以多种形式向社会提供信息资料产品和服务，产品信息含量大，内容丰富。其光盘产品可分为全文数据库和题录数据库两种。

① 《复印报刊资料》全文数据库（系列光盘产品）。《复印报刊资料》全文数据库的数

据为《复印报刊资料》系列刊（1995年至今）的全部原文，其中部分专题已经回溯到其创刊年度。其信息资源涵盖了人文科学和社会科学领域的国内公开出版的3 000多种核心期刊和报刊。光盘数据库将《复印报刊资料》系列刊物分成五大类：①马列主义、哲学、政治、法律、社科总论类；②经济类；③文化、教育、体育类；④数学、物理、化学教与学类；⑤语言文字、文学、艺术、历史、地理及其他类。《复印报刊资料》全文数据库每季度更新数据。

②《复印报刊资料》题录型数据库。

a.《复印报刊资料专题目录索引》数据库（光盘产品）。《复印报刊资料专题目录索引》是将《复印报刊资料》系列刊每年所刊登文章的目录按专题和学科体系分类编排而成。该数据库汇集了1978年至今的《复印报刊资料》各刊的全部目录，累计数据80多万条以上。每条数据包含多项信息，即专题代号、类目、篇名、著者、原载报刊名称及所在卷期，选印在《复印报刊资料》上的卷期和页次等。该数据为订购《复印报刊资料》系列刊的用户提供了查阅全文文献资料的得力工具。数据库以两张光盘的形式提供，每季度更新数据。

b.《复印报刊资料索引》（总汇）数据库（光盘产品）。《复印报刊资料索引》（总汇）数据库是将《复印报刊资料》系列刊每年选登的目录和未选印的题录按专题和学科体系分类编排，每条数据包含多项信息，即专题代号、类目、篇名、著者、原载报刊名称及刊期，选印在《复印报刊资料》上的专题名称及刊期等。该数据库汇集了1978年至今的百余个专题刊物上的全部题录，数据量共计365多万条，是一个比《复印报刊资料专题目录索引》数据量更加宏大、信息覆盖面更加广泛的题录型数据库。数据库以三张光盘的形式提供（1978—1997年按类分为A、B两张光盘，1998—2003年为光盘C），数据库按季度更新。

A盘内容：1978—1997年。

- 马列主义、哲学、社科总论类。
- 政治、法律类。
- 经济类。

B盘内容：1978—1997年。

- 文化、教育、体育类。
- 语言文字、文学、艺术类。
- 历史、地理类。
- 科技、生态环境、出版及其他类。

C盘内容：1998—2003年的全部专题。

（3）中国科技文献数据库。

中国科技文献数据库（Chinese Science and Technology Documents Databases，CSTDB）是在原国家科委信息司的主持和资助下，由万方数据公司联合40多个科技信息机构共同开发的一个大型文献数据库。该数据库汇集了全国各主要信息机构提供的科技文献信息，如机械工程、建材、煤炭、冶金、医学、农业、水利等，所包含的信息量大，种类繁多，时间跨度长，专业覆盖面广，每年更新，具有一定的权威性。CSTDB包含记录来源、文献题名、作者、母体文献、出版单位、馆藏号、主题标识、文献类型、作者单位、文献出处、出版日期、文摘、分类标识共13个字段，有9个检索入口。系统提供简单检索和专业检索两种检索方式。简单检索可以采用字段级检索、全文检索以及高级检索（逻辑检索）；专业检索支持布尔检索、相邻检索、截断检索、同字段检索、同句检索和位置检索等全文检索技术，具有较高的查全率和查准率。2000 年版 CSTDB 收录 1980—1999 年的文献总量达 284 万多篇，分别存于 5 张光盘上。1 号光盘（农林科学篇）总记录数为 652 355 篇，2 号光盘（基础科学、医学篇）总记录数为 442 039 篇，3 号光盘（工程技术篇Ⅰ）总记录数为 607 176 篇，4 号光盘（工程技术篇Ⅱ）总记录数为 639 048 篇，5 号光盘（工程技术篇Ⅲ）总记录数为 501 627 篇。

（4）中国科学引文数据库。

《中国科学引文数据库》（Chinese Science Citation Database，CSCD）是由中国科学院文献情报中心开发的一个集多种检索功能于一体的文献数据库。收录了我国数学、物理、化学、天文学、地学、生物学、农林科学、医药卫生、工程技术、环境科学和管理科学等领域出版的中英文科技核心期刊和优秀期刊近千种，其中核心库来源期刊近 700 种，扩展库期刊为 400 种左右，已积累从 1989 年至今的论文记录 100 多万条，引文记录 400 多万条。《中国科学引文数据库》光盘版从 1996 年开始出版。每年出版光盘一套，共两张光盘，其中一张为安装盘，另一张为数据盘。光盘版检索界面设计合理，提供了来源文献和被引文献两种途径的检索，检索方式分为字典浏览式检索和指令检索两种。字典浏览式检索方法具有快速、便捷的特点，指令检索方式为用户留出了灵活使用数据库数据、满足特殊需求的较大空间。检索结果除了返回文献的题录信息之外，还反映文献的引用和被引用情况。检索结果有四种显示格式，即浏览格式（包括第一著者、文献题名和记录流水号）、题录格式、综合格式（全记录格式）和引文格式，其中的引文格式为引文检索结果的显示和直接输出提供了方便。CSCD 已经成为一种权威的科技评价和文献检索工具，被誉为"中国的 SCI"。

（5）《中国专利文摘》光盘数据库。

《中国专利文摘》光盘数据库（CNPAT/ABSDA）。由中国专利信息中心出版，分为中文、英文两种版本。收录了中国专利局自 1985 年实施专利法以来至今已公布的所有发明和实用新型专利，约 90 万件。数据内容有著录项目、文摘和主权项。用户界面简洁、方便，提供了 14 个检索入口：申请号、申请日、公开号、公开日、国际专利分类号、范畴分类号、优先权、国别省市代码、发明人、申请人、申请人地址、关键词、发明名称和文摘。检索结果输出多种多样，显示、打印、转存均可，输出文件可为数据库格式、文本格式、HTML、XML 格式。为初用该系统的客户提供了简捷的下拉式引导菜单，并备有帮助按钮作为随机的检索指南，同时为熟悉国际联机检索系统的用户提供了更为方便的专家检索系统。目前，中国专利信息中心已经提供在线专利信息检索，一些服务是免费的，一些需要注册使用。检索网址为 http://www.cnpat.com.cn/mail/index.asp。

（6）中国生物医学文献数据库。

《中国生物医学文献数据库》（CBMDisc）是由中国医学科学院医学信息研究所开发研制的综合性医学文献数据库。收录了 1978 年至今 1 600 多种中国生物医学期刊，以及汇编、会议论文的文献题录约 300 万篇文献，涵盖了《中文科技资料目录（医药卫生）》、中文生物医学期刊目次数据库（CMCC）中收录的所有文献题录，年增加量 30 万篇左右。学科覆盖范围涉及基础医学、临床医学、预防医学、药学、中医学及中药学等生物医学的各个领域。全部题录均进行了主题和分类标引等规范化加工处理。数据库记录包括著者、文摘、题名、分类号、主题词、语种、出处、主题词等 30 多个可检索数据项,具有数据年代跨度大、标引规范、加工手段先进、检索界面友好、词表复制检索等特点。1998 年中国生物医学文献数据库推出 Web 版中国生物医学文献数据库检索系统,2004 年与维普公司合作,利用中文期刊文献数字对象唯一标识符技术和 XML 技术,实现了 CBMDisc 题录数据与维普全文数据库的链接。对于 1989 年以来维普公司拥有全文的期刊文献,可以直接从 CBMDisc 数据库检出题录后,单击全文获取的按钮图标,从维普数据库中获取全文。

4.4 因特网信息检索

与传统信息资源相比,网络信息资源作为一种新的资源类型,既继承了一些传统的信息组织方式,又在网络技术的支撑下出现了许多与传统信息资源显著不同的独特之处,因此,了解网络信息资源的特点、类型、组织形式等方面的信息,是有效利用相关检索工具的基础。

4.4.1 网络信息资源的定义和特点

1. 网络信息资源的定义

关于网络信息资源的定义,并没有一个统一的说法。目前的一般理解是"通过计算机网络可以利用的各种信息资源的总和,即以数字化形式记录的,以多媒体形式表达的,分布式存储在网络计算机的磁介质、光介质以及各类通信介质上,并通过计算机网络通信方式进行传递的信息内容的集合"。该定义主要揭示了网络信息资源的载体、表达形式、组织的结构以及传播手段等要素。网络信息资源作为信息资源的一个下位概念,与传统信息资源相并列,并不仅仅是传统信息资源的复制,在 Internet 这个信息媒体和交流渠道的支持下,日益成为人们获取信息的首选。

2. 网络信息资源的特点

网络信息资源由于依托 Internet 这个平台,与印刷本、联机和光盘数据库等信息资源相比,出现了一系列新的特点。

(1) 信息量大、传播广泛。

网络信息资源的首要特点是其广泛的可获取性。Internet 作为继电视、广播、报纸和期刊之后的第四大媒体,既是信息存储和传播的主要媒介,也是集各种信息为一体的信息资源网。由于 Internet 结构的开放性和信息发布的自由性,网络信息呈爆炸式增长,数量急剧上升,从而使得 Internet 成为世界上最大的信息集散地。网络用户通过 Internet 可以利用分布于世界各地的信息资源,远远超出了联机和光盘检索系统所能提供的信息源的范围。

(2) 信息类型多样、内容丰富。

Internet 信息资源可谓包罗万象,几乎覆盖了各个学科专业领域、地域和语言的信息资源,是多媒体、多类型、集成式的信息混合体。从信息的内容看,有学术科研信息、娱乐信息、新闻、应用程序等;从信息的类型看,有文本、图表、图像以及多媒体信息;从存在的形式看,有文件、数据库、超文本/超媒体等,从而可以满足网络用户的各种信息需求。正是网络信息资源的多样性,以及网络检索工具收录的内容各有侧重,要求我们必须选择恰当的检索工具才能获取最有效的检索结果。

(3) 信息时效性强、变化频繁。

Internet 上的信息更新相当及时,不少站点的信息每日更新,而且由于网络传播的速度较快,所以网络信息资源的时效性很强。但是与此相应的是,信息的变化、更迭、新生和消亡都很快,而且具有不可预测性,因此导致网络信息不稳定,动态性和不确定性高,难以有效控制,增大了信息资源管理和检索的难度,许多网络检索工具返回的检索结果经常出现"死链接"或者"空链接"的情况就是因此而生。

(4) 信息分散无序、但关联程度高。

Internet 本身是一个开放式的分布式结构,网络信息被分散存放于多个联网的计算机上,因此导致了信息资源的分布相对无序和分散。但借助于 Internet 特有的超文本/超媒体链接技术,使得内容之间又有很强的关联程度,通过"顺链而行"可以获取更多的相关信息。

(5) 信息缺乏管理、良莠不齐。

由于 Internet 缺乏统一的管理机构,加上 Internet 的分布式结构,网络信息的发布具有很强的随意性和自由度,缺乏必要的过滤监督和质量控制,难以规范管理,使得大量的垃圾信息混于高质量的信息当中,增加了有效信息获取的不便,影响检索效率。

4.4.2 网络信息资源的类型

网络信息资源包罗万象,广泛分布在整个网络之中,从不同的角度可将其划分为多种类型。网络检索工具都有各自的收录范围,因此了解网络信息资源的类型有助于进行检索工具的定位。

1. 按照所采用的网络传输协议划分

(1) WWW 信息资源。

WWW(World Wide Web)信息资源,也称为 Web 信息资源,采用超文本传输协议(Hyper Text Transfer Protocol,HTTP)在 WWW 客户端和服务器端之间传输,建立在超文本、超媒体等技术的基础上,集文本、图像、图形、声音等为一体,以网页的形式存在于 Internet 上。WWW 信息资源自 20 世纪 90 年代以来得到了迅速发展,现已成为最主要和常见的信息形式,是网络信息资源的主流。这类信息资源一般通过搜索引擎进行检索。

(2) Telnet 信息资源。

Telnet 信息资源是指在远程登录协议 Telnet(Telecommunication Network Protocol)的支持下,用户计算机经由 Internet 与远程计算机连接,并在权限允许的范围内检索和使用远程计算机系统中的各种硬、软件资源。Telnet 方式是实现与远程计算机连接的最快方式。通过 Telnet 方式获取的信息资源主要是政府部门、研究机构对外开放的数据库、商用联机检索系统等,如 Dialog、OCLC 目前仍然提供 Telnet 形式的联机检索方式。在 WWW 没有普及之前,许多大中型图书馆都通过 Telnet 方式提供联机公共检索目录(OPAC)的使用。

（3）FTP 信息资源。

FTP 信息资源是借助于文件传输协议（File Transfer Protocol，FTP），以文件的方式在联网计算机之间传输的信息资源。FTP 协议的主要功能是实现文件从一个系统到另一个系统的完整拷贝。通过 FTP 可获取的信息资源的类型很广泛，可以说任何以计算机方式存储的信息均可保存在 FTP 服务器中，不过目前以应用程序软件和多媒体信息资源为主。FTP 信息资源目前仍是 Internet 上的重要信息资源，大量的机构都建有 FTP 服务器，可利用 Archie 之类的工具来查找特定信息资源所在的 FTP 主机、准确的文件名及其所处的子目录名称。

（4）用户服务组信息资源。

网上各种各样的用户服务组是 Internet 上最受欢迎的信息交流形式，包括新闻组（Usenet Newsgroup）、电子邮件群（Listserv）、邮件列表（Mailing List）、专题讨论组（Discussion Group）等。它们都是由一组对某一特定主题有共同兴趣的网络用户组成的电子论坛，用户以邮件形式进行网上交流和讨论。用户服务组信息资源是一种最丰富、自由，最具开放性的资源，其信息交流的广泛性、直接性是其他任何类型的信息资源都无法比拟的。

2. 按照网络信息资源的组织形式划分

信息组织是将无序状态的特定信息，根据一定的原则和方法，使其成为有序状态的过程，其目的在于将无序信息变为有序信息，方便人们有效利用和传递信息。面对纷繁、无序的网络信息，人们采取了多种方式对其进行组织。目前使用较为普遍的网络资源组织方式主要有以下四种，各种组织方式有各自不同的特点。

（1）文件方式。

文件（File）是一种较为古老的信息组织方式，适用于网络信息资源。以文件方式组织网络信息资源比较简单方便。除文本信息外，还适合存储程序、图形、图像、图表、音频、视频等非结构化信息。在 Web 中，网页就属于超文本文件，FTP 类检索工具就是用来帮助用户利用那些以文件形式组织和保存的信息资源。但是文件方式对结构化信息的管理则显得力不从心，文件系统只能涉及信息的简单逻辑结构，当信息结构较为复杂时，就难以实现有效的控制和管理。而且，随着网络信息量的不断增长和用户对网络信息资源利用的普及，以文件为单位进行信息资源共享和传输会使网络负载加大。因此，文件本身只能是海量信息资源管理的辅助形式，或者作为信息单位成为其他信息组织方式的管理对象。

（2）超文本/超媒体方式。

超文本/超媒体方式是一种新型的信息管理组织方式，不仅注重所要管理的信息本身，而且更加注重信息之间关系的建立与表示，是将网络信息按照相互关系非线性存储在许多的节点（Node）上，节点间以链路（Link）相连，形成一个可任意连接的、有层次的、复杂的网状结构。超文本方式以线性和静态的文本信息为处理对象，超媒体方式是超文本与多媒体技术的结合，将文字、图表、声音、图像、视频等多媒体信息以超文本方式组织。超文本/超媒体方式不仅体现了信息的层次关系，而且也符合人们思维的联想和跳跃性习惯，用户既可以根据链路的指向进行检索，也可以根据自己的需要和思维，任意选择链路进行信息的检索，从而在高度链接的各种信息库中自由航行，无须专业检索技巧就可找到所需的任何媒体的信息。正是由于上述优点，超文本/超媒体方式已成为 Internet 上占主流地位的信息组织与检索方式。但对于一些大型的超文本/超媒体检索系统，由于涉及的节点和链路太多，用户很容易出现信息迷航和知识认知过载的问题，很难迅速而准确地定位到真正需要的信息节点。为了避免这些检索瓶颈，超文本/超媒体方式需要设立导航工具，并辅以搜索、查询机制，以便用户在任何位置都能到达想要去的节点。

（3）数据库方式。

数据库是对大量的规范化数据进行管理的技术，它将要处理的数据经合理分类和规范化处理后，以记录形式存储于计算机中，用户通过关键词及其组配查询，就可以找到所需信息或其线索。利用数据库技术进行网络信息资源的组织可很大程度地提高信息的有序性、完整性、可理解性和安全性，提高对大量结构化数据的处理效率。此外，数据库以字段作为存取单位，用户可根据需要灵活地改变查询结果集的大小，从而大大降低网络数据传输的负载。传统数据库方式对非结构化信息的处理难度较大，不能提供数据信息之间的知识关联，无法处理结构日益复杂的信息单元，检索界面缺乏直观性和人—机交互性。但目前随着信息处理技术的发展，数据库技术在克服上述缺点方面取得了很大进步，集 Web 技术和数据库技术于一体的 Web 数据库已经成为 Web 信息资源的重要组成部分，所存储的都是经过人工严格收集、整理加工和组织的具有较高学术价值、科研价值的信息。由于各个数据库后台的异构性和复杂性，以及对其使用的限制，数据库方式利用一般性的网络信息检索工具，如搜索引擎等无法检索出其中的信息资源，因此必须利用各个数据库的专用检索系统，如《中国学术期刊全文数据库》。

（4）网站。

网站（Web Site）是网络信息资源的重要组成部分，既是信息资源开发活动中的要素，又是网络中的实体。从网络的组织结构可以看出，信息资源主要分布在网站上，网站作为网络信息与网络用户之间的中介，集网络信息提供、网络信息组织和网络信息服务于一体，其最终目的是将网络信息序化、整合，向用户提供优质的信息服务。网站由一个主页（homepage）和若干个从属网页组成，它将有关的信息集中组织在一起。网站一般综合采用了文件方式、超文本/超媒体方式和数据库方式来组织信息和提供信息的检索。

3. 按照网络信息资源的内容划分

（1）网络数据库。

网络数据库就是借助于 Internet，以 Web 为检索平台提供信息检索服务的数据库，它是数据库技术和 Web 技术结合的产物。除了传统纸本工具书、联机数据库与光盘数据库纷纷利用网络技术改造其检索系统，加盟网络数据库行列外，还出现了大量直接依托 Web 产生的真正网络数据库。这些网络数据库内容涉及各种不同的专业领域和文献出版类型，如万方系统的数据库系列、OCLC 的数据库系列、INSPEC 网络数据库等。

（2）网络出版物。

网络出版物就是以数字代码形式将文字、图像、声音、视频等信息存储在磁、光电介质上，通过 Internet 高速传播，并通过计算机或者类似设备阅读使用的出版物，包括电子图书、电子期刊和电子报纸等。现有的电子信息技术和网络技术为出版物的出版、发行和传播创造了良好的条件，一些是传统纸本文献的电子版本，一些是借助于计算机网络，完全以电子化、数字化形式编辑、制作、出版和发布，并以网络化形式发行，而没有相应纸质印刷版或者其他类型电子版的出版物，即纯网络出版物。

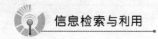

（3）社会信息。

社会信息主要是各种机构和个人发布的分散性的数据、资料、新闻、服务等多方面的涉及各个领域的信息，范围很广，内容庞杂，而且免费对所有的网络用户开放，如政府机构部门的政策、服务信息、社会新闻、生活娱乐信息、机构名录、产品目录、广告信息、商机信息、股市信息、专题评论等。

（4）软件资源。

软件资源主要是指通过网络免费提供给用户使用的各种应用程序，它们以文件形式存在，帮助用户实现某些应用功能，如杀毒、解压、聊天、系统维护、多媒体播放、文件传输、程序编辑等。

（5）其他类型的信息。

这种类型的信息包括网络论坛交流信息、电子公告、网络日志等其他存在于 Internet 上的信息。

4.4.3 网络信息检索

1. 网络信息检索的定义

Internet 的广泛应用和发展，使世界范围内的信息资源交流、共享成为可能，为人们提供了一个更为广阔的信息空间，但网络信息资源的无序、量大、良莠不齐和缺乏统一管理与控制，使得网络环境下的信息获取并不是一件容易的事情。而网络信息检索正是试图从技术上改善 Internet 上信息无序的局面，使网上信息资源为人们充分利用的新型检索模式。

正如同信息检索的概念有广义和狭义之分，网络信息检索的概念也可分为广义和狭义两种。狭义的网络信息检索就是指网络信息的查找，即以 Internet 为检索平台和媒介，利用相应的网络信息检索工具或者检索系统，运用一定的网络信息检索技术与策略，从有序的网络信息集合体中查出所需信息的过程。广义的网络信息检索包括网络信息整序和网络信息查找。网络信息整序是将与 Internet 相连的信息按一定的规则进行收集、分析和标引，并以数据库方式、主题树方式或者其他方式组织、排序和存储，形成检索工具或检索系统。网络信息整序既是网络信息查找的基础和前提，又是整理搜索结果，是使网络信息能加以利用的必要阶段。

2. 网络信息检索的特点

网络信息检索借助于网络通信、信息处理等技术的发展，出现了许多不同于传统信息检索的特点。具体特点如下。

（1）检索范围涵盖整个 Internet。

Internet 是一个全球性、开放性的网络，由分布在世界各地的主机联网构成。因此网络信息检索在检索空间上比传统信息检索大大扩宽，可以检索 Internet 上所有领域、各种类型、各种媒体的公开信息资源，远远超过了手工、联机和光盘检索可利用的信息源。

（2）传统检索方法与全新网络检索技术相结合。

网络信息检索沿用了许多传统的检索方法和技术，如布尔逻辑、截词检索、限定检索等。借助于网络信息技术的发展，网络信息检索还采用了许多新的检索技术，如自然语言检索、超文本/超媒体检索等。但是这些检索技术在不同检索工具中的实现方式存在很多差异，需要用户在检索前详细了解其具体的检索规则。

（3）用户界面友好且操作方便。

网络信息检索工具直接以终端用户为服务对象，一般都采用图形窗口界面，交互式作业，检索途径多，提供多种导航功能，可做书签标记，保留检索历史。检索者无须专门的检索技巧和知识，只要在检索界面按一定规则输入检索式就可获得检索结果。

（4）用户透明度高。

网络信息检索对用户屏蔽了Internet上的各种系统平台、应用程序、数据结构、文件格式、通信传输协议等多方面的物理差异，使用户只须一步检索就可获取多个信息源、多种类型、多种形式的网络信息，感受检索系统的透明度。

（5）信息检索效率不高。

网络信息缺乏规范和统一管理，动态性强、雷同率高，而且存在很多的垃圾信息。目前的网络检索工具在信息收集、分析和标引等方面也存在许多的不足之处，极大地影响了网络信息检索的查全率和查准率，尤其是通过搜索引擎进行网络信息检索的查准率很低，信息冗余度高。不过，随着智能代理技术、数据挖掘技术、知识发现技术、自然语言理解技术等在网络信息检索中的应用，网络信息检索的效率已经大大改观。

3. 网络信息检索的一般方法

要在浩如烟海的网络信息资源中找到自己所需的信息，可以按照以下几种方法进行。

（1）浏览方式。

①随意浏览。这是在Internet上发现信息和信息线索的最原始的方法。在没有明确的检索目的和要求的情况下，随意查看或者选择与所需信息相近的内容作为检索依据，"顺链而行"，从一个网页"行至"其他相关的网页，一轮轮扩大检索范围，获取相关信息。这种方式适合目的性不强的检索，其检索结果具有不可预见性。网络用户可以在平时的网络漫游中将一些感兴趣的优秀网站添加到收藏夹，以备将来使用。

②分类体系浏览。即通过浏览网络资源指南的分类体系获取相关信息。网络资源指南是专业人员基于对网络信息资源的产生、传递与利用机制的广泛了解，对网络信息资源分布状况的熟悉，对网络信息资源进行采集、评价、组织、过滤和控制，从而开发出的可供用户浏览和检索的多级主题分类体系。此外，网上还存在很多的专业性网络资源指南，它们提供获取特定学科领域的信息。当用户对某一类信息资源的描述不确定的时候，通过逐级浏览网络主题指南的分类体系，就可获取相关信息较为全面系统的汇总。

（2）查询方式。

查询主要是指通过输入检索条件，从大量的信息集合中检索信息的方式。这种方式比较快捷、简单，能够准确、快速地在Internet上进行所需信息的定位，直接返回所需信息或者所需信息所在的主机名、域名或者网址等。

4. 网络信息检索技术

面对网络信息资源的海量、异构、非结构化、动态和分散，传统的信息检索算法和技术已经无法满足网络环境下的信息检索需求。网络信息检索技术借助于计算机技术、信息处理技术的发展，如全文检索技术、多媒体检索技术、人工智能技术、数据挖掘技术、自动标引和分类技术等，得以应用于网络信息检索中，极大地推动了网络环境下信息检索的发展，提高了网络信息检索的效率。

(1) 全文检索技术。

全文检索（Full Text Retrieval）技术，就是以信息资料的内容，如文字、声音、图像等为主要处理对象，而不是其外在特征来实现信息检索的技术，全文检索出现于20世纪50年代末。全文检索技术通过提供快捷的数据管理工具和强大的数据查询手段，为人们快速方便地获取文献原文而非文献线索提供了一条有效途径。经过几十年的发展，全文检索技术已经从最初的字符串匹配层面演进到能对超大文本、语音、图像、视频影像等非结构化数据进行综合管理，成为全文数据库系统和搜索引擎的核心支撑技术，广泛应用于企业信息门户、媒体网站、政府网站、数字图书馆、搜索引擎及商业网站等。据统计，在目前的Internet信息资源中，非结构化数据（包括一些文本数据、图像、视频和声音等）占整个信息量的80%以上。通过全文检索技术就可以解决数据库管理系统管理非结构化信息的不足，就能高效地管理这些非结构化数据。由于内涵和外延的深刻变化，全文检索系统已成为新一代管理信息系统的代名词。但是为了在整体上提高全文检索系统的水平和可用性，全文检索技术仍需在自然语言处理技术、信息的深层挖掘等方面进一步有所突破。

(2) 多媒体信息检索技术。

多媒体信息技术是针对用户对文字、声音、图像（形）、视频和动画等多种形式的信息的全方位需求，而对其进行综合、集成化处理的一种技术。自20世纪60年代多媒体的概念被提出以来，多媒体技术逐渐成为计算机技术的潮流。以前对多媒体信息的检索主要是依赖于文本信息，即多媒体信息的标题、作者，以及索引人员为其编制的属性描述和注释。这种方式具有很大的主观性，而且难以充分揭示多媒体信息中的丰富内容，尤其是对多媒体的处理几乎不可行。由此，基于内容的多媒体信息检索研究应运而生，已经从基本的颜色检索发展到综合利用多种媒体特征进行检索，出现了许多多媒体检索系统。基于内容的多媒体信息检索技术是对图像、音频、视频等媒体对象进行内容语义的分析和特征的提取，并基于这些特征进行相似性匹配的信息检索技术，其核心技术是对多媒体信息内容特征的识别和描述技术、对特征的相似性匹配技术。目前，多媒体信息检索技术按检索内容可分为图像检索、视频检索和音频检索三种。

①基于内容的图像检索技术。基于内容的图像检索是通过分析图像的内容（如颜色、纹理、形状和空间关系等）建立特征索引，并将其存储在特征数据库中。用户查询时，只需对所需图像进行模糊描述，或者利用系统提供的图像样本，就可在图像信息库中找到所需的图像。基于内容的图像检索技术的关键技术是颜色特征、纹理特征、形状特征和空间关系特征的提取。

②基于内容的视频检索技术。基于内容的视频信息检索，就是根据视频的内容和上下文关系，在大规模视频数据库中进行的视频数据检索。为了实现检索，需要对非结构化的视频数据进行结构化分析和处理，采用视频分割技术，将视频流划分为具有特定语义的视频片段——镜头，以镜头作为检索的基本单元，提取关键帧的特征，形成描述镜头的特征索引。依据镜头的特征索引，采用视频聚类等方法研究镜头之间的关系，把内容相近的镜头组合起来，逐步缩小检索范围，直至查询到所需的视频数据。视频分割、关键帧特征的提取和描述

（包括视觉特征、颜色、形状及运动信息和对象信息等）、视频结构重构（将语义相关的镜头组合聚类到一起）是基于内容的视频检索的关键技术。

③基于内容的音频检索技术。基于内容的音频检索是分析和提取音频信息的特征、建立特征索引库，并依据特征对音频数据聚类，将聚类信息装入聚类参数库，通过示例法、拟声法、直喻法等多种方式进行检索，获取所需音频信息的过程。语音识别、音频特征提取和聚类是基于内容的音频信息检索的关键技术。音频信息的特征主要包括振幅、频率、相位、声强、音调、音色、音量、和谐等属性。

（3）智能检索技术。

智能检索技术就是采用人工智能计算机技术进行信息检索的技术，它可以模拟人脑的思维方式，分析用户以自然语言表达的检索请求，自动形成检索策略，进行智能、快速、高效的信息检索。智能检索技术主要体现在语义理解、知识管理和知识检索，包含机器学习技术、知识发现技术、自然语言理解技术和智能代理技术四种。

①机器学习技术。机器学习技术是网络信息检索技术智能化的基础，研究机器人如何模拟人进行学习、获取知识，并进行知识的积累、修改和扩充。其目的是将数据库和信息系统中的信息自动提炼和转换成知识库中的知识，使人自动获取知识。

②知识发现技术。随着网上大规模数据库的应用，一些简单查询和检索不能使用户直接获得带有结论性的信息，从而造成资源上的浪费。而知识发现技术就可从大量不完全的、模糊的、随机的数据中发现有用的信息和知识，它综合了统计学、模糊逻辑、机器学习和专家系统等多种方法。将知识发现技术应用于网络信息检索中，就可使检索结果深入知识单元层面，提高检索的针对性。目前，知识发现技术的开发以及应用刚刚起步，但已显示出较好的发展前景，成为网络信息检索技术的重要部分。

③自然语言理解技术。自然语言检索是以自然语言作为检索提问与对话接口的检索方式，易懂易用，扫除了人—机之间交互的障碍，因此，很多信息检索系统都提供自然语言检索功能。但是自然语言本身存在很多缺点，如词义模糊、词间关系含混等，不易被计算机正确理解和处理，从而导致错配情况发生，检索的漏检率和误检率较高。自然语言理解技术是人工智能研究的核心之一，也是网络信息检索智能化的关键所在。自然语言理解技术通过对用户输入的自然语言进行句法分析、语义分析等多种处理，生成相应的用规范词形式表达的查询语句，避免自然语言本身所存在的缺点，使计算机能进行准确的信息传递和认识活动，提高检索效率。

④智能代理技术。智能代理又称智能体，可以在用户没有明确具体要求的情况下，通过学习了解用户的行为、爱好、兴趣，推理出用户的潜在需求；可以根据用户需要，代理用户进行各种复杂的工作，如信息查询、筛选及管理。可以根据用户的评价和反馈调整自己的行为，动态地关注用户所需信息的变化，实时地把最新信息推送给用户，实现服务的个性化。它具有智能性、代理性、学习性和主动性等特点，它使得网络信息检索工具在信息的收集、处理、检索和服务等多个方面实现智能化，成为网络信息技术的最前沿代表。目前，智能搜索代理还存在一些局限，如智能化程度不高、自然语言处理有待提高等。

（4）数据挖掘技术。

面对信息资源数量的不断增长，如何从庞大的信息数据库中寻找出更有价值的信息，便是摆在网络信息检索面前的问题。尽管网上有很多检索工具可以用于信息查询，但是查准率特别低。随着数据库技术和机器学习技术的发展，数据挖掘（Data Mining）技术逐渐发展起来，数据挖掘技术也称为数据库中的知识发现（Knowledge Discovery in Database，KDD）技术，是指从大型数据库或数据仓库中提取人们感兴趣的知识，这些知识是隐含的、事先未知的潜在有用信息，提取的知识一般可表示为概念（concepts）、规则（roles）、规律（regulations）、模式（patterns）等形式。被发现的知识可以用于信息管理、查询优化、决策支持、过程控制等，还可以用于数据自身的维护。因此，数据挖掘技术是一种深层次的数据分析技术，可用来对海量数据进行处理，从中抽取和发现知识，集成了数据库、人工智能、数理统计、可视化、并行计算等方面的技术。它不仅是面向特定数据库的简单检索查询调用，而且要对这些数据进行微观、中观乃至宏观的统计、分析、综合和推理，企图发现事件间的相互关联，以指导实际问题的解决，甚至利用已有的数据对未来的活动进行预测。目前 Web 信息挖掘可以分为三类，即 Web 内容挖掘（Web Content Mining）、Web 结构挖掘（Web Structure Mining）和 Web 使用记录挖掘（Web Usage Mining）。

①Web 内容挖掘。Web 内容挖掘是一个从文档内容或其描述中抽取知识的过程，它包含两种策略：一种是直接挖掘文档的内容，如 Web 查询语言 Web Log、Web OQL 等；另一种是利用其他搜索工具的结果进行处理，如对搜索引擎的返回结果进行聚类分析等。

②Web 结构挖掘。Web 结构挖掘是从 WWW 的组织结构和链接关系中推导知识。HTML 页面所包含的知识不仅存在于各个页面的内容中，也存在于这些页面之间的相互链接中。利用这方面的知识可以对页面的重要性进行排序，以发现重要的页面。

③Web 使用记录挖掘。Web 使用记录挖掘也称基于 Web 访问的数据挖掘。我们可以通过对网站 Log 文件的分析，获得网站访问情况的详细统计数据。针对这些统计数据进行的数据挖掘就是（静态的）Web 访问记录的数据挖掘，从中可以了解网站的被访问率、用户的访问模式、访问时间段以及个性化的使用记录，从而对网站的信息服务进行改进。

（5）自动标引和分类技术。

信息的自动标引和分类技术是 20 世纪 50 年代就开始发展起来的技术。20 世纪 90 年代以来，随着大量的统计方法和机器学习方法被应用于自动标引和分类技术，自动标引和分类技术被广泛应用于网络信息检索工具，特别是自然语言在网络信息检索中的应用，极大地提高了网络信息标引与分类的速度和效率。

自动标引技术是指由计算机代替人工完成文本的主题内容分析，并赋予语词标识的技术，可分为抽词标引和赋词标引两种。抽词标引主要是指利用原文本信息中的自然语言直接标引，不加任何处理。如从题名、文摘、小标题或正文中直接抽取关键词进行标引，这是一种自然语言标引形式。赋词标引是指使用已建词表中的主题词（叙词）替代文本信息中的关键词来表达文本主题内容概念的标引过程，即使用受控语词进行标引，这是一种受控语言标引。目前网上采用的是词频加权统计法对一个网页文本信息进行主题标引，经权值计算、汇总、排序后自动生成网页的主题词（词串），该标引词由主题词（词串）及其权值组成，是网页自动分类的依据。

自动分类技术就是利用计算机信息技术对信息按照一定的分类体系或标准进行自动分类标记，它主要用于实现信息特征的聚类和归类，即将具有相同或者相近特征的信息对象集中在一起，而将不同特征者尽可能归于不同的类别中，从而实现快速检索。确切地说，自动分类建立在语词共现原理的基础上，是通过计算机对文档原文中的关键词进行词频统计分析，提取出若干最能表达文档内容的词,然后用语词共现频率统计方法将其与语词类集进行相似性比较,确定一篇文献属于代表某个语词类集的类,从而达到使相关文献聚集在一起成为一类的目的。自动分类技术的关键技术涉及文本预处理、文本表示和特征提取等技术。

5. 网络信息检索工具的类型

正如手工信息检索离不开目录、索引、文摘等各种工具,网络信息检索也需要专门的信息检索工具,实现对分散、无序的网络信息资源的有效控制。从20世纪80年代起人们就开发了诸如Archie、WAIS、Veronica等检索工具,用于检索FTP、WAIS、Gopher等网络信息资源,90年代中期又出现了检索Web信息资源的搜索引擎技术。目前已经形成了检索各类网络信息资源的检索工具体系。

网络信息检索工具是Internet上提供信息检索服务的计算机系统(应用程序软件或者网站),其检索对象是存在于Internet信息空间中的各种类型的网络信息资源,利用人工或计算机软件来进行信息的收集、记录、标引、整序,形成索引数据库,供用户检索、获取所需信息或指引用户至相关信息资源。一般来说,网络信息检索工具都是用户界面友好、简单易用的,而且在众多网络信息检索技术的支持下,检索功能日益强大,从而增强了用户自我信息检索服务的能力。

Internet信息资源的多样性,导致了网络信息检索工具的多样性。要有效地利用这些网络检索工具,就必须了解它们的检索机制、收录资源类型的适用范围。总的来说,Internet信息资源可以分为WWW信息资源和非WWW信息资源,我们将根据网络信息检索工具收录的信息资源的类型及其对应的检索方式分别对WWW检索工具和非WWW检索工具包含的类型进行介绍。

(1) WWW信息资源检索工具。

WWW信息资源检索工具是以万维网(WWW)上的资源为主要检索对象,又以WWW形式提供检索结果的检索工具。目前主流的WWW检索工具为搜索引擎,搜索引擎几乎是WWW检索工具的代名词。目前搜索引擎可分为目录型搜索引擎和关键词型搜索引擎,目录型搜索引擎也称为网络资源指南。下面详细介绍目前Internet上的WWW信息资源检索工具的几种类型。

①网络资源指南。网络资源指南(WebDirectory),也称为主题指南,是基于人工建立的网站分类目录,将所收集的网站信息按特定的主题分类目录体系进行组织,并辅以年代、地区等分类,形成一个树状结构目录,用户逐层浏览主题分类目录,逐步细化检索范围来查找合适的类目,直至具体资源。其后台数据库并不保存网页,而是保存各网站的站名、网址以及内容摘要。这种检索工具层次和结构清晰、易于查找;分类目录下的网站简介可以使用户一目了然,从而确定取舍;专题性强,能较好地满足族性检索的要求;人工的介入确保了信息准确,导航质量高。但是也存在许多问题,如分类目录体系不够完善与合理;检索功能相对较弱;人工介入引起维护量大,导致信息量少、更新不及时、查全率不高,难以检索到较专深的信息等。这类检索工具按事先设置的检索途径进行检索,故多适用于泛性课题的检索。其典型代表有Yahoo!、Open Directory、搜狐网站目录等。

②搜索引擎。搜索引擎(指关键词型搜索引擎)借助于网上自动搜索软件(Robot、Spider等)定期遍历万维网,收集Web网页,对其进行标引,建立索引数据库。当用户在

检索文本框中输入检索词或检索表达式后,以自己特定的检索算法从后台数据库中找出相关记录,并按相关性或者时间顺序对其进行排序,反馈给用户。每个搜索引擎都有自己独有的搜索系统和索引数据库。它具有检索面广、信息量大、更新及时、界面直观简洁、使用方便直接等优点,而且绝大多数都支持布尔运算符、截词运算符、模糊检索和自然语言检索等,可准确表示检索需求,检索功能较强。此外,借助全文检索技术,可实现网页内容全文检索。其缺点是返回的检索结果数量大,无关和冗余信息较多,用户必须从中进行筛选。目前出现了许多可以同时调用多个搜索引擎的集合型搜索引擎,极大地提高了检索效率。

③信息门户。信息门户(Information Portal),也称为信息网关(Information Gateway),是将特定领域或者众多领域的信息资源、工具和服务都集成到一个网页上,为用户提供一个方便的信息检索和服务入口,"一站式"获取所需信息资源,是一种以清晰的用户界面构建大量信息资源平台的有效方式,提高了网络资源的序化程度。从涉及的内容范围看,信息门户分为水平和垂直两种。水平信息门户是面向大众、包罗万象的信息门户,如 Sohu、Sina、Yahoo!等网站。垂直信息门户收录特定的内容,面向特定用户服务,如政府信息门户、商业信息门户、公司信息门户、学科信息门户等。对于想要获取学术科研信息的用户,学科信息门户是首选。学科信息门户是图书馆界利用传统的文献信息处理技术和经验,结合现代信息技术,在网络信息资源组织和检索方面做出的积极贡献。学科信息门户是针对特定学科或主题领域,按照一定的资源选择和评价标准、规范的资源描述和组织体系,对具有一定学术价值的网络信息资源进行收集、选择、描述和组织,并提供浏览、检索、导航等增值服务的垂直性信息门户。学科信息门户的用户一般有明显的针对性,所收信息资源都经专业信息工作者严格选择和深入揭示,并提供注解和评价信息,准确性、可靠性较高。其组织的对象包括电子出版物(图书、期刊、报纸、工具书)、数据库、会议论坛、科技报告,以及相关网站链接等,检索性能高于网络资源指南、搜索引擎、资源导航等。

目前国外很多学术机构都建立了自己的学科信息门户,如英国的社会科学信息门户(The Social Science Information Gateway,SOSIG)、爱丁堡大学工程虚拟图书馆(Edinburgh Engineering Virtual Library,EEVL)、美国的图书馆员因特网索引(Librarians Index to the Internet)等。我国中科院的"国家科学数字图书馆"就建设有生命科学、化学、数学物理、资源环境和图书情报五个学科信息门户。

④搜索软件。搜索软件,也称为桌面搜索引擎或软件式搜索引擎,是通过下载并安装在用户的计算机上,就可启动相应的搜索引擎进行搜索的软件。搜索软件可分为单一型和集合型两种。使用单一型的搜索软件的用户无须进入某一搜索引擎的主页,就可随时使用该搜索引擎,如 Google 的工具栏、百度的超级搜霸等。集合型搜索软件的工作原理类似于集合型搜索引擎,可以同时调用多个搜索引擎进行搜索,从而能得到更多、更详细的信息,如中华搜索宝(http://www.chinassbc.com)。搜索软件的安装和使用都很容易,无须进行复杂的设置。除了提供搜索功能外,还可对搜索进行智能化处理,限定搜索范围,过滤重复的内容、域名和名称等。但是目前该类软件质量参差不齐,选择的时候要进行准确定位。

从目前的网络信息检索实践来看,WWW 检索工具不仅可以搜索 WWW 上的信息,也可以搜索 Internet 上的其他非 WWW 类信息资源,如 FTP、Gopher、新闻组等信息。随着 WWW 的迅速发展,WWW 检索工具将逐渐发展成 Internet 上的标准检索工具,成为人们获取 Internet 信息资源的主要检索工具和手段。

(2) 非 WWW 信息资源的检索工具。

非 WWW 信息资源检索工具主要是指以非 WWW 信息资源，如 FTP、Telnet 和用户服务组等信息资源为检索对象的检索工具。

①FTP 信息资源的检索工具。借助于 FTP（文件传输协议）可以实现两台计算机之间的文件复制传输，几乎可以传输任何类型的文件，包括文本文件、二进制文件、图像文件、声音文件、数据压缩文件等多种类型。进行传输的前提就是要了解所需文件所在的 FTP 地址，FTP 检索工具就是通过对 Internet 上的 FTP 服务器进行连接，将这些服务器提供的可下载文件的文件名和路径收集在一起组成数据库，并通过检索程序为网络用户提供检索服务的一种实时联机检索工具。一般而言，FTP 检索工具由于专门针对各种文件，因而相对于 WWW 搜索引擎，在寻找程序软件、图像、电影和音乐等多媒体文件方面，FTP 检索工具更加直接方便，而且传输容量大和速度高。目前已经出现了大量的 Web 方式的 FTP 检索工具。

最早的 FTP 类检索工具的典型代表是基于文本显示的 Archie。它由加拿大 McGill 大学在 1991 年开发，功能在于通过文件名搜索匿名 FTP 服务器中的文件，帮助用户了解所需文件的 FTP 地址和目录清单列表。与一般检索工具不同的是，它不能通过主题来实现相应的检索，而只能根据文件名和目录名进行检索。Archie 的检索界面一般为命令式检索界面，检索时从文件名、文件目录名以及文件描述等方面进行查询。利用 Archie 检索 FTP 文件的特点是查全率和查准率高。

WWW 的出现改变了 Archie 在文件搜索方面的统治地位，目前出现了许多 Web 界面的 FTP 检索工具，国内的诸如北大天网中英文 FTP 搜索引擎（http：//bingle.pku.edu.cn）、西安交通大学的思源搜索（http：//search.xitu.edu.cn/website/）等；国外的 FTP 检索工具有 FileZ（http：//www.filez.com）和 Tile.net 等。

②Telnet 信息资源的检索工具。Telnet 系统作为网络信息资源历史悠久的一个部分，虽然已经逐步为 WWW 系统所取代，但仍具有了解和使用的意义。特别是目前许多公共性质的信息检索系统，如图书馆目录、政府和企业部门的公共数据库等，仍然提供 Telnet 方式的检索途径。获取 Telnet 信息资源需要了解所要登录的远程计算机的域名或者 IP 地址等信息。Telnet 信息资源最主要的检索工具是 Hytelnet（http：//www.galaxy.com/hytelnet），1990 年开发，Hytelnet 允许用户对基于 Telnet 的数据库进行检索，查询各类数据库资源的地址和远程登录的信息。目前，Hytelnet 服务器已经收集了 2 000 多个以 Telnet 方式可访问的服务器的地址，主要检索对象包括图书馆数据库和联机书目信息系统、一般的电子公告版系统（bbs）、文件服务系统和其他多种信息资源系统。获取 Hytelnet 信息检索服务的途径有三个：使用 Hytelnet 客户软件；通过 Telnet 方式访问 Hytelnet 服务器；通过 WWW 界面的客户软件（http：//galaxy.com/hytelnet）。用户通过 Hytelnet 进行检索时，可按类别进行浏览和选择，也可采用其高级检索界面进行检索，高级检索可选择词汇匹配关系、检索对象等。在检索网页时，可进一步选择主题领域、关键词出现的位置等。检索结果包括远程计算机信息系统的基本描述、终端类型、特殊键盘指令等。Hytelnet 是检索 Telnet 资源的佼佼者，但是它只提供与远程计算机联机的有关线索和方法，用户若想与某服务器联机，必须退出 Hytelnet，再用 Telnet 应用程序进行联机，然后浏览、查询和使用远程计算机上的信息资源。

③用户服务组信息资源的检索工具。如前所述，新闻组、电子邮件群、邮件列表、专题讨论组等这些用户服务组是一个巨大丰富的信息库，其内容几乎覆盖了社会的各个方面，因此出现了相应的检索工具。目前除了许多搜索引擎，如 Altavista、LyCOS、Google、Yahoo! 等都把用户服务组信息纳入检索范围外，也存在大量专门的检索工具。如 DeiaNews（http：//www.deianews.com）是于 1995 年开发的专门用于查询 Usenet 新闻组信息的搜索引擎，基本功能是新闻组文章的全文检索，以其方便快捷、数据库庞大以及特色的检索功能等优势吸引了大量用户，日益成为网上最大、最有效的 Usenet 检索工具。Tile.net 是一个能检索多种类型的用户服务组信息的检索工具，可以检索的信息类型包括 FTP、邮件列表、Usenet 讨论组等，是一个强有力的、易于使用的列表服务软件。检索邮件列表信息的专类检索工具还有 CataList（http：//www.1sofi.com/lists/listref/html）和 PAMailing Lists（http：//paml.net）。

随着 WWW 信息技术的迅速发展，Telnet、FTP、Usenet 等类信息资源都可通过 WWW 检索工具获取，使得 Hytelnet、Archie 等工具的作用极大削弱，存在的价值受到质疑。目前，即使存在此类检索系统和工具，用户仍然倾向于使用 WWW 类检索工具获取所需信息资源。在此论述，是为了用户全面系统地了解网络信息检索工具。

网络信息检索工具的出现，无疑为用户检索网络信息提供了便利，而网络信息检索工具数量的庞大，及其在查询范围、检索功能、检索结果等方面的多样化发展状态，使得用户在选择时感到无所适从。此外，了解网络信息检索工具的功能与特点还不够，重要的是如何利用这些检索工具广、快、精、准地查找到所需要的信息，这就需要掌握检索的策略与技巧。从总体上来讲，配合科学、合理的检索策略与技巧，各种检索工具强大的检索功能就会充分发挥出来，极大地提高检索效率，取得"事半功倍"的效果。

4.4.4 常用网络信息资源的检索利用

1. 图书、期刊和报纸信息

（1）互联网上的图书信息。

在互联网上检索图书信息，有四种方式：一是利用图书馆的联机公共书目查询系统，二是进入网上书店进行检索，三是通过网上的一些免费电子图书站点，四是通过网上电子图书数字图书馆。前两种方式一般只能得到图书的书目信息，有的可能有简短介绍，而且一般都是免费的，但检索不到图书的全文信息；后两种方式一般可以看到图书的全文，也就是可以在网上直接阅读图书，但第三种免费电子图书站点，一般都是一些大众娱乐性或科普性的图书，基本上是免费的，而第四种电子图书数字图书馆则是比较规范和有一定规模的电子图书网站，相对而言图书的种类和数量更多些，而且一般需要付费。

①图书馆联机公共书目检索系统。目前国内外的公共图书馆和大学图书馆基本上都已经通过互联网提供自己丰富的馆藏信息资源，网络用户可以免费访问各图书馆的"联机公共检索目录"（Online Public Access Catalogue，OPAC）系统。

在知道图书馆网址的情况下，可以直接通过网址进入图书馆的 OPAC。但是，在不知道图书馆网址的情况下，如何找到和进入需要查询的图书馆呢？

一般情况下，可以通过搜索引擎的目录式索引，找到"图书馆"，在"图书馆"下再按照图书馆类型（科学图书馆、教育图书馆、公共图书馆、国家图书馆等），找到相应图书馆的类目，进而链接到所需要的图书馆主页，检索其公共目录 OPAC。

另外，还可以直接利用搜索引擎，在搜索引擎的检索框中输入图书馆名检索出图书馆，再进入其书目查询系统。

每个图书馆的书目检索系统不尽相同，各有特色。但在检索方法上大致是一样的。图书馆书目检索的途径主要有：

- 题名检索，包括书名、丛书名、并列书名、刊名等。
- 责任者检索，包括著者、编者、译者、团体著者（包括会议名称）。
- 分类检索（用分类号进行检索）。
- 主题检索，包括主题词或关键词等。
- 号码检索，包括国际标准书号 ISBN、国际标准刊号 ISSN、中国书号、中国刊号 CN 等。
- 出版社名称检索。

此外，与文献检索一样还可以进行多种逻辑检索，如：

- 著者 – 书名检索，在同姓名著者较多或某一作品较多的情况下，为提高命中率可采用这种方法。
- 书名 – 著者检索，在相同书名很多的情况下，可用这种方法。
- 分类 – 主题检索或主题 – 分类检索，由于用户一般不熟悉分类法，特别是较小的类目，可以用这种方法。
- 分类、主题、机关团体、著者、书名等加年代的限制条件的检索。
- 分类加语言限制检索，有的书目数据库是中外文合一的综合性书目数据库。用分类检索时可将同一类的各种文种的书刊都检索出来，但如仅要其中的某一种文字的图书可用这种方法。例如：查找"人工智能（TP18）"的英文书，可用 TP18 加 E（E 代表英文），即能得到满意的结果。
- 分类、主题加文献类型的限制检索，有的书目数据库是多文种、多载体的书目数据库。如果要找某一类某种载体的文献可以用这种方法。比如要查找人工智能方面的期刊有哪些，可用 TP18 加 S（S 代表期刊），找出来的就是人工智能方面的期刊。

随着计算机信息网络的发展，书目检索也开始走向网络化的道路，20 世纪 80 年代中期国际上兴起一股"虚拟图书馆"热，就是基于信息高速公路的出现及书刊文献电子化发展趋势形成的。成千上万个图书馆和文献收藏部门打破地域界限，通过计算机网络形成一个看不见、摸不到但实际存在的巨大图书馆，用户可以在任何一个网络终端通过诸如 Cernet、Chinanet、Internet 与国内外任何一个上网的图书馆联机查询自己需要或感兴趣的书刊文献。如今，许多图书馆都在自己的主页上设有联机书目检索，帮助访问者方便地查询该图书馆的馆藏资源。下面我们以国内外几个著名的图书馆为例，介绍联机书目检索。

a. 浙江大学图书馆。首先，在浏览器的地址栏输入浙江大学图书馆的 URL 即可进入浙江大学图书馆的主页，单击书目查询（OPAC），就进入了书目检索系统，如图 4 – 2 所示。

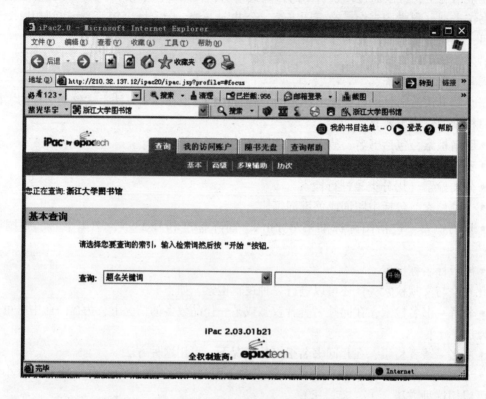

图 4-2 浙江大学图书馆检索界面

下拉检索途径菜单，可以看到题名、责任者、ISBN（ISSN）、主题、分类索取号等选项，意味着我们可以通过以上五种途径查询所需的书目。同时还可以选择最大命中记录数和文献类型。如果知道书名或刊名，在检索途径菜单选择题名，设定好相应的文献类型（书或者是刊）。在"请输入检索词"处输入书名，单击"执行"按钮即可得到查询结果。

用鼠标选中该书，单击"显示书目"按钮，就可看到包括书的 ISBN 号、分类索取号、个人责任者、题名责任者、出版社、载体形态、馆藏号等在内的该书的详细资料。

如果要查询某一类主题的书（刊），在"检索途径"菜单选择"主题"，再选择相应的文献类型即可。例如：查询主题词为 CAD 的书，选择最大命中记录为 20 条。想要查看某一本书的详细资料，只要用鼠标选中该书，单击"显示书目"按钮即可。

同样，按照书的责任者（著者、编者、译者或团体著者）、ISSN（ISBN）号和分类号也可以查询书目。

b. The Library of Congress（美国国会图书馆）。在浏览器的地址栏输入美国国会图书馆的 URL：http：//lcweb. loc. gov 单击 Library Catalogs 进入联机书目检索界面，如图 4-3 所示。

可以看到，Basic Search 和 Guided Search 两种形式。我们单击 Basic Search 进入检索界面，如图 4-4 所示。

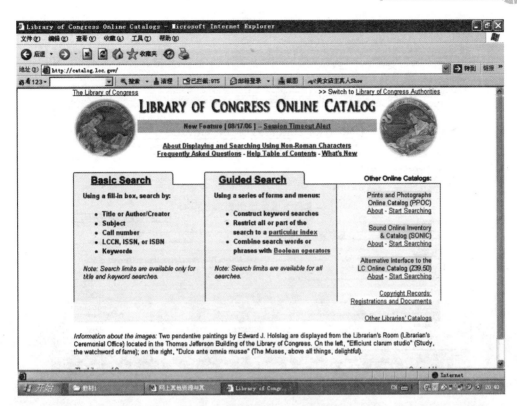

图 4-3　美国国会图书馆检索界面

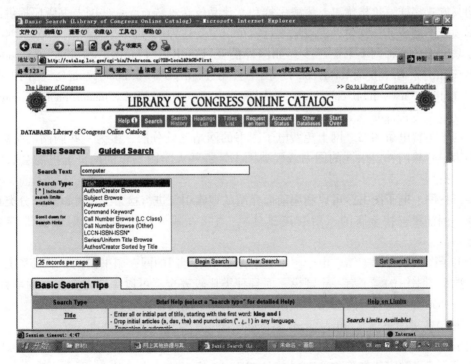

图 4-4　Basic Search 检索界面

键入"Computer"然后单击开始检索,即可得到结果,如图4-5所示。

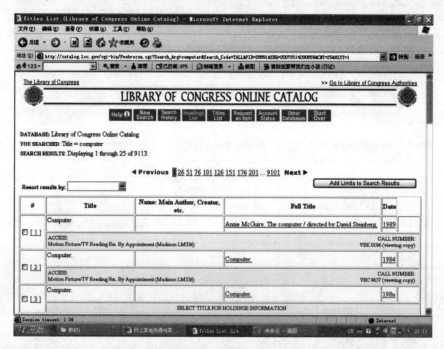

图4-5 检索结果

②网上书店。网上书店是网上购书的站点。网上书店具有图书信息量大、查询简单方便、购买方式多样、价格优惠、服务多样和文化品位高等特点,一些网上书店还提供图书的在线阅读或下载服务,支付一定费用之后就可以享受这种服务。

互联网上的这种网上书店不少。如国外的亚马逊书店(http://www.amazon.com)、图书世界(http://www.bookworld.com)、图书公司(http://www.books.com),国内的北京图书大厦(http://www.bjbb.com.cn)、中国现代书店(http://www.modernbooknet.com)、当当书店(http://dangdang.com)等。

③网上免费电子图书。网上免费电子图书的网站比较分散,多为一些网站的组成部分,而且多为一些热门和娱乐性的图书或经典图书。一些大学图书馆的网页上可能会收集一些名著。

要查找网上电子图书,可以利用前面介绍的搜索引擎进行检索,也可以从其分类目录逐级查找。例如要查找金庸的《射雕英雄传》,直接在输入框中输入"射雕英雄传"检索即可。

④电子图书数字图书馆。电子图书数字图书馆是专门的网上图书浏览和下载系统。一般而言,数字图书馆的藏书有一定规模,而且种类比较齐全,可以免费查询图书的书目信息,但阅读全文则需要支付一定费用。下面简要介绍几个国内知名的数字图书馆。

a. 超星数字图书馆(http://www.ssreader.com/)。

超星公司的全称为北京世纪超星公司,1998年该公司组建了国内规模最大的数字化扫描生产线,建立数字化加工中心,目前日加工A4幅面的能力已达30万页。迄今为止,超星公司已与30余图书馆或情报中心建立了数据共享及战略合作伙伴关系。超星中文电子图书是超星公司与中国国家图书馆合作的产物,1998年7月开始提供网上免费阅览。超星中文电子图书内容丰富，范围广泛。特别值得一提的是，最近两年超星公司开始发展图书搜索引擎并已初步形成规模，读秀图书搜索就是其最新的图书搜索平台。

b. 读秀图书搜索（http://www.duxiu.com/）。

读秀图书搜索是一个面向全球的图书搜索引擎，上网用户可以通过读秀对图书的题录信息、目录、全文内容进行搜索，方便快捷地找到他们想阅读的图书和内容，并可在IE浏览器中直接阅读，是一个真正意义上的知识性搜索引擎。读秀现收录260余万种中文图书题录信息，可搜索的信息量超过6亿页，且这一数字还在以每天50万页的速度增长。读秀允许上网用户阅读部分无版权限制图书的全部内容，对于受版权保护的图书，可以在线阅读其详细题录信息、目录及少量内容预览。

c. 中国数字图书馆（http://www.d-library.com.cn/index.jsp）。

国家图书馆自1995年起开始跟进国际上数字图书馆的研发进展。1998年，国家图书馆向原文化部（现为文化和旅游部）提出申请，由国家立项实施"中国数字图书馆工程"，并开始了中国数字图书馆工程的筹备工作。中国数字图书馆工程建设的总体建设目标是：通过资源建设工作的组织与实施，建成超大规模的、高质量的分布式中文数字资源库群并提供网上等多种服务；联合引进若干国内需要的国外专题资源库并实现共享；实现全国大部分地区图书馆文献资源的联合目录系统。以国家数字图书馆国家中心为基础，以行业、地区分中心为辐射，逐步建设具有模块化、开发性、互相联通并且稳定可靠、可扩展的计算机网络与存储体系。集成具有自主知识产权的高新技术成果，努力形成总体技术与国际主流技术接轨的中国数字图书馆总体构架；开发具有中国特色的数字图书馆智能应用系统。培养一批高水平的专业人才队伍，持续发展中国数字图书馆工程。其建设内容包括数字资源建设、软/硬件基础设施建设、应用系统开发、标准规范制订、信息服务、人才建设及知识产权的解决等。

目前，工程已制订完成《中国数字图书馆工程建设一期规划》及《中国数字图书馆工程一期规划实施方案》。在数字资源建设方面，以图书文献机构的丰富馆藏为依托，并结合其他文化机构的资源，累积建设了总量近10 TB的数字资源，内容涉及文学、艺术、法律、科技、教育、旅游等各类信息，并依托国家图书馆馆藏进行了古籍的数字化加工工作；在技术研发方面，开发完成了数字资源加工系统、数字图书馆应用系统、数字图书馆区域服务系统和文献数字化工业化生产加工系统；在知识产权解决方面进行了有益的探索，并组织开发了版权管理系统；积极参与数字图书馆标准规范的研制工作，制订了《中文元数据方案》等。

中国数字图书馆工程自1998年开始联合中国数字图书馆联盟各成员单位着手进行数字资源的实验性建设，联席会议办公室组织了多次相关培训工作，并购置了数字自由加工与发布系统，免费提供给35个中国数字图书馆联盟成员单位，以用于工程及各成员单位的数字资源建设。仅以国家图书馆为例，该馆目前已完成6 380万页图书、近2 000部影片、22万首音乐作品、4 000页馆藏西夏文资料、8 000幅金石拓片、180万页民国期刊、近8万篇博士论文等多种类型资源的数字化工作。这些资源建设的成果已经有部分通过互联网或各建设单位的局域网提供使用。

d. 清华大学虚拟图书馆（http://www.lib.tsinghua.edu.cn/chinese/virtual/index.html）。

清华大学虚拟图书馆是为了方便该校教师、学生及其他有兴趣的研究人员进行科学研究而设立的一个网络信息资源库。通过虚拟图书馆，用户可以十分便捷地了解国际学术动态。

资源库：主题词索引。目前，根据清华大学的专业分类，在资源库中设置了各种研究方向，来访者可以方便而迅速地查阅许多专业方向的重要信息。例如，可以在"组织机构"中了解世界上各著名机构组织的研究侧重点和工作进展；可以同各专业方向的研究人员进行学术交流；可以通过电子出版物掌握最新的学术动态和重要成果；可以从电子通告中及时得到会议通知；可以在"计算机软件"中查到一些相关的软件和新的仿真结果。事实上，可以在清华大学虚拟图书馆中快捷地获得很多有用的信息。目前，虚拟图书馆主要进行主题词索引，主题词是按照其笔画多少的顺序进行排列的。

特别专题。特别专题是为了适应科学技术的不断发展而设立的。这里收集了一些最新发展的和使人感兴趣的专题，有助于尽快地了解科技的最新发展动态并为你的研究工作提供方便。

e. 上海数字图书馆（http：∥www.digilib.sh.cn/dl/）。

上海数字图书馆项目的启动工程组织了丰富的馆藏文献，包括古籍、民国图书、地方文献、科技报告、中外期刊、音响资料、历史照片等数以万计，按照读者需求和文献特征形成九大系列，即上海图典、上海文典、点曲台、古籍善本、科技会议录、中国报刊、民国图书、西文期刊目次、科技百花园等。上海数字图书馆项目运用先进成熟的数字技术和网络技术，采取统一的界面、统一的软件、统一的管理。充分考虑满足当前需要、适应资源共享和可持续发展的目标，实现远程、快速、全面、有序、智能、特色六大服务优势。

（2）怎样查找互联网上的期刊信息。

网上的期刊较图书更加流行和普遍。一些较具权威和实力的印刷型期刊纷纷在网上提供它们的电子版。如我国国家自然科学基金委、科技部、教育部和中国科学院联合引进了已经购买了美国《科学》周刊（Science Magazine, http：∥china.sciencemag.org/）电子版1995年以来所有文章的网络版权，国内联网的任何一台计算机都可以随意检索该刊。

互联网上的学术期刊，除少数可以免费看到全文外，一般都只免费提供题录信息。查询某种期刊，可以直接利用前面讲到的搜索引擎进行检索，还可以从一些提供学术期刊的站点入手。

①常用的国内学术性期刊数据库及其站点。

a. 中国期刊网上的中国学术期刊数据库（http：∥www.cnki.net）。

期刊网上的期刊数据库有三类：一是题录数据库，只提供篇名、期刊名等基本检索功能和文章印刷版及电子版（光盘版）的出处，不提供摘要信息和浏览全文功能，用户可以免费使用；二是题录摘要数据库，可以看到文章摘要，但不可以浏览全文，浏览全文需要付费；三是专题全文数据库，可以直接浏览文章全文，也需要付费使用。重庆维普资讯（http：∥www.cqvip.com）的期刊数据库包括中文科技期刊数据库（全文版、文摘版、引文版）和外文科技期刊数据库（文摘版）。

b. 万方数据资源系统中的数字化期刊（http：∥www.periodicals.com.cn）。

万方数据资源系统是北京万方数据股份有限公司建立的一个科技信息资源系统，由中国科技信息研究所万方数据网络中心具体操作运行。其数字化期刊作为国家"九五"重点科技攻关项目，目前集纳了理工农医人文五大类的70多个类目近3 000种期刊，实现全文上网；从2001年年底开始，数字化期刊已经囊括了我国所有科技核心期刊。期刊年限集中在20世纪90年代以后。用户可以免费检索数字化期刊的题录信息，但需要购买检索权限才能浏览和下载全文。

②常用的国外学术期刊数据库及其站点。利用互联网查找国外的期刊论文信息，可以从以下站点入手：OCLC 的 Frist Search 检索系统（http://firstsearch.oclc.org）是世界上提供文献信息服务最大的机构之一，First Search 是它的一个联机检索服务系统，包括 70 多个数据库，这些数据库涉及的主题广泛，基本上覆盖了各个领域的学科，其中有相当一部分期刊论文数据库。

Ingenta（http://www.ingenta.com）自 1998 年建立以来，已经发展成为当前世界上规模最大、内容更新最快的学术和专业期刊数据库。2002 年它整合了 Uncover 数据库，目前收录 260 余个出版者提供的 28 163 种专业期刊，其中 6 000 余种期刊为联机全文刊。其覆盖的学科主题如表 4－2 所示。

表 4－2　Ingenta 覆盖的学科主题

Agriculture/Food Science	Arts and Humanities
Biology/Life Science	Chemistry
Computer and Information Sciences	Earth and Environmental Sciences
Economics and Business	Engineering/Technology
Mathematics and Statistics	Medicine
Nursing	Philosophy/Linguistics
Physics/Astronomy	Psychology/Psychiatry
Social Sciences	

系统提供浏览检索（期刊首字母和主题的浏览）和关键词检索两种方式。用户可以免费检索其收录的期刊论文题录信息，如果需要全文，可以使用它的有偿文件传送服务。用户可以自行在网络上订购资料全文，并通过传真来传送申请文件，一般可以在 24 小时内收到订购的资料。

③NSTL 国家科技图书文献中心（http://www.nstl.gov.cn）。NSTL（NationalScience and Technology Library，即国家科技图书文献中心）成立于 2000 年 6 月 12 日，是我国目前最大的一个虚拟的科技信息服务机构。该系统现在已经发展成为我国最大的科技文献信息资源服务网站之一。

NSTL 网络服务系统提供的文献信息资源均来自其成员单位。每个成员单位将所订购的中外文期刊、图书、会议、学位论文等原始文献加工成二次文摘，集中到 NSTL 网络服务系统提供检索服务。其学科范围主要为自然科学和工程技术各领域，如数学、物理、化学、生物、农业、食品、医学、化工、机械、航空航天、光学、电子、计算机、环境、材料等。目前 NSTL 网站提供检索的二次文献，各成员单位均收藏有相应的文献全文。用户检索到文献题录信息后，可以联机订购论文的全文。

其外文期刊提供中国科学院系统收藏的 1978 年至今的 13 000 多种、460 多万篇西文期刊论文的题录和摘要信息。外文期刊提供作者、摘要、标题、关键词、分类号、母体文献和全文检索等检索项。

另外，现在一些科研机构和高校图书馆为了便于用户更好地使用网上的电子资源，在自己的网站上常常做一些专业导航，向用户提供某一领域内的中英网上电子期刊。通过这些专业导航站点也可以获取一些期刊文献信息。

④查找互联网上的报纸信息。网上报纸较电子图书和电子期刊更加开放，一般上网的报纸都是可以免费浏览到全文的，一些报纸还提供了检索功能，可以按篇名、作者等基本题录信息进行检索。

电子报纸的检索方式主要是通过搜索引擎。有些网站专门收集了一些报纸，并做了导航，通过导航可以方便地浏览其他报纸。例如通过互联网可以浏览如下报纸：人民日报（http：// www.people.com.cn），光明日报（http：// www.gmdaily.com.cn），中国日报（http：// www.chinadaily.com.cn），中华读书报（http：// www.gmw.com.cn/gmw/ds），文汇报（http：// www.whb.com.cn），联合早报（http：// www.zaobao.com/），电脑报（http：// www.cpcw.com/）。

4.4.5 人物和机构信息

互联网上的人物、机构信息相当多，相对于传统的印刷型文献来说，互联网上的人物、机构信息具有信息新颖、信息量大等特点。这一方面是由于人物（特别是当代人物）和机构的信息可能随时发生变化，这些变化的信息很难及时以印刷型文献的形式反映出来；另一方面，传统的印刷型文献通常要受到体裁和数字的限制，人物、机构的信息容量相对有限。

1. 找国内人物信息

可以直接利用搜索引擎进行检索，也可以通过已经知道的人物的其他相关信息辅助（所在单位、研究领域、职别、获得荣誉等）检索。如知道所在单位，可以先找到该单位的网址，再在其中查找。

例如检索"某高校教师的有关信息"，有两种方式：一是利用搜索引擎。可在相关中文搜索引擎检索框中输入该教师姓名和所在高校名进行检索；二是先查找高校，在知道该教师所在学科或院系的情况下，按照"高校"—"院系"—"师资（人员）"，或者"高校"—"研究生院"—"导师"的路径进行查找。若高校主页提供校内信息检索，可以充分加以利用。

2. 找"旅居国外的中国人信息"

可以按照以上方法查询。但是，要注意人名的拼写。首先，注意他是否有常用的英文名，如有的话，可以利用英文搜索引擎查找他的英文名；其次，用英文搜索引擎查找其姓名的拼音和化名；再次，可以用中文搜索引擎查找其中文名。如查找"杜维明"这位哈佛大学教授的信息，我们可以分别用"Tu Weiming" "Du Weiming"和"杜维明"作为检索词检索。

①查找"国外人物信息"。除可以根据其相关信息通过英文搜索引擎辅助检索外，还可以利用中文搜索引擎查看其是否有中文名，如有，再用中文名检索更详尽的信息。

例如查找"前欧盟驻华大使Wilkinson的有关资料"，可以直接利用英文搜索引擎检索其姓名。另外，可以利用中文Google，在所有中文网站中检索"Endymion Wilkinson"，得知其中文译名为"威尔金森",而且从检索到的信息中知道他还有一个中文名"魏根深"。这样,再利用中文搜索引擎查找"威尔金森"和"魏根深",就可以得到一些仅利用英文搜索引擎查找不到的信息。

②查找"某一机构的信息"。同查找人物信息类似,可以直接利用搜索引擎查找,也可以通过查找机构的上级机构来查找。如查找"国家自然科学基金委"。再如我们写好了一篇稿件,想要投给某一编辑部,在知道这一编辑部所属的上级机构的情况下,可以通过查找其上级机构来查找编辑部的地址信息。

4.4.6 学会、协会和基金等信息

学会(协会)是行业或学术领域活动的组织者和管理者。它们往往会在自己的网站上对所组织的学术活动和该行业的研究热点予以公布。如组织的会议的主题、会议选题、会议提交论文题目、摘要、作者等,有的甚至可以直接链接到会议论文全文。因而,查看某一行业学会(协会)的网上信息,可以了解该行业的发展动向。

科学基金是为了兴办、维持或发展某一学科专业而储备的资金或专门拨款。它一般用于激励该学科专业的重点发展项目,或热点研究项目。基金的获得者一般而言具有相当学科水平和资历。基金的网站上一般会有该基金的设立目的、历次资助项目及获得者信息,了解基金网站信息,可以从一个方面总体把握学科发展。如国家自然科学基金委员会是管理国家自然科学基金的国务院直属事业单位,在它的主页(http://www.nsfc.gov.cn)上就有"机构指南""基金指南""资助情况""资助成果""下载中心"等主要链接。在互联网上查找学会(协会)、基金的网址,主要有以下两种方式。

①通过专业网站检索。许多专业网站都有导航栏目,可以链接到该学科专业的学会(协会)和基金网站。

②通过搜索引擎检索。检索方式可参考前面内容。

4.4.7 会议文献信息

会议文献是指在各种范围、各种类型学术会议上宣读、提交的论文或报告,这些文献通常在会后以期刊、图书等形式出版。根据《科技会议录索引》的数据,世界每年召开的科技会议有1万多个。这些会议文献大部分是一次文献,具有论题集中、内容新颖、时效性强等特点,是科研人员及时把握科研动态、获取科技情报的重要来源。

1. 查找国内会议文献

国内会议论文的检索除了可以登录各主要学术机构、科研团体的网站,以及从他们自建的学科导航中获取以外,还有几个规模较大、信息收集相对齐全的数据库。

(1) CNKI 中国重要会议论文全文数据库。

该库(http://www.cnki.net)收录1998年以来我国各级政府职能部门、科研院所、高等院校、学术机构等单位的论文集。论文内容涉及理工、农业、医药卫生、文史哲、经济、政治、法律、教育与社会科学综合等各方面。每年增加1 500本论文集,约10万篇论文全

文及相关资料。网上数据每日更新,光盘数据每季度更新。数据库的检索截面与检索方法与 CNKI 的中国期刊全文数据库相同。

(2) 万方数据资源系统的中国学术会议全文数据库。

该库(http://168.160.184.10)由万方数据股份有限公司提供。会议范围涉及国家级学会、协会、研究会组织召开的全国性学术会议,内容覆盖自然科学、工程技术、农林、医学等所有领域。数据库现已收录 1 890 个学术会议的 13 万篇会议论文,每年增补论文 15 000 余篇,涉及 6 000 余个重要学术会议。数据库提供会议信息和论文信息双重检索途径。

(3) 国家科技图书文献中心中文会议论文文摘数据库。

数据库(http://www.nstl.gov.cn)由国家科技图书文献中心提供,以题录形式报道中文会议文献上发表的科学技术论文。目前数据量已达 40 余万条,是目前国内规模最大的会议论文数据库。免费用户只能检索到题录和文摘信息,付费用户可以向国家科技图书文献中心索取全文。数据库提供普通检索和高级检索两种界面,两种检索方式都支持逻辑算符。高级检索界面设有检索式辅助生成表。

(4) CALIS 会议论文数据库。

数据库(http://162.105.138.230)由中国高等教育文献保障系统管理中心(CALIS)项目开发小组制作。提供 IP 登录和密码验证两种注册方式,可以通过论文题名、会议名称、个人著者名、摘要和时间等字段进行检索。检索界面友好,检索结果为题录,可以根据题录信息中反映的馆藏地,通过馆际互借获取全文。

2. 国内外会议文献

鉴于会议论文涉及的范围和类型,检索国外会议文献可以使用的检索词包括 conference、proceedings、meeting、seminar、symposium、workshop 等。国际会议论文数据库与其他期刊或图书数据库相似,提供论文题名、会议名称(或会议主题)、时间、地点、主办单位等检索途径。检索国外会议论文可以使用如下数据库。

(1) OCLC 检索系统。

OCLC 检索系统(网址:http://newfirstsearch.global.oclc.org 或 http://firstsearch.oclc.org/FSIP)涵盖的主题范畴中专有一项是 Conferences&Proceedings(会议和会议录),这方面的具体数据库有两个,一个是 Papers First(国际学术会议论文索引),另一个是 Proceedings First(国际学术会议目录索引)。

①Papers First。它是 OCLC FirstSearch 检索系统的数据库之一,也是面向中国高等院校提供免费检索的 12 个基本组数据库之一。其数据来源于大英图书馆文献供应中心(BLDSC)收藏的会议论文集的论文索引,以及其他类型出版物和活动的索引。会议类型涉及各种国际会议、专题讨论会、博览会、讲习班和其他会议。记录覆盖的时间年限为 1993 年至今,目前数据库拥有的记录总量已有近 300 万条,记录每两周更新一次。从该数据库中检索到的题录信息,可以向 OCLC 服务商有偿索取论文全文。

②Proceedings First。该数据库可以视为 OCLC Papers First 的附属数据库,数据来源是大英图书馆文献供应中心(BLDSC)提供的会议论文的目录列表,以某个会议上发表论文的目录作为一条记录内容,涵盖的主题范畴非常广泛。时间年限为 1993 年至今,每两周进

行一次数据更新。从该数据库中检索到的目录信息，可以向 OCLC 服务商有偿索取论文全文。

(2) WOSP 数据库。

WOSP 是 Web of Science Proceedings 的缩写，是美国科学情报研究所（ISI）以 Web of Science 为同一检索平台，是将 Index to Scientific & Technical Proceedings（ISTP，科学技术会议录索引）和 Index to Social Sciences & Humanities Proceedings（ISSHP，即社会科学及人文科学会议录索引）两大会议录索引整合而成的数据库。数据库提供世界上最新出版的会议录资料，包括专著、丛书、预印本以及来源于期刊的会议论文，涉及的学科范畴非常广泛，是检索国外会议文献索引信息的有效工具。数据库的具体检索方法同 Web of Science 的检索方法。

(3) IEEE/IEE Electronic Library（IEL）全文数据库。

IEEE/IEE Electronic Library（IEL）全文数据库（网址：http://ieeexplore.ieee.org/Xplore/DynWel.jsp）中包括 Conference Proceedings 的子库。该子库中收录 IEEE（The Institute of Electrical and Electronics Engineers, Inc., 美国电气和电子工程学会）和 IEE（The Institution of Electrical Engineers，英国电机工程师学会）举办的学术会议的相关文献。

(4) PNAS 数据库。

PNAS（http://www.pnas.org/）是 Proceedings of the National Academy of Sciences of the United States of America 的简称，该数据库收录美国 National Academy of Sciences 的会议论文。PNAS 创建于 1914 年，是世界知名的涵盖生物、物理、社会科学等多学科的连续出版物。PNAS Online 创建于 1997 年 1 月。2002 年 1 月，PNAS Online 提供 1990 年以来的论文免费检索服务，其最新一期网上免费浏览内容为在印刷本发表满 6 个月的论文。论文以 PDF 格式提供全文，保持论文原有的文本、图表等内容。

(5) 国家科技图书文献中心外文会议论文文摘数据库。

数据库（http://www.nstl.gov.cn）由国家科技图书文献中心提供，以题录形式报道外文会议文献上发表的科学技术论文。目前数据量已达 170 余万条，是目前国内规模较大的国外会议论文数据库。免费用户只能检索到题录和文摘信息，付费用户可以向国家科技图书文献中心索取全文。数据库提供普通检索和高级检索两种界面。两种检索方式都支持逻辑算符［and（与）、or（或）、not（非）］，允许利用括号改变检索运算的优先级。高级检索界面设有检索式辅助生成表，帮助用户简单、零散的检索条件组配成一个复杂的检索式。

4.4.8 专利文献信息

专利文献信息是一种重要的文献信息资源，有很高的科技含量，具有新颖性、首创性和实用性等特点，人们在进行科研创新和产品开发与生产时往往要利用它，是科研人员必须经常查阅的重要资源。世界上的技术知识 80% 以上是以专利文献的形式描述的。据世界知识产权组织（WIPO）的资料，全世界每年的发明成果 90%～95% 在专利文献中可以查到，而其他技术文献只反映 5%～10%，同时 WIPO 还指出在研究工作中查阅专利文献可以缩短研究时间 60%，节省研究经费 40%。在世界各种类型的科技出版物中，专利文献所占的比例约为25%。专利文献数据库对于从事科学研究、产品创新等领域的人员来说,具有更高的检索和利用价值。现在,各国专利部门和专利信息服务机构都通过互联网提供各种专利服务,有的还提供各种类型的专利文献信息。

4.4.9 科技报告和统计数据等信息

1. 科技报告

科技报告又称技术报告或研究报告,它是一个研究计划或实验的内容、过程、结果等较为详细的记录,是科研成果的总结。技术报告多来自政府、工商和学术机构,内容专深,且具有较强的前瞻性和科学性,是一种重要的科技文献信息源。科技报告一般都有一定的密级,往往以内部资料的形式存在,或者在一段时间后公开。科技报告大多收藏在一些政府或企业的科研机构、学术机构以及一些专业信息服务机构。每一份技术报告都有一个报告号码(report number),号码是由字母和数字组合而成的。一般而言,报告编号包含以下标记:①机构名称或计划名称的首字母,如 AD:ASTIA Documents(DDC 报告);SHARP:Ships Analysis & Retrieval Program;②出版形式,如 TN:Technical Notes;PR:Progress Report;③机密性质,如 C = Classified;S = Secret;④出版日期,如 5 – 17 – 88:1988 年 5 月 17 日;⑤主题内容,如 C:Chemistry。

互联网上提供科技报告的网站较多,下面是一些相对大型的科技报告网站。

(1) 美国 OSTI 灰色文献网。

该网站(http://www.osti.gov/graylit/)由美国能源部的科学和技术情报处联合 DOD/DTIC(美国国防部与国防技术情报中心)、NASA(美国国家航空和宇宙航行局)和 EPA(美国环保署)共同开发。它建立于 2000 年 3 月,是由联邦基金资助的研究和发展项目的技术报告的一个网络入口。通过该网站可以检索"DTIC Report Collection, DOE Information Bridge, NASA Langley Technical Reports, EPA Reports – NEPIS"等技术报告,可以免费联机获取报告的全文信息。

(2) Networked Computer Science Technical Reports(NCSTRL)。

该网站(http://www.ncstrl.org/)有世界上许多非商业性质的机构制作的有关计算机学科的科技报告,这些机构大多数为授予计算机科学和工程学博士的大学,也包括一些企业和政府研究机构。网站允许浏览或检索,用户可以免费得到全文。

(3) 美国国家航空咨询委员会 NACA Reports。

该网站(http://naca.larc.nasa.gov/)提供 1917—1958 年间的 NACA 技术报告及相关文献的全文。

(4) Hewlett – Packard 实验室技术报告。

该网站(http://www.hpl.hp.com/techreports/index.html)提供美国惠普公司实验室的技术报告摘要信息,部分可看到全文图像,用户可以请求报告的纸印本。

(5) Bibliographies of Technical Reports。

该网站(http://liinwww.ira.uka.de/bibliography/Techreports/index.html),多为计算机科学方面的技术报告。

(6) Defense Technical Information Center。

该网站（http：//stinet. dtic. mil/），提供来自美国国防技术情报中心的最近 11 年来的公开技术报告，可以看到较详细的文摘，一部分可以看到全文。

(7) DOE Reports Bibliographic Database。

该网站（http：//apollo. osti. gov/waisgate/gpo. html），提供美国能源部 1994 年至今的技术报告。

(8) ICASE Technical Reports。

该网站（http：//www. icase. edu/library/itrs. html），提供 1991—2002 年美国空间大气科学委员会的技术报告。

(9) 世界银行报告。

该网站（http：//www. wds. worldbank. org/）提供国际复兴与开发银行（IBRD）、国防开发协会（IDA）、国际金融公司（IFC）多边投资保证机构（MIGA）和国际解决投资纠纷中心（ICSID）的 14 000 多种工作报告的全文。

(10) 中国核科技报告数据库。

该网站（http：//www. atominfo. com. cn/newreport/cnic_cn. htm），收录了 1985 年以来国内 90% 以上的核科技文献，是我国较大规模核科技中文文献数据库。

2. 统计数据

统计数据是对某一领域一定时间范围内的某一项或几项指标进行科学计数所得出的一组科学数据。统计数据的质量取决于执行统计单位的可信度及权威性。这里介绍的统计数据主要是国家政府机构或科研单位的统计。统计数据可以科学、直观地反映出某一领域内各项因素的现实状态，特别是通过不同领域内的同项指标的对比，或通过同一领域内某一指标在不同时间段的比较，可以清楚地反映出某项因数的发展动向，为科学研究和决策提供科学依据。

互联网上的统计数据比较多，常见的统计数据网址如下：

(1) 中华人民共和国统计局：http：//www. stats. gov. cn/。

(2) 中国统计年鉴：http：//huang9. nease. net/images/jianding. htm。

(3) 中华人民共和国交通部的统计数据：http：//www. moc. gov. cn/tongji/tongji. htm。

(4) 中国互联网络信息中心：http：//www. cnnic. net. cn/。

(5) 美国劳工部：http：//www. bls. gov/。

(6) 美国交通部：http：//www. bts. gov/。

(7) 美国普查局：http：//factfinder. census. gov/。

(8) 联合国教科文组织（UNESCO）统计：http：//www. uis. unesco. org/。

(9) 世界贸易组织：http：//www. intracen. org/index. htm。

4.4.10 常用软件

在使用计算机进行网络信息检索时，需要用到很多应用软件，如 Winzip 解压软件、Acrobat Reader 阅读软件、金山词霸翻译软件、智能 ABC 汉字输入软件以及练习打字的各种程序和软件等。互联网上有很多免费提供这些应用软件的站点，有两种方式可以从互联网上找到并下载所需要的软件。一是利用搜索引擎,直接在其检索输入框中输入需要查找的软件名称进行查找;二是通过一些专门提供这些软件的站点查找。下面的网站收录了一些常用的应用软件。

(1) 亦多软件(http://202.113.29.120/software/index.html)。
(2) 天津热线的极速下载(http://software.online.tj.cn/)。
(3) 天空软件园(http://www.skycn.com/index.html)。
(4) 269软件(http://soft.269.net)。
(5) 华军软件园(http://www.onlinedown.net/)。

4.5 搜索引擎

搜索引擎是伴随因特网的发展及网络信息资源激增而诞生和发展起来的。1994年LyCOS和Yahoo!的出现,标志着真正意义上的基于WWW的搜索引擎的诞生。随后搜索引擎得到长足发展,在十年之间,搜索引擎经历了从无到有、从少到多,从一元到多元,功能不断完善和扩展的过程,其发展速度和规模是其他任何现有的因特网检索工具所无法比拟的,目前几乎成为网络信息检索工具的代名词,是人们获取网络信息的主要途径。本节将介绍搜索引擎的基本理论知识和一些有代表性的搜索引擎。

4.5.1 搜索引擎的工作原理与系统结构

1. 搜索引擎的定义

对于搜索引擎(Search engine)的定义,目前有很多种说法,人们从不同的角度给予阐述,但总的来说主要有以下两种。

(1) 搜索引擎是一种检索软件。

搜索引擎是对WWW站点资源以及其他网络信息资源进行标引和检索的软件,是网络信息索引和检索工具的核心。它一般由数据采集机制、数据组织机制和用户检索机制组成。

(2) 搜索引擎是一类网站。

搜索引擎是Internet上专门提供网络信息检索服务的网站,依托Internet接受用户的查询请求,在其后台建立的索引数据库中进行用户需求和数据库记录的匹配运算,然后向用户提供所需信息所在的网址列表。

本书取后者定义,将搜索引擎视为一种在网络上提供信息检索服务的检索导航工具。在网络技术、数据库技术、自动分类与标引技术、检索匹配技术、人工智能技术等的支持下,搜索引擎以一定的方式和策略在Internet上发现、收集信息,对信息进行分析理解、提取、组织和处理,并为用户提供检索服务,从而起到信息导航的作用。

2. 搜索引擎的基本工作原理与系统结构

(1) 基本工作原理。

从上述定义可以看出,搜索引擎作为检索和利用Internet上信息资源的中介,其工作原理仍然符合计算机信息检索的工作原理——对信息集合和需求集合进行匹配。为了实现自身的角色定位，搜索引擎担负着网络信息资源的采集、组织和检索功能，它一方面需要从WWW信息资源中采集信息，另一方面需要构建与主题搜索相关的索引数据库，提供检索接口，反馈用户所需信息。目前搜索引擎一般使用两种技术来实现信息检索。

①网站分类技术。即依据主题分类法（即一个主题一个类目，类目按字顺排列）、学科分类法（按照学科领域组织网络资源）或者大型图书分类法，如杜威十进分类法（DDC）、国际十进分类法（UDC）以及国会图书馆分类（LCC）等建立一个网络分类目录，将收集的相关网站，归入相应级别的类目下，并对每个站点进行简要描述，形成一个树状的分类体系结构，即总目—子类目—链接—文本。如 Yahoo! 之类的网络资源指南采取的就是这种方式。

②网页全文检索技术。通过计算机程序自动遍历因特网，将相关网页收集起来，并扫描网页中的每一个词，建立从字（词）到整个网页的倒排索引。在此基础上，用户使用关键词进行查询，系统将向用户反馈包含该关键词的网页。全文检索技术是关键词式搜索引擎的核心支撑技术。

（2）搜索引擎的系统结构。

一般来说，无论搜索引擎采用什么技术，一般都由信息采集子系统、索引子系统、检索子系统三部分组成。

①信息采集子系统。信息采集子系统负责发现、跟踪和采集网络信息资源。目前搜索引擎的信息采集分为人工采集和自动采集。人工采集由专门信息人员根据一定的采集原则和标准，跟踪和选择有用的 WWW 站点或者页面，建立、维护和更新索引数据库。自动采集是通过一些计算机程序，如 Robot、Spider、WebCrawler 等"顺链而行"来搜寻网页，提取信息，建立、维护和更新索引数据库。人工采集基于专业信息人员对信息的分析、选择和组织，因此所收集资源的质量较高，排除了很多冗余和垃圾信息；自动采集基于自动运作，能够随时、尽可能多和快地收集各种类型的新信息，同时定期更新已有的旧信息，避免死链接或者无效链接，因此收集资源比较全面、有效和及时，但是信息的重复率较高、质量不如人工收集。目前，很多检索工具采用了人工采集和自动采集相结合的方式。

②索引子系统。索引子系统又称为索引数据库，其功能是利用数据库管理系统来生成、更新、维护和删除记录，即分析采集系统所收集到的信息，抽取索引项，生成新的记录，更新或者删除已发生变化信息的记录。数据库中的一条记录基本上对应一个网页或者网站。索引项分为客观索引项和内容索引项两种。客观索引项与文档的语义内容无关，包括作者、URL、更新时间、编码、长度、链接流行度（link popularity）等。内容索引项是用来反映文档内容的，如关键词及其权重、主题、分类等，所采用的标引原则和方法因系统而异，有的是自动索引、有的是人工索引，有的对网页整个页面内容进行全文索引，有的对特定内容，如摘要、标题等信息进行抽取等。索引系统是用户进行检索的基础，它的数据质量直接影响检索效果。

③检索子系统。检索子系统的功能是利用系统的信息检索算法，将用户的查询条件与索引系统中的信息记录进行匹配和相关度比较，对将要输出的结果进行排序、整理，尽可能将最相关的页面反馈给用户。检索系统主要包括以下四个部分：

a. 检索界面模块，接受用户的检索要求。往往分为基本检索界面和高级检索界面。

b. 检索策略模块，将用户输入的检索要求编制成计算机可执行的规范化检索式。
　　c. 检索执行模块，利用检索式检索索引数据库，并保证检索的速度和准确性。
　　d. 检索结果组织模块，对命中检索结果进行整理、组织和排序输出。

4.5.2　搜索引擎的类型

　　目前 Internet 上的搜索引擎数量极大丰富，类型日趋多元化，可以按照以下四个方面予以分类。

1. 按检索机制划分

　　按检索机制可以将搜索引擎划分为关键词型、目录型和混合型搜索引擎。
　　（1）关键词型搜索引擎。
　　关键词型搜索引擎是指根据用户在检索界面的文本框中输入的检索词（组），将之与数据库中的索引记录进行匹配比较，依此来查找并返回用户所需信息的一种网络检索工具。这种搜索引擎通常借助于 Robot 之类的自动搜索程序，因此信息量大、更新及时；检索界面往往直观简洁、使用方便直接，而且绝大多数都支持布尔逻辑、截词运算、模糊检索和自然语言检索等检索技术，可以准确表示检索需求。此外，借助全文检索技术，可以实现网页内容全文检索，检索结果是包含检索词（组）的一小段文字以及文字所在网页的地址，因此是一种网页级搜索引擎。其缺点是返回的检索结果数量大，无关和冗余信息较多，用户必须从中进行筛选。
　　（2）目录型搜索引擎。
　　目录型搜索引擎，也被称为网络资源指南，是浏览式的搜索引擎，起源于 Yahoo!，将网络信息资源按照一定的主题分类体系组织，用户通过逐层浏览，逐步细化来寻找合适的类别直至具体资源。目录型搜索引擎的特色在于专业信息人员的介入，以人工方式或半自动方式收集信息，信息人员编写网站的概述性简介，形成摘要信息，并将信息置于预先详细设计的分类目录体系中，用户获得的检索结果是网站的站名、地址和内容简介，因此是一种网站级搜索引擎。这种检索工具层次和结构清晰、易于查找；分类目录下的网站简介可以使用户一目了然，从而确定取舍；人工的介入确保了信息准确，导航质量高。但是它也存在许多问题，如分类目录体系不够完善与合理，人工介入引起维护量大，导致信息量少、更新不及时、查全率不高。
　　（3）混合型搜索引擎。
　　混合型搜索引擎是指同时提供关键词检索和分类目录浏览检索两种方式的网络检索工具，用户既可以直接输入检索关键词查找特定的具体资源，又可以逐层浏览目录了解某个领域范围的众多相关资源。在实际网络信息检索中，关键词检索得出的结果虽然多而全，但其没有目录式搜索引擎那样清晰的层次结构，信息来源繁杂。目录式搜索引擎将信息系统地分门归类，特别适合希望了解某一方面信息又不严格限于查询关键字的用户，但其搜索范围要比关键词搜索引擎小很多。鉴于关键词型和目录型的搜索引擎都存在各自的不足，将两者的优点结合起来，就诞生了混合型搜索引擎。目前大多数搜索引擎都同时提供关键词检索和分类目录浏览检索两种方式。

2. 按收录内容划分

按收录内容的范围可将搜索引擎划分为综合型、专业型和专用型搜索引擎。

（1）综合型搜索引擎。

综合型搜索引擎，也称通用型搜索引擎，是以所有网络信息资源为检索对象，不限制主题范围和信息类型，利用它几乎可以检索到任何方面的网络信息资源。

（2）专业型搜索引擎。

专业型搜索引擎，也称垂直型搜索引擎，是专为查询某一方面、学科或主题的信息而产生的搜索引擎，如美国化学工业搜索引擎、化工 Yahoo!、中国电力搜索引擎等。由于只收集某一特定学科或者主题范围内的信息资源，用更为详细和专业的方法对信息资源进行标引描述，且往往在检索机制中设计和利用与该专业领域密切相关的信息方法和技术，因而专业型搜索引擎具有针对性强、目标明确和查准率高的优势，有效地弥补了综合型搜索引擎对专门领域及特定主题信息覆盖率过低的问题，其作用和功能是综合型搜索引擎不可替代的。

（3）专用型搜索引擎。

专用型搜索引擎是专门用来检索某一类型信息资源的搜索引擎，如专门检索电话、人名、个人电子邮件地址的名录搜索引擎，专门检索图像信息的图片搜索引擎，专门检索 MP3 音乐文件的音乐搜索引擎，专门检索地图的地图搜索引擎等。典型的专用型搜索引擎有查找电话号码的 Switchboard（http://www.switchboard.com），查找地图的 MapBlast（http://www.mapblast.com），查找图像的 QBIC（http://www.qbic.almaden.ibm.com），等等。

3. 按信息资源的媒体类型划分

按所收信息资源的媒体类型可以将搜索引擎划分为文本型和多媒体型搜索引擎。

（1）文本型搜索引擎。

文本型搜索引擎只提供纯文本信息的检索，也就是说这些搜索引擎把网页当作纯文本文件，或者只对网页中的纯文本内容进行分析，建立索引数据库。检索时，按照用户提供的检索词（组）进行匹配，包含有检索词的页面就是符合条件的检索结果。目前绝大多数搜索引擎都是基于文本的，并没有充分反映网页包含的所有信息，因此对网络上越来越多的多媒体信息的检索显得无能为力，检索结果单一，有时无法达到形象直观的效果。

（2）多媒体型搜索引擎。

多媒体型搜索引擎提供集文本、图像（形）、声音、视频、动画于一体的信息的检索。随着动画、图像（形）、音频和视频信息的增长，多媒体信息的查找成为搜索引擎的研究重点。目前多媒体型搜索引擎可分为基于文本描述的多媒体搜索引擎和基于内容的多媒体搜索引擎。

①基于文本描述的多媒体搜索引擎。这种搜索引擎是通过对含有多媒体信息的网站和网页进行分析，对多媒体信息的物理特征和内容特征进行著录和标引，把它们转换成文本信息或者添加文本说明，建立数据库，检索时主要在此数据库中进行精确匹配。一般来说，这些用于检索的信息包括文件扩展名、文件标题及其文字描述、人工对多媒体信息的内容（如物体、背景、构成、颜色特征等）进行描述而给出的文本标引词。

②基于内容的多媒体搜索引擎。这种搜索引擎直接对媒体自身的内容特征和上下文语

义环境进行分析，由计算机自动提取多媒体信息的各种内容特征，如图像的颜色、纹理、形状等，声音的响度、频度和音色等，影像的视频特征、运动特征等，建立索引数据库。它和基于文本描述的多媒体搜索引擎的一个重要区别，就是以相似匹配来代替精确匹配。检索时，只需将所需信息的大致特征描述出来，就可以找出与检索提问具有相近特征的多媒体信息。

4. 按包含搜索引擎的数量划分

按包含搜索引擎的数量可将搜索引擎划分为单一型和集合型搜索引擎。

（1）单一型搜索引擎。

单一型搜索引擎是指那些依靠自身资源和技术，独立提供网络信息检索的检索工具，它们自身有一套完整的信息收集、整理、索引和检索机制，为用户提供自己网络资源数据库中的信息，因而不可避免地会引起信息资源覆盖率较低。目前绝大多数搜索引擎都是单一型的，如搜狐、新浪、百度等。

（2）集合型搜索引擎。

集合型搜索引擎，也称多元搜索引擎，是包含了多个单一型搜索引擎，在统一的用户查询界面与信息反馈形式下共享多个搜索引擎的资源库，为用户提供信息服务的检索工具，因此是对搜索引擎进行搜索的搜索引擎。它与一般搜索引擎的最大不同在于它没有自己的资源库和信息采集系统，只是充当一个中间代理的角色，是一个由多个分布的具有独立功能的搜索引擎构成的虚拟整体。接受用户的查询请求后，将用户请求翻译成相应的搜索引擎的查询语法，并转交给多个搜索引擎进行同时处理，最后对多个搜索引擎返回的搜索结果进行整合处理后再返回给查询者。整合处理包括消除重复、重新排序等。这类搜索引擎的优点是查全率高，搜索范围更广，能够在尽可能短的时间内提供相对全面、准确的信息。集合型搜索引擎一般由检索请求提交机制、检索接口代理机制和检索结果显示机制三部分组成。"请求提交"负责实现用户"个性化"的检索设置要求，包括调用哪些搜索引擎、检索时间限制、结果数量限制等；"接口代理"负责将用户的检索请求与不同搜索引擎进行交互；"结果显示"负责对所有源搜索引擎反馈的检索结果进行去重、合并、输出等处理。

4.5.3 各类型搜索引擎的介绍

目前搜索引擎的类型多样，我们将简要介绍每种类型常用的一些搜索引擎。目前许多单一搜索引擎都同时提供关键词检索和主题目录浏览检索两种方式，但是鉴于其服务都是有所侧重的，所以本书根据其服务侧重，将其划分到关键词型搜索引擎或者目录型搜索引擎（即网络资源指南）中。

1. 关键词型搜索引擎

（1）英文关键词型搜索引擎简介。

①Google（http：//www.google.com）。Google 由斯坦福大学的两位博士生 LarryPage 和 SergeyBrin 在 1998 年创立。通过自己的站点提供网络信息检索服务，以及为信息内容供应商提供联合品牌的网络搜索解决方案。收录10亿多个网址的80多亿张网页，8.8亿多个图

像，提供网页、图像、新闻、网上论坛等多种资源的查询，支持100多种语言。采用了先进的自动搜索技术、PageRankTM（网页级别分析）技术和完善的文本匹配技术，确保将最重要的搜索结果以最快的速度呈现给用户，以搜索相关度高而闻名。检索界面简洁直观，操作便捷。每天提供2亿次查询服务。

Google 提供关键词检索和主题目录浏览检索两种方式。主题目录分类体系是依据 Open Directory 的类目体系构架，内容也是经由 Open Directory 的全球各地的义务编辑精心挑选和归类，再由 Google 著名的"网页级别"技术分析将网页依照其重要性先后排列出来，并通过网页介绍里的横线长度，来标明此网页的重要程度。关键词检索方式除了支持简单检索外，还提供性能优良的高级检索。在高级搜索中，用户通过检索文本框和下拉列表来确定检索条件，可从搜索结果、语言、文件格式、日期、字词位置、网域等几个方面限定检索范围。此外，Google 允许用户依照个人爱好设置"使用偏好"，并保存以供将来使用。

A. Google 的特色功能在于：

a. 检索多种类型的文件。

除了 HTML 文件外，可以支持13种非 HTML 文件的搜索，如 PDF、DOC、PPT、XLS、RTF、SWF、PS 等。

b. 提供多元化的服务。

除了提供 Web 信息资源的检索服务外，Google 还推出许多服务：a. 计算器；b. 中英文字典；c. 天气查询；d. 股票查询；e. 邮编区号；f. 手机号码；g. 电子邮件；h. Google 工具栏；i. Google – earth（Google 卫星地图）等。此外，英文版 Google 还提供了商品导航工具 Froogle，将众多商品，如数码相机、音乐播放器等分类列出，帮助用户通过比较的方式选择。

B. Google 检索功能强大，主要体现在以下几个方面：

a. 多样的范围限制功能。

除了高级检索提供的多种检索选择外，Google 还提供按链接和网域进行范围限制。按链接检索（link）：将显示所有指向某一网址的网页。例如，"link：www.google/com"将找出所有指向 Google 主页的网页。按网域检索（site：）将在某个特定的域或站点中进行搜索，可以在 Google 搜索框中直接输入"site：xxxxx.com"。要在 Google 站点上查找新闻，可以输入"新闻 site：www.google.com"。

b. 相关检索功能。

为了给用户提供更多的相关信息，Google 推出"类似网页"。如果用户对某一网站的内容很感兴趣，但又嫌资料不够，单击"类似网页"后，就可获取与这一网页相关的网页、资料等。

c. 快捷的检索。

为了减少用户搜索网页的时间，Google 推出"手气不错"，单击该按钮将自动进入第一个检索结果所在的网页。由于 Google 的网页级别（PageRank）技术的支持，检索结果的第一个记录往往是最相关和重要的，因此使用"手气不错"将减少搜索网页的时间。

d. 检索词纠错。

Google 的错别字改正软件会对输入的关键词进行自动扫描，如果发现用其他字词搜索可能会有更好的结果，会提供相应提示来帮助纠正可能出现的错别字。该软件建立在互联网上所能找到的所有词条之上，能够提示常用人名及地名的最常见的书写方式，这是一般的错别字改正软件所不及的。

②LyCOS（http：//www.lycos.com）。LyCOS 于 1994 年 8 月开始在网上运行，目前是 LyCOS 集团公司 LyCOSNetwork 服务的成员之一，是一个多功能搜索引擎。借助于自动搜索软件收集多种类型的资源，如网页、人名、企业名录、多媒体、音乐/mp3、讨论组、新闻、产品信息等，搜索结果精确度较高，尤其是搜索图像和声音文件的功能很强。此外，还提供游戏、电子邮件、音乐、购物、个性化 LyCOS、新闻快讯等服务。关键词检索方式下可以从 Web、人物、产品、新闻、讨论、黄页、多媒体等多种途径进行检索，检索方式分为基本检索和高级检索。支持布尔逻辑运算符（and、or、not）、精确检索符（双引号），也可在检索词前加"＋"表示该词一定出现，检索词前加"－"表示该词一定不出现。高级检索提供强大的过滤功能，可以从检索词、URL/站点名称、语言、日期等几个方面限制检索范围。LyCOS 也提供 Web 主题目录浏览检索服务。目录分类规范、类目设置较好、网站归类准确、提要简明扼要、收罗丰富，分为艺术和娱乐、汽车、商业和职业、计算机和网络、游戏、健康、家庭、青少年、新闻、休闲、宗教、科技、社会和文化、体育、旅行等类目。个人 LyCOS 主页可根据个人兴趣和爱好设置相关的检索参数。

③Excite（http：//www.excite.com）。Excite 是由斯坦福大学几个大学生在 1993 年 8 月创建的 Architext 扩展而成的万维网搜索引擎，目前属于 AskJeeves 公司，收录了 100 多家领先信息提供商的丰富信息资源，包括网页、新闻、体育、股票、天气、企业黄页、人名等。除了提供网络信息检索服务外，还提供网上交流、免费邮件、天气预报、股票指数、体育信息等服务。检索途径有网页检索、主题目录检索、新闻检索和图片检索四种，检索方式包括基本检索和高级检索。基本检索可以采用双引号来进行精确检索，"＋"表示其后的检索词一定出现，"－"表示其后的检索词不能出现。布尔逻辑运算符（and、or、not）只能在高级检索中使用。在高级检索中，可从检索词、语言、域名等方面限制检索范围，可以选择是否纠错检索拼写和是否在检索结果中粗体显示检索词等，定制检索结果显示的数量和排序标准（按搜索引擎还是相关度排序）等。主题目录浏览检索较简单，站点被分为汽车、商业和货币、计算机和网络、游戏、艺术与娱乐、休闲、健康、社会、参考、新闻和媒体、科技、宗教、体育和旅行 14 大类。此外，Excite 将最近的流行检索词列出，供单击检索，也提供个性化定制服务——myexcite，用户可以根据自己兴趣爱好设置个性化的界面格式、内容、布局或者颜色，自动获取相关信息。

④AltaVista（http：//www.AltaVista.com）。AltaVista 最早由 DEC 公司于 1995 年 12 月推出，目前隶属于 Overture 公司。曾经被认为是功能最完善、搜索精度较高的全文搜索引擎之一，大量的创新功能使它迅速到达当时搜索引擎的顶峰。它第一个支持自然语言搜索，具备了基于网页内容分析的智能处理能力，第一个实现高级搜索语法，如 and、or、not 等，同时最早提供新闻组、图片、音视频文件的检索。目前 AltaVista 提供关键词检索和主题目录浏览检索两种方式，主题目录依据 Open Directory 的类目体系构建。关键词检索的检索途径包括网页、图片、音频、视频和新闻，支持基本检索和高级检索。高级检索提供用户以日期、语种、文件类型、布尔逻辑和近似条件检索。基本及高级检索均允许针对 Title、URL 或特定的域名进行检索，允许以 20 多种不同的语种进行搜索。该搜索引擎还提供英、汉、法、德、意、葡萄牙、西班牙语等语种的双向翻译。

⑤HotBot（http//www.hotbot.com）。HotBot 建立于 1996 年 5 月，曾因"改良的界面、优秀的复杂查询、最新新闻查询及比任何网点都丰富的过滤选项"获得《PCMagazine》1997 年"编辑选择奖"。目前是 LyCOS 公司 LyCOSNetwork 的成员，收集了 1 亿多个网页。检索界面简洁直观，并有多种颜色和式样的检索界面供选择。提供了 HotBot、Google 和 AskJeeves 三个搜索引擎的检索，检索方式包括基本检索和高级检索。

a. 基本检索。选择一个搜索引擎，然后在检索主页的检索文本框中输入检索词（组），可以使用双引号来实现词组精确检索，或者在检索词前加"+"，表示该检索词一定出现，检索词前加"-"，表示该检索词一定不出现。

b. 高级检索。在高级检索页面的文本框中输入相应内容，从语言、域名、地区、检索词（包含、不包含、出现的位置等）、日期、页面内容（页面包含的媒体类型，如 mp3、图片、视频、音频、Java、脚本、PDF、Word 文档），以及是否阻止非法内容等方面限制检索范围。用户可对检索结果的输出进行定制。此外，HotBot 还设计了桌面工具栏，安装后用户可在浏览器上直接输入检索词进行检索。

（2）常用中文关键词型搜索引擎简介。

①百度（http://www.baidu.com）。百度于 1999 年年底成立于美国硅谷，是目前全球最优秀、最大的中文信息检索与传递技术供应商。使用高性能的"网络蜘蛛"程序自动地在互联网中搜索信息，可定制高扩展性的调度算法使得搜索器能在极短的时间内收集到最大数量的互联网信息。百度在中国各地和美国均设有服务器，搜索范围涵盖了中国大陆、中国香港、中国台湾、中国澳门地区，以及新加坡等华语地区、北美和欧洲的部分站点。目前拥有的中文信息总量超过 4 亿页以上，并且还在以每天几十万页的速度快速增长。检索途径有网页、mp3、新闻、地区、网站、图片、百度词典等，提供基本检索和高级检索两种检索方式，支持布尔关系"或"（用"+"表示）、"非"（用"-"表示），可将检索范围限制在指定的网站、标题、URL 和文档类型。此外，高级检索可以定义要搜索网页的时间、地区、语言、关键词出现的位置以及关键词之间的逻辑关系等。目前百度也推出主题目录浏览检索，由人工维护、更新，共分为 5 个大类，70 多个子类目。基于每天上亿次的搜索数据，百度推出中文搜索风云榜，反映目前的搜索热点。

②天网中英文搜索引擎（http://e.pku.edu.cn/）。天网是由北大网络实验室研制开发，于 1997 年 10 月 29 日正式在 CERNET 上向广大 Internet 用户提供 Web 信息导航服务的中英文搜索引擎，目前不仅收集 WWW 资源，而且也收集 FTP 资源，因此是国内检索校园网 FTP 资源的主要工具。天网提供的检索途径有网页、文件、目录、主题四种。检索 WWW 资源时，只需在主页的检索文本框中输入检索词即可，检索词之间默认关系为逻辑"与"，支持精确检索符（""），忽略常用的无意义的词和字符，不区分大小写。FTP 资源检索时，在主页输入框输入要查询的文件名，可以包含"，"号（通配所有字符）、"?"号（通配一个字符）、空格（表示检索词之间是逻辑"与"关系），提交后即可得到查询结果。FTP 检索支持更多的检索技术，如在简单检索页面，可按类别搜索文件，即单击"分类搜索"下的各种类型，将检索范围限制在图像、声音、视频、压缩、文档、程序、目录、源代码任一类型；从 FTP 检索页面里单击"更多选项"进入"FTP 复杂搜索"页面，可以对文件的大小、日期、查询的网站、页面显示数量、网段（将教育网分为北大校园网、清华校园网、中科院网、华北教育、西北教育等 10 段）进行定制。除了关键词检索外，天网还提供了主题检

索和目录浏览检索。目录浏览检索采用中文网页的自动分类技术,将网页分为人文与艺术、计算机与因特网、自然科学、医疗与健康、商业与经济、教育、政府与政治、文化与社会、娱乐与休闲、各国风情、社会科学 11 个大类。主题检索提供北京大学校内搜索、西安交通大学校内搜索、新闻搜索、Unix 相关搜索、美国 1 000 所大学搜索 5 种。此外,天网还开发推出中国 Web 信息博物馆——中国网页历史信息存储与展示系统,目前已经维护有 10 亿个以中文为主的网页,并以平均每月 1 000 万个网页的速度扩大规模。

2. 目录型搜索引擎

(1) 常用英文目录型搜索引擎简介。

①Yahoo!（http://www.yahoo.com）。Yahoo! 是最早、最典型的目录型搜索引擎,起源于大卫·费罗和杨致远于 1994 年 4 月建立的网络指南信息库,目前收集了成千上万台计算机上的信息,建立了完整、合理的类目体系,提供融信息检索、用户交流和多种产品于一体的服务。全球共有 24 个网站,12 种语言版本的雅虎开通,Yahoo! 中国于 1999 年 9 月正式开通。Yahoo! 主题指南主要采用人工方式采集和存储网站信息,将收集的信息分为 14 个主题大类,包括艺术与人文、商业与经济、电脑与因特网、教育、娱乐、政府与政治、健康与医药、新闻与媒体、休闲与运动、参考资料、区域、科学、社会科学、社会与文化等,每一个大类下面又细分为若干子类,逐层搜索十分方便。作为最早的网络资源指南,Yahoo! 目前不仅提供主题目录浏览检索,而且也提供关键词检索、专题检索（人物、天气、电话号码等）服务。关键词检索是采用 Yahoo! Slurp 这套 Web 索引程序从因特网上采集文档而建立起的一个可搜索的网页索引系统,可以检索网页、图片、新闻、音乐、类目和网络实名等信息,提供基本检索和高级检索两种检索方式。目前,只有网页检索和目录检索具备高级检索功能,图片、新闻、音乐和实名检索不具备。在高级检索中,用户可以从搜索结果、更新时间、网站/网域、文件格式、分类、SafeSearch 过滤器、国家、语种、搜索结果数目等方面限定检索范围。2004 年 6 月 21 日雅虎公司基于全球领先的 YST（Yahoo Search Technology）技术,在中国推出独立搜索门户——一搜（http://www.yisou.com/）。可以搜索全球 50 亿网页、5.5 亿张图片、1 000 万音乐,网页搜索支持 38 种语种,先进的搜索分析与排序技术（而非人工干预）保证了结果的客观与精准。一搜检索界面非常简洁,提供网页检索、图片检索、新闻检索、mp3 检索和部落检索。

我们可以从多种途径利用 Yahoo! 中国的信息检索服务,具体如下:

a. Yahoo! 网站主页（http://cn.yahoo.com）;

b. Yahoo! 搜索引擎主页（http://cn.search.yahoo.com）。

②Open Directory Project（ODP）（http://dmoz.org）。ODP 是目前最大、最全面的人工编辑的网络资源指南之一,由全球大量的自愿网民构建和维护。将所收集的网站分为艺术、商业、计算机、游戏、健康、家居、青少年、新闻、娱乐、参考、宗教、科学、购物、社会、体育、全球类目共 16 个类目,该分类体系为 Google 等多个搜索引擎所采用。除了提供主题目录浏览检索服务外,ODP 也提供关键词检索。关键词检索分为基本检索和高级检索,支持布尔逻辑运算符（and、or、not,检索词之间的关系默认为 and）、右截词（通配符为,）、精确检索（将检索词组用双引号括起）,可以用"+"表示其后的检索词一定出现,"-"表示其后的词一定不出现。此外,ODP 在页面底部提供了 AltaVista、HotBot、

Netscape、Yahoo!、Google 等的链接，可直接将检索词提交给用户选择的搜索引擎。

③Galaxy（http://www.galaxy.com）。Galaxy 于 1994 年 1 月创建，其开发者是商业网络通信服务公司 EINet，目前属于 Logika 公司，是因特网上最早按专题检索 WWW 信息的网络主题指南之一。收集的信息包括网页、网站、新闻、域名、公司名录、人名、股票指数等。将所收集网站分为购物、商业、人文、社会科学、宗教、工程和技术、家居、参考、社会团体、旅行、娱乐休闲、科学、体育、健康、政府和医学共 16 个大类。由专业背景的图书馆学人员分类、组织和编辑，确保了信息的可靠。提供网页、主题目录、新闻和域名四种检索途径，除了主题目录浏览检索外，还提供关键词检索。关键词检索可以分为基本检索和高级检索，支持布尔逻辑运算符（and、not，检索词间的默认关系为 and）、精确检索（将检索词组用双引号括起）。检索结果按相关度排列，每条记录前会以一条长短不一的红线表示其相关度。

（2）常用中文目录型搜索引擎简介。

①搜狐（http://www.sohu.com）。搜狐（Sohu）是 1998 年推出的中国首家大型分类目录搜索引擎，到现在已经发展成为中国影响力最大的网络资源指南。网站信息的收集与处理一直坚持以人工编辑为主，目前拥有总数在 500 000 以上的庞大网站数据，广泛借鉴信息分类领域常用分类法和行业分类的分类标准，将其分为娱乐休闲、电脑艺术、卫生健康、工商经济、公司企业、文学、体育健身、教育培训、生活服务、艺术、社会文化、新闻媒体、政治/法律/军事、科学技术、社会科学和国家地区共 16 个主题大类，5 万多细类。搜狐也提供关键词检索方式，可以按照网站、新闻、mp3、购物、图片、商机、软件 7 种途径进行检索。

搜狐推出搜狗——第三代互动式搜索引擎，在用户输入一个查询词后，搜狗尝试理解用户可能的查询意图，给出多个主题概念的搜索提示，通过人—机交互过程，智能展开多组相关的主题概念，引导用户更快速准确地定位自己所关注的内容。此外，搜狗还推出"直通车搜索"，即将检索关键词提交给"直通车"中列出的其他搜索引擎（包括 Google、百度、雅虎、中搜等），可在同一个窗口中得到想要的结果，也可以按主题（包括新闻、音乐、图片、小说、购物、软件、游戏、Flash、工作、商业等）查询。搜狐每天接受用户数千万人次的搜索，所有的访问统计形成搜索排行榜，再依据关键词的属性分成 30 个大类，这就是搜索指数，通过搜索指数能够了解用户在关注什么。

②网易（http://www.163.com）。网易搜索引擎是 2000 年 9 月由网易公司推出的全中文网络信息检索服务，采用互动性开放式目录管理系统（ODP，Open Directory Proiect），由众多的网民管理员建立和维护的主题指南。将所收网站资源分为经济金融、电脑网络、新闻出版、娱乐休闲、艺术、科学技术、政法军事、生活资讯、情感绿洲、时尚搜索、公司企业、社会文化、教育学习、体育竞技、文学、医药健康、旅游自然、少儿乐园、个人主页等 19 个主题大类。网易也提供关键词检索，可直接在网易主页检索文本框中输入检索内容，然后从文本框右侧下拉列表所列的网站、网页、图片、时尚、mp3、图片几种检索途径中选择，获取所需信息。也可进入网易搜索引擎页面（http://search.163.com）进行检索。网易搜索引擎主页会首先列出最近的热门网站、热门网页、热门图片和音乐搜索。网易的企业黄页检索和城市检索是其较独特之处，具体体现在它专门开辟网易黄页界面（http://114.163.com），用户既可以直接输入检索词，确定检索省份来查询，也可以按照行政区域

图和行业类别目录来逐层单击检索；城市检索是以城市为检索词，获取该城市各个方面的信息。目前只开通了北京、上海、广州和厦门四个地方，不过网易致力于建立中国最大的城市门户网站，所以肯定会继续发展。

③新浪（http：//www.sina.com.cn）。新浪搜索引擎是新浪公司推出的网上资源查询系统，提供网站、网页、新闻、软件、游戏、音乐、黄页等资源的查询服务。网站收录资源丰富，分类目录规范细致，遵循中文用户习惯，目前共有娱乐休闲、求职与招聘、艺术、生活服务、教育就业、社会文化、政法军事、个人主页、文学、计算机与互联网、体育健身、医疗健康、科学技术、社会科学、新闻媒体、参考资料、商业经济、少儿搜索等共18个大类目录，一万多个细目和数十万个网站，是互联网上最大规模的中文搜索引擎之一。除了主题目录浏览检索，新浪也提供关键词检索，在新浪主页的文本框内输入关键词，选择网页、图片、新闻和mp3四种检索途径之一，提交申请，获取检索结果。也可在新浪搜索引擎页面，从网页、分类目录、新闻、图片、音乐、网址和黄页六种途径检索。如果没有特别指定，系统默认查询次序为目录搜索、网站搜索、网页检索。查询结果先返回目录搜索结果，然后返回网站搜索结果，再返回网页搜索结果，最后返回商品信息、消费场所等搜索结果，在同一页面上包含网站、网页、新闻、商品等各类信息的综合搜索结果。新浪关键词检索支持逻辑"与、或、非"，检索词之间的默认关系为"与"；短语精确检索符为"（）"；不支持词干法或者通配符；忽略常见字符；在关键字前加"t:"表示在网站标题中搜索，在关键字前加"u:"表示在网站网址（URL）中搜索。

3. 集合型搜索引擎

（1）常用英文集合型搜索引擎简介。

①MetaCrawler（http：//www.metacrawler.com）。MetaCrawler由华盛顿大学的一名研究生和副教授于1994年开发而出，是最早的一个集合型搜索引擎，曾被评为综合性能最优良的集合搜索引擎。2000年加入InfoSpaceNetwork服务，隶属于InfoSpace公司。MetaCrawler并不进行网络信息的收集与组织，因此没有自己的网页索引数据库，它只充当用户的检索代理，可调用Google、Yahoo!、AskJeeves、About、FindWhat、LookSmart、Overture几个搜索引擎来返给用户更多的检索结果。在检索流程中，MetaCrawler的主要功能包括：提供统一的检索界面；允许用户选择检索工具；将用户检索请求转换成成员搜索引擎的检索指令；对检索结果进行转换、查重和排序。提供网页、图片、音频文件、多媒体、购物、黄页、白页、天气预报、地图等多种信息资源的查询。MetaCrawler检索界面简洁、直观，操作简便，有基本检索和高级检索两种方式。基本检索无法构造复杂检索式，不支持布尔逻辑运算符、精确检索符（""）、通配符（*）等。要想检索固定短语，可选中页面上Exact phrase前的复选框。高级检索提供了大量限制检索条件的选项，用户可以指定检索式包含的检索词（组）、不包含的检索词（组），运用布尔逻辑运算符（and、or、not）直接构造检索式；指定搜索网页的更新日期、语种、域名；设置是否过滤成人色情网站、检索内容是按照相关度还是搜索引擎排序。操作简单，只需在文本框中输入相关内容，或者单击所需要求即可。

②Mamma（http：//www.mamma.com）。Mamma自称为"搜索引擎之母"，可同时调用14个常用的独立搜索引擎，包括OpenDirectory、LookSmart、Business、About、Com等主题指南，Google、MSN、Gigablast、Teoma、EntireWeb等关键词搜索引擎，以及FindWhat、Kanoodle 等收费搜索引擎。可查询网页、新闻、黄页、人物、股票指数、图像和声音文件等资源。其检索界面简洁友好，既可同时调用全部后台搜索引擎，也可自行控制选择，设置使用偏好，设定检索时间、每页可显示的记录数、网站简介的长短等。Mamma 支持精确检索符（""），在检索词前加"+"表示其一定出现，在检索词前加"-"表示其一定不出现。检索结果以相关性排序，剔除重复记录，内容包括网页名称、URL、文摘、源搜索引擎等。

③Dogpile（http://www.dogpile.com）。Dogpile 隶属于 InfoSpace 公司，提供网页、图片、音视频文件、新闻、黄页、白页等信息的检索，其网页检索由 Google、Yahoo!、AskJeeves、About、LookSmart、OpenDirectory、Overture 和 FindWhat 提供，图片检索由 Yahoo! Image 和 Ditto 提供，音频文件检索由 Yahoo! Audio 和 Singingfish 提供，新闻检索由 Yahoo! 新闻、Topix、FoxNews 和 ABCNews 提供。支持关键词检索和主题目录浏览检索。关键词检索提供基本检索和高级检索两种检索方式，高级检索可从检索词、语种、日期、结果显示、域名过滤、成人内容过滤等方面对检索进行限制。Dogpile 的自动归类技术会根据检索结果中出现的词或者短语将检索结果进一步划为多个类别，如将有关"保险"的检索结果再进一步分为寿险、火险、汽车保险、疾病保险等多类，从而方便用户查找所需检索结果。此外，Dogpile 还根据检索统计数据，将一些流行检索词分门别类列出，单击可获取相关信息。

④Profusion（http://www.profusion.com）。Profusion 于 1995 年成立，目前隶属于 Intelliseek 公司，曾是 2000 年元搜索引擎 9238 推荐奖获得者。Profusion 不仅可调用多种搜索引擎，包括 About、Alltheweb、AltaVista、AOL、Gigablast、LookSmart、LyCOS、MSN、Netscape、Teoma、Wisenut 和 Yahoo!，而且还将信息资源划分为上百种专题，如健康、商业、新闻、科技、参考、教育、政府等，其下又继续细分为一些小类，小类下将列出相关的一些网站。因此，用户可以直接在检索主页输入关键词或者在 Web Search Engines 页面选择所需搜索引擎，设置检索限制条件后，输入检索词来获取检索结果，也可以逐层单击专题目录，选择所需专题或网站来检索。Profusion 支持多种检索技术，如布尔逻辑和位置运算符、精确检索符（""）、关系运算符（<、:、>：等）、拼写修正提示等。提交检索词后，Profusion 在处理检索时，会以进程条方式显示每个被调用的搜索引擎或者网站处理检索的进度、检索结果的数量和搜索时间等信息。此外，Profusion 提供了很多个性化服务，如自行创建专题类目，将自己所需信息添加进去，以后该类目就会出现在用户的 Profusion 检索界面；Alert 服务，包括页面 alert（Pagealert）和检索 alert（Searchalert），Pagealert 会以 E-mail 方式帮助用户及时了解某个网页发生的变化，而 Searchalert 则会以 E-mail 方式定期通知用户其检索课题的新信息。

（2）常用中文集合型搜索引擎简介。

中文集合型搜索引擎发展较慢，目前为数不多。本书只介绍万纬搜索引擎。

万纬搜索引擎（http://www.widewaysearch.com）是一个中文集合型搜索引擎。集成的英文搜索引擎包括 Google、Yahoo! 和 HotBot，中文搜索引擎包括新浪、雅虎（中文）、搜狐、天网、Google（中文）、百度，用户可根据需要自由选择。提供基本检索和高级检索两种方式，支持"精确查找"，但不支持布尔逻辑等各种运算。搜索结果可按相关度、时间、域名和搜索引擎分类，可限定检索结果显示的数量和最大的检索等待时间。高级检索页面还按类提供一些网址导航。

4. 专用型搜索引擎

专用型搜索引擎是用于查找某些特殊类型的信息，如电话号码、多媒体文件、人物、地图等的专门检索工具。侧重收录某一方面的信息，因此它们往往能比综合型的搜索引擎更迅速、准确和深入地查找上述专门信息。本节将介绍人物、地图和图像/多媒体等类型的专用搜索引擎。

（1）人物查询搜索引擎。

Web 中含有大量的个人信息，而且越来越多的搜索引擎都开始提供人物/白页检索功能。本书前面提到的搜索引擎几乎都提供这种功能，如 Yahoo！的 peoplesearch（http：//www.people.yahoo.com）、LyCOS 的 WhoWhere（http：//www.whowhere.com）等。下面再介绍几种专门用于检索人物信息的搜索引擎。

①Internet Address Finder IAF（http：//www.iaf.net）。IAF 创建于 1996 年，曾是因特网上完全免费的找人工具，目前提供免费和收费两种服务。收费服务用于查询那些保密性质的专业个人社会记录，如查找失散的亲戚、个人背景、犯罪记录、破产情况、邻居资料、根据邮箱地址查找主人的物理位置、公司人员、个人生死情况等。免费服务除了通过输入人名查找其 E－mail 地址的服务外，还可输入 E－mail 地址确认其有效性，输入美国的邮编、电话区号、城市名等了解所属地域的人口统计情况，某一社会保障号所属的州市，以及商标、专利和版权检索服务等。

②Bigfoot Directories（http：//www.bigfoot.com）。Bigfoot 是为商家和个人提供服务的一个门户网站，服务内容包括 Bigfoot Directories、Business Solutions 和 Personal Solutions 三部分，其中 Bigfoot Directories 通过利用多方资源提供人物信息、E－mail 地址等的检索查询服务，提供六个检索入口。

a. E－mail search：利用 Bigfoot 自己的数据库资源查找某人的 E－mail 地址。

b. Find Friends：利用 Reunion（http：//peoplesearch.reunion.com）的资源检索朋友的背景以及联系方式。

c. FindaDate：利用 itzamatch！（http：//www.itzamatch.com）为陌生人相识提供机会。只需在 itzamatch 网站提交个人相关信息，进行检索后就可找到有共同兴趣爱好的人的相关信息。

d. White Pages：利用 address.com（http：//whitepages.addresses.com）的资源检索所找人物的电话和地址。

e. Yellow Pages：利用 Super Pages.com（http：//yellowpages.superpages.com）的资源查找有关商家的信息。

f. Find People：利用 Intelius（http：//find.intelius.com）查找失散的亲戚、朋友、同学以及其他重要人物。

注：Bigfoot 所调用的上述六个网站均独立运作，用户可直接访问。

③Switchboard（http：//www.switchboard.com）。Switchboard 是一个检索黄页和白页信息的专用工具，创建于 1996 年 2 月，目前隶属于 InfoSpace 公司。可检索公司名录、个人信息、电话号码归属、电话区号、邮政编码、地图、驾驶路线等信息。

（2）图查询搜索引擎。

①图行天下(http://www.g02map.com/lightmipj/map)。图行天下是我国第一个面向公众提供电子地图服务的网站,是检索全国地图信息的重要工具,在2003年地理信息系统优秀应用工程评选中获优秀工程奖。可以查询我国14个大城市的地图、交通、生活、旅游等信息,通过输入关键词,获取公交路线、周边环境以及所在位置最近的所需设施。它已经不再是一个简单的地理信息查询系统,而是涵盖了交通、地理、历史、旅游、商业等方面信息的多维化搜索引擎。

②网上电子地图(http://www.ppmap.com)。网上电子地图是奥发科技公司开发的一个地图引擎,目前有各类中国地图400多张,国外地图200多张。其中可以直接用于GPS、LBS移动位置服务的图有80张,包括了我国直辖市、省会城市、大多数经济发达的中等城市及旅游城市等大多数主要城市。奥发地图拥有丰富的数据信息,涵盖了道路、政府机关、学校、医疗卫生、企事业单位、邮电通信、交通、旅游景点、宾馆饭店、公交车站、娱乐场所等30个大类,用户可以根据需要分层显示,速度快。此外,网上电子地图还提供全球各大洲及其各国的基本情况,如首都、人口、面积、宗教、语言、自然地理、资源,以及国旗、国徽的图片。利用电子地图进行网上查询,可直接进行地图加载、信息点查询、漫游等地图操作,简单迅速、方便直接。

③Mapblast(http://www.mapblast.com)。Mapblast是微软公司推出的地图和驾车路线查询服务站点,查询美国、加拿大、欧洲的详尽地图和驾车路线信息,同时还提供世界地图集来查找世界上任何一个地方。可以检索澳大利亚、比利时、加拿大、丹麦、芬兰(只有赫尔辛基)、法国、德国、意大利、卢森堡公国、挪威(奥斯陆)、葡萄牙、西班牙、瑞典、瑞士、荷兰、英国和美国的街道(street)级地图,以及相互之间的驾车路线。输入所查地址的名称、所属州市和国家就可获得地图,显示的地图可以放大、缩小、打印和E-mail发送。

④MapQuest(http://www.mapquest.com)。MapQuest是由Geosystems Global公司于1996年推出的交互地图站点,后改名为MapQuest.com,目前隶属于美国在线公司,提供地图、驾车路线和地址信息的查询服务,有三个服务入口。

a. Find it:通过直接在检索文本框中输入企业名称或者所属种类,以及所在城市、州或者邮政编码来查找其位置。也可逐层浏览其分类目录获取所需细类,然后再输入所在城市、州和邮编来检索。另外,可查询所在位置的周边环境和附近的公共事业信息。

b. Maps:查询全球多个国家的城市地图,美国1 000多个城市地图。

c. Directions:查询北美、欧洲城市之间的驾车路线。

(3) 图像查询搜索引擎。

万维网上的图像信息有多种形式,如图像、图形、位图、动画和影像等。对于这些信息的查找,我们可以利用一些综合性搜索引擎的图片检索功能,例如Yahoo!、百度、Google、LyCOS、AltaVista等。也可以访问一些专业的图形图像资料库、俱乐部网站,它们往往具有数量可观的各种图像资料,并且有本站内部的分类目录和搜索引擎,如知名的NIX(美国航空航天总署图片交流中心)、Smithsonian图片数据库等。此外,还出现了一些专门的图像搜索引擎,本书主要介绍以下三种。

①WebSeek(http://persia.ee.columbia.edu:8008)。WebSeek是由哥伦比亚大学研制的一个基于内容的图片和影像检索工具,采用了先进的特征抽取技术,至2005年年初,已经

收录66多万幅图片和影像片段。用户界面直观，操作简单，查询途径丰富，结果输出画面生动，支持用户直接下载信息。提供主题目录浏览检索和关键词检索两种方式。主题目录按照（a~z）顺序分为下列16个大类：Animals、Architecture、Art、Astronomy、Cats、Celebrities、Dogs、Food、Horror、Humour、Movies、Music、Nature、Sports、Transportation和Travel。每一大类下又细分为若干小类，一般为3~4级类目，最后一级为图片/影像。关键词检索只需在主页的检索文本框中输入一个表示所检图片/影像的主题的单词即可。"检索范围"选项包括Videos（影像）、Colorphotos（彩图）、Grayimages（灰度图）、Graphics（图形）、All（所有范围）5个选择。在检索结果页面，可利用任一图片/影像的颜色在所列图片/影像中或者整个WebSeek的数据库进一步检索，也可对某一图片/影像进行颜色等方面的调整后，再重新检索。

②QBIC（http://www.qbic.almaden.ibm.com/）。QBIC（Query By Image Contem）是IBM公司推出的图像和动态影像查询系统，主要为IBM的DB2大型数据库提供图像检索功能，并支持基于Web的图像检索服务。可以按照图像的颜色、灰度、纹理和位置等信息进行检索，检索提问式要求以图像方式表达。可利用系统提供的范图、自己绘制的简图或者扫描输入的图像来进行相似性查找，也可从颜色、纹理和轮廓结构列表中选取所需图像的类似信息进行检索。影像检索的时候可以从影像片段和前景中运动的对象进行检索。QBIC除了上述的基于内容特征的检索外，也可辅以文本查询手段，如图像的作者、标题、内容描述等。

③图像词典（中文）（http://ch.gograph.com/）。图像词典是一个多语言、多类别网上图像搜索引擎，以中、英、法、德、挪威、意大利、西班牙和葡萄牙8种文字显示。在中文界面下，大量的图像被划分为动态图像、艺术剪辑图、图标、照片、壁纸、界面、背景、成套图像共8个大类和若干细类。提供关键词检索和主题目录浏览检索两种方式。检索结果不仅显示图片，而且显示图片的作者、下载次数、使用者投票率、格式、大小、分辨率、价格等信息。图像词典的英文网址为http://www.gograph.com。

第 5 章

中文文献信息检索

5.1 传统式文献信息检索与计算机检索系统概述

5.1.1 传统式文献信息检索

1. 传统式检索的意义和作用

在文献信息检索活动中,传统式检索就是利用手工进行检索。手工检索是最基本、最常用的方式,简称手检。手工检索方式具有悠久的历史,可以说手工检索工具一经问世,就随之出现了手工检索方式。手工检索在历史上相当长的时期内曾是唯一的检索方式,机械化检索方式的产生未能动摇它的地位,即使是在具有无比优越性的计算机检索方式和光盘检索方式发展起来后,也不能完全替代手工检索。手工检索作为一种重要的检索方式,将与自动化检索长期共存,互为补充,并在文献信息检索中发挥不同的作用。

从检索原理看,手工检索与自动化检索是基本一致的,而且自动化检索就是在手工检索的基础上发展起来的。所以,目前世界许多著名的检索工具在出版发行时,印刷型、磁带型、缩微型和光盘型同时发行。印刷型、磁带型和缩微型是用于手工检索,光盘用于自动化检索。而且存储在印刷型、磁带型和光盘型等检索工具内的文献摘要完全相同,只要查其中之一,就可获取所需信息。如美国的《工程索引》和《化学文摘》、英国的《科学文摘》都是这样。

从检索效果看,计算机能检索到的文献,手工检索也能查到;而手工能检索到的文献,计算机不一定能查的到。这是由于目前的计算机功能尚不能达到与人类大脑完全相同的功能。计算机只能机械地执行人们给予的检索指令,不具备人类的思维和应变能力,不会自觉地修改和完善检索策略,一旦检索提问式中所提到的各项检索词被否定,那么,检索结果就趋于零。而检索提问式的编写因人而异,不一定那么恰当合适,稍有出入即被否定。准备很久的提问被否定,不仅浪费人力物力,而且很易产生误检和漏检,造成不应有的损失。而手工检索是人直接查阅检索工具,在查阅的过程中,可以边看边思考,还可以从相邻专业的文献线索中,从相类似的工艺设备和工艺流程的文献线索中,参考启发,从中受益,并能随时修改检索方案,改变检索方法和途径,更换检索工具直至检索到对口的文献为止。

从用户方面看,由于我国的许多文献用户已熟悉和习惯了手工检索方式,计算机检索和光盘检索等自动化检索因受条件限制还未完全普及,所以他们对手工检索产生了一定的依赖性。手工检索非常适合中小型课题的检索。因为大量的、普遍的科研课题是属中小型的,手工检索也非常适合中小城市的文献信息用户,因为那里目前使用的计算机检索系统、光盘检索系统和网络检索系统还不完备。

根据目前的条件,检索手段先进的国家,如美国、英国、德国、日本等,手工检索仍占有一定的比重。我国要想在短时期内,在城乡各地都建立大量的计算机及网络检索系统,形成计算机检索、通信线路、终端设备等组成的全国性联机检索网络,不仅人力、财力不足,而且设备、技术也有困难。手工检索和计算机检索的基本原理相同,学习和掌握手工式检索工具,也就为计算机检索打下了基础。

2. 传统式检索的优缺点

(1) 手工检索的优点主要表现在以下方面:

①查准率较高。手工检索是检索者与检索工具的直接"对话",检索时可同时进行文献选择,能够随时排除不适用的文献线索。

②检索年代长。国内外许多历史悠久的检索刊物只是近年来才出版有机读磁带、光盘等,以前的文献只有通过手检才能获得。

③检索方法灵活。检索时可根据文献信息需求的特点,及时修改检索策略,改变检索方法,更换检索工具,扩大或缩小检索范围。

④检索机会多。各类型图书馆、信息机构均能够进行手工检索。这些图书馆和信息机构一般都建立了自己的检索系统,便于获取原文。

⑤检索费用少。通过图书馆、信息机构手工代检课题费用极低,若文献信息用户自己检索则一般不需付费,比较经济。

⑥简单易学。不需要繁杂的手续,容易掌握检索规律,一般的文献信息用户都可以学会并可以在图书馆、信息机构独立检索。

(2) 手工检索的缺点主要表现在以下几方面:

①查全率低,容易漏检。

②不适宜大规模的回溯检索。

③不适宜针对课题进行定题检索。

④不能同时进行多途径检索。

⑤不便于进行逻辑运算和概念组配。

⑥检索范围受国家和地域限制。

⑦检索工具保管时占空间较大。

⑧检索工具容易缺期、损坏,不利于检索。

⑨检索速度慢、效率低。

⑩检索工作量大,容易影响检索者的情绪。

5.1.2 计算机检索系统

1. 计算机检索系统的构成

计算机信息检索是借助检索终端通过通信网络与联机情报检索中心的中央计算机联机来进行情报信息检索的。因此,一个联机信息检索系统应该包括检索终端、通信系统及联机信息检索主系统三个部分。

(1) 检索终端。

它是用户与信息主系统的中央计算机进行"人—机对话"的设备。用户利用终端计算机向中央计算机发送检索系统约定的指令或信息语言,中央计算机的响应也即时反馈到终端上来,比较常见的终端设备有以下三种。

①屏幕显示终端。这种终端由一个键盘和一个显示屏幕组成,可以带一台打印机,数据通过键盘发送,同时显示在屏幕上或打印到记录纸上,中央计算机的响应也显示在屏幕上,打印在记录纸上。

②微机终端。配上一定的通信软件,就可以将微机作检索智能终端。检索时数据通过键盘发送,也可预先存入内存或外存设备,由微机直接发送显示。

③电传终端。普通的电传机也可作检索终端,其操作与一般电传发送相同。

目前在我国,一般都用微机终端来进行检索。

(2) 通信系统。

通过通信网络与中央计算机联机。联机检索的通信系统,一般包括通信线路、自动呼叫应答机、调制解调器、通信控制器和多元化装置等设备。其中,通信线路及调制解调器与用户有着密切的关系。

①通信线路。一般来说,联机检索在本国部分的通信往往采用电路线路,仅仅在国与国、洲与洲之间的远程通信才采用卫星信道或海底电缆线道。

过去国内联机检索的通信线路一般都采用专用线或公用电话线,通过这些专线或电话线连接国外通信网络节点。一般专用线路质量好,使用方便,但租赁费用昂贵。公用线路使用费用便宜,但使用质量不稳定。目前,随着 Internet 在我国的发展以及国内科研网、教育网等众多网络的兴起,联机检索的通信途径将越来越多样化。

②调制解调器。它是实现远程通信的重要设备。它的基本功能是将数据源送来的信号变成音频信号,同时将线路接收的音频信号变换成串行的数字信号,并传送给数据接收器。

(3) 联机信息检索主系统。

①主机。它是检索系统的核心部分,包括软件、硬件两个部分。硬件是指主机(服务器)系统的实际、有形、耐用的部件,由电器、机械及其他有关器件组成。其中影响检索系统功能的是 CPU 的运算速度、内外存容量。

②计算机软件。由系统维护软件与检索软件构成。系统维护软件,如数据库管理程序、词表管理程序等,可对整个检索系统进行管理和维护,其作用是保障检索系统的高效正常运转。检索软件是用户与系统的界面,用户通过检索软件进行检索,检索软件功能的强弱直接

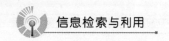

影响着检索效果。

③数据库。检索系统中的数据库，可简单定义为一个或多个机器可读的，并按一定方式编制而成的记录的集合。大数据库中的子数据库也称文档。数据库可分为文献型、事实型、数据型、全文型和超文本型5种。

2. 计算机检索数据库的类型和结构

（1）计算机检索数据库的类型。

数据库是整个信息检索系统的信息集合，具有一定的组织方式，可供存、取和共享是其三要素。为了便于管理和处理这些数据，当数据存入数据库时，就必须具有一定的结构和文件组织方式。这样就可以为多种用户反复使用，达到数据共享的目的。计算机信息检索数据库类型的划分有多种标准，这里以图书情报界大多从记录形式的角度将数据库分作如下几种。

①文献型数据库。存储的是二次文献，包括文献的外部特征、题录、文摘和标引词等，是传统情报检索的主要对象，查询的是文献的线索和文摘而非文献本身。

②事实型数据库。存储的是完整的、经过加工的事实，如标准、方案、机构、技术等。

③数据型数据库。存储的是具体的数据，如气象、工程、化验、设备的各项参数等，欧洲情报界常把事实型与数据型数据混为一谈。

④超文本型数据库。它是多媒体技术在信息检索中应用的一种形式。这种数据库通过计算机技术，将声音、图像和文字有机地结合在一起，当需要对数据库中某项信息中某段多媒体形式的信息展示时，只要启动某一功能键，就可以得到相应的音、像、图及文字信息。

⑤全文型数据库。它是近年来计算机存储技术发展的结果，其数据库存储的是文献本身。再加上功率强大的通信技术的不断革新，有力地推动了信息检索技术的进步。近年来Internet技术的迅猛发展，使人们可以直接联机访问的信息量空前丰富。人们越来越需要能够快速和准确定位所需信息的检索工具，而全文信息检索系统能有效地查找用户有兴趣的项目，具有较高的查全率和查准率，因此得到广泛的应用，成为联机检索的一个重要趋势。已经有许多商业系统采用全文信息检索技术来实现对各种形式全文数据库的信息检索。

全文检索以全文数据库存储为基础。所谓全文数据库即是将一个完整的信息源的全部内容转化为计算机可以识别、处理的信息单元而形成的数据集合。而且，全文检索系统还必须对全文数据库进行词、句、段落等更深层次的编辑、加工，同时，允许用户采用自然语言表达，借助截词、邻词等匹配方法直接查阅信息原文。

（2）计算机信息检索系统数据库的结构。

数据库主要部分是一系列的记录所组成的文档，每条记录均由不同的数据项目（也称字段）构成，每一个数据项目中所含的真实数据叫数据值，简称数据。但是，在具体操作一个计算机检索时，不易直观地从终端看到主系统数据库的结构，因此，下面主要讲数据库数据的记录格式和文档结构，使用户对检索对象有深入全面地了解。

①检索系统存取号（Accession Number）。这是计算机信息检索系统为数据库的每一条记录规定的能被计算机识别的特定号码。在同一数据库中，每篇文献记录只有一个存取号，一般来讲，存取号由 6~9 位数字组成，出现在每条记录的左上角（或左边）位置。

②基本索引字段（Basic Index Fields）。它指那些用来表达记录的内容特征的字段。一般来讲，主要有以下 4 种字段：

a. 篇名字段（Title Field）。也称题名字段，这一字段描述了该记录的名称，如文献篇名、公司名称、化学物质名称。

b. 文摘字段（Abstract Field）。这一字段表示该记录主题内容的简明提要，通常出现在书目型数据库的记录中。

c. 叙词字段（Descriptor Field）。这一字段中标引了有关该记录主题的叙词或其他规范词，这些词都是由文献标引人员根据原始文献主题内容标引的能够表达文献主题内容的规范化语词，这些规范词都收集在相应的词表中，如 INSPEC 数据库有相应的叙词表。

d. 自由标引词字段（Identifier Field）。这类词是由标引人员根据原始文献的主题内容标引能够表达文献主题内容的词，但它们不是规范词，因而不一定出现在规范词表中。这类词相当于一般所说的关键词。

基本索引字段中的题名、文摘、正文、叙词、自由标引词等字段，从不同角度表达了该记录的主题内容。一般来讲，叙词字段和自由标引词字段是标引人员经过主题分析按照一定的情报检索语言规范标引的，所以通常都有确切的概念含义，能表达确切的主题内容。而题名、文摘或正文等字段都是用自然语言对记录主题内容的描述，这些字段在整体上或许可以表达原始信息的主题内容，而其中的某一个词则不一定能够确切表达记录的主题内容。

所以我们从主题途径检索时，最精确的办法是从叙词或自由标引词字段中查找具有该主题内容的记录，而从题名、文摘或正文字段中查找则容易误检。

③辅助索引字段（Additional Index）。辅助索引字段主要是一些表达文献外表特征的字段。例如，作者字段（AU＝）、期刊名称字段（JN＝）、出版年份字段（PY＝）、语种字段（LA＝）等等。在计算机信息检索中，辅助索引一般不能单独用来检索，它们常与基本索引使用配合，起限定检索范围的作用。

④文档结构。前面介绍了一条记录的格式和组织。我们知道，记录组成文档，它是文档的基本单位。但是分散的杂乱无章的记录不能直接用来检索，还必须对这些记录进行合理的组织，建立几个相关文档，构成相应的数据库。通常一个数据库包括顺排文档和倒排文档。

a. 顺排文档。将数据库的全部记录按存取号的大小排列而成的文献记录集合，就构成了数据库的顺排文档。这种文档中的所有文献记录之间的关系不用链指示而按顺序排列，所以对它只能按顺序查找，而不能进行有选择性的查找。计算机必须将整个文档从头到尾扫描一遍，才能将所有含有该主题的文献找出来。这种查找方法不很经济，因此除了顺排文档之外，还要建立一种按记录的文献特征标识（如叙词、关键词、著者、篇名等）的字顺排列文档，我们将这种文档称为倒排文档或索引文档。

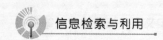

b. 倒排文档。倒排文档与顺排文档相反，它不是以记录存取号的顺序排列的，而是将记录的特征标识（如主题词，著者等）放在前面，将所有含有此标识的记录存取号列在其后（即按文献属性列出具有同一属性的所有记录），然后将所有的主题性和非主题性的特征标识分别集中起来按顺序排列。其结构中一般都包含基本索引倒排文档和辅助索引倒排文档。

基本索引倒排文档就是从数据库全部记录的基本索引字段中，抽取全部单词和标引的多元词词组，按一定顺序排列而成的一个倒排文档。在基本索引倒排文档中，基本索引单元按字母顺序排列，每个索引单元后面都标有相应的存取号和字段位置标识符。检索中，计算机就根据这些存取号和字段位置标识符去识别索引单元所处的具体记录和字段位置。如果文档中的基本索引单元同时出现在不同的记录、同一记录的不同字段或同一字段的不同位置，这样的索引单元在文档中标引一次，但同时标引出相应的存取号和字段位置标识符。

辅助索引倒排文档就是抽取辅助索引字段中的单元词、多元词，数字式代码加上相应的辅助索引字段前缀代码，组成一个按字段前缀代码的字母或数字顺序排列的倒排文档。在辅助索引文档中，每个辅助索引单元后面只标上相应的存取号，没有字段位置标识符。同样，如果索引单元同时出现在不同记录中，则此单元在文档中只标一次，再将相应的存取号按大小顺序标引在此单元后面。

事实上，在实际的检索系统中，为了提高检索速度，经常把上述的索引倒排文档拆成两个文档——索引词典文档和存取号倒排文档。因此，在许多计算机信息检索系统中，每个数据库实际存在五个相关文档：文献记录顺排文档；基本索引词典文档；基本索引存取号倒排文档；辅助索引词典文档；辅助索引存取号倒排文档。利用这些文档，查找文献就比较方便了，使得整个查找过程高效而有序。

5.2 中国知识基础设施工程

随着互联网的高速发展，国内网络数据库的发展非常迅速。新出现了非常多的网络数据库供我们来查找各种类型的中文信息资源。

5.2.1 中国知识基础设施工程概述

中国知识基础设施工程（China National Knowledge Infrastructure，CNKI）是以实现全社会知识信息资源共享为目标的国家信息化重点工程，被科技部等五部委确定为"国家级重点新产品重中之重"项目。

CNKI 于 1995 年正式立项。CNKI 集团经过 8 年努力，采用自主开发并具有国际领先水平的数字图书馆技术，建成了世界上全文信息量规模最大的"CNKI 数字图书馆"，涵盖了我国自然科学、工程技术、人文与社会科学期刊、博硕士论文、报纸、图书、会议论文等公共知识信息资源；用户遍及全国和欧美、东南亚、澳洲等各个国家和地区，实现了我国知识信息资源在互联网条件下的社会化共享与国际化传播，使我国各级各类教育、科研、政府、企业、医院等各行各业获取与交流知识信息的能力达到了国际先进水平。

CNKI 是牵动全社会知识信息资源共建共享的浩大信息化工程，广泛涉及全国传统出版物与非出版物、音像电子出版物资源的数字化建设与网络出版、全球互联网资源的专业化整合、多媒体教育教学资源库的研制、信息资源共享技术开发，以及网络会议、网络教学等资源交互式应用系统的开发等有关产业、技术、经济、法律诸多领域。它的长期建设构成了庞大的社会化生产与服务产业链。

5.2.2 中国知识基础设施工程网站收录内容

在浏览器地址栏键入 http：//www.cnki.net 即可进入中国知识基础设施工程（CNKI）网站，其界面如图 5-1 所示。如果不是 CNKI 的合法用户，则只能浏览该网站提供的免费信息。要成为合法用户，一种方法是需获得网上包库用户、CNKI 卡用户、编辑部用户、博士或硕士单位等任意一种登录账号即可。另一种方法是直接到当地 CNKI 镜像站点单位检索。通常建立 CNKI 镜像站点的单位有各大高校图书馆、公共图书馆、科技情报所等单位。

图 5-1 中国知识基础设施工程网站

CNKI 数字图书馆具有殷实的文献资源基础，共正式出版了 22 个数据库型电子期刊，CNKI 数字图书馆所囊括的资源总量达到全国同类资源总量的 80% 左右。在此基础上，CNKI

集团开发了大量用于教育教学的多媒体素材库和多媒体知识元库。

目前 CNKI 已建成中国期刊全文数据库（CJFD）、中国优秀博硕士学位论文全文数据库（CDMD）、中国重要报纸全文数据库（CCND）、中国重要会议论文全文数据库（CPCD）等超大规模数据库，在建设网络化知识信息传播服务体系等方面取得了重大成果。同时，在 CNKI 源数据库的基础上，CNKI 研制出了中国医院知识仓库（CHKD）、中国企业知识仓库（CEKD）、中国城市规划知识仓库（CCPD）等大型数据库。

下面对 CNKI 提供检索的部分数据库进行介绍。

1. 中国期刊全文数据库（CJFD）

中国期刊全文数据库是目前世界上最大的连续动态更新的中国期刊全文数据库，积累全文文献 800 余万篇，题录 1 500 余万条，分九大专题，126 个专题文献数据库。收录了国内自 1994 年至今公开出版的 6 100 多种核心期刊与专业特色期刊的全文。九大专题为：理工 A（数理化天地生）、理工 B（化学化工能源与材料）、理工 C（工业技术）、农业、医药卫生、文史哲、经济政治与法律、教育与社会科学、电子技术与信息科学。其产品形式主要有《中国期刊全文数据库（Web 版）》《中国学术期刊（光盘版）》（CAJ – CD）和《中国期刊专题全文数据库（光盘版）》。1994—2000 年的专题全文数据库已出版合订本，每个专题库 1 ~ 2 张 DVD 光盘。CNKI 网站及数据库交换服务中心每日更新，各镜像站点通过互联网或卫星传送数据也可实现每日更新，专辑光盘每月更新（文史哲专辑为双月更新），专题光盘年度更新。

（1）中国期刊全文数据库具有以下特点：

①海量数据的高度整合，集题录、文摘、全文文献信息于一体，实现一站式文献信息检索（One – stop Access）。

②参照国内外通行的知识分类体系组织知识内容，数据库具有知识分类导航功能。

③设有包括全文检索在内的众多检索入口，用户可以通过某个检索入口进行初级检索，也可以运用布尔运算符等检索方式进行高级检索。

④具有引文连接功能，除了可以构建相关的知识网络外，还可用于个人、机构、论文、期刊等方面的计量与评价。

⑤全文信息完全的数字化，可实现期刊论文原始版面结构与样式不失真地显示与打印。

⑥数据库内的每篇论文都获得电子出版授权。

⑦多样化的产品形式，及时的数据更新，可满足不同类型、不同行业、不同规模用户个性化的信息需求。

（2）中国期刊全文数据库除了可用于信息检索、信息咨询、原文传递等常规服务外，还可用于以下一些专项服务。

①引文服务，生成引文检索报告。

②查新服务，生成查新检索报告。

③期刊评价，生成期刊评价检索报告。

④科研能力评价，生成科研能力评价检索报告。

⑤项目背景分析，生成项目背景分析检索报告。

⑥定题服务，生成 CNKI 快讯。

2. 中国优秀博硕士学位论文全文数据库（CDMD）

中国优秀博硕士学位论文全文数据库是目前国内相关资源完备、收录质量高、连续动态更新的中国博硕士学位论文全文数据库，至今已完成2000—2003年80 000余本论文集的数据加工与入库。每年收录全国300家博硕士培养单位的优秀博硕士学位论文28 000余篇。覆盖范围有理工A（数理化天地生）、理工B（化学化工能源与材料）、理工C（工业技术）、农业、医药卫生、文史哲、经济政治与法律、教育与社会科学、电子技术与信息科学等。产品形式主要有Web版（网上包库）、镜像站版、光盘版、流量计费四种。该数据库主要应用于：帮助研究生确定论文的选题和研究方向，以避免与他人研究工作发生不必要的重复；帮助教师从中选取研究生教育和本科生教育的教学参考资料；帮助科研人员了解有关课题的研究动态和借鉴有关的理论与方法；帮助研究生培养单位进行研究生教育的业务管理；帮助国家主管部门进行研究生教育的宏观管理与监控；帮助企业单位及早发现研究生的创新成果，并使之转化为创新产品。

3. 中国重要报纸全文数据库（CCND）

中国重要报纸全文数据库是目前国内少有的以重要报纸刊载的学术性、资料性文献为收录对象的连续动态更新的数据库，目前已累积文献210余万篇。收录2000年6月至今国内公开发行的400多种重要报纸，每年精选80多万篇文献。覆盖范围为文化、艺术、体育及各界人物、政治、军事与法律、经济、社会与教育、科学技术、恋爱婚姻家庭与健康等。共分六大专题，36个专题数据库。该数据库主要应用于：科技与社会发展动态信息查询；自然科学与社会科学学术信息检索与原文提供；自然科学与社会科学基础知识普及教育与传播；与CNKI的其他数据库一起，提供不同类型的管理与评价工具；为数字图书馆、数字档案馆建设提供重要的信息资源。

4. 中国重要会议论文全文数据库（CPCD）

中国重要会议论文全文数据库收录我国各级政府职能部门、高等院校、科研院所、学术机构等单位的会议论文集。内容覆盖理工、农业、医药卫生、文史哲、经济政治法律、教育与社会科学综合等方面。现已收录1998年至今的1 000多本论文集的近10万篇论文及相关资料。覆盖范围有理科A（数理化天地生）、理工B（化学化工能源与材料）、理工C（工业技术）、农林、医药卫生、电子技术与信息科学、文史哲、经济政治与法律、教育与社会科学等。

5. 中国医院知识仓库（CHKD）

中国医院知识仓库是中国知识基础设施工程的重要知识仓库之一，是为我国各级各类医院（包括综合、专科、中医、卫生防疫等医疗卫生机构）的信息化建设而设计的大型全文知识仓库。该知识仓库的文献来源包括期刊（700多种医药类专业期刊及2 300多种非医药类期刊所提供的文献）、报纸（280多种专业报纸及与其相关的其他报纸）、医学博硕士论文、我国重要的医药卫生会议论文以及部分医药卫生类工具书、教材等。首次推出的CHKD收录了1994年至今的各类医学文献160多万篇，内容全面、实用，涵盖了基础医学、临床医学、中国医学、诊疗技术、特种医学（如军事医学、航海医学等）、预防保健、药学、医疗器械、管理、医学教育等医药卫生各个领域。围绕循证医学新概念的确立，CHKD 在临床医学专题库中专门增设了"循证医学"这个特色栏目，充分满足医务工作者为适应经验医学向循证医学转变所需的知识信息。产品形式主要有光盘版和网络镜像数据库两种。

6. 中国企业知识仓库（CEKD）

中国企业知识仓库是由国家新闻出版总署正式批准，以期刊方式出版的大型知识库。CEKD 收录国内 5 400 余种核心与专业特色期刊、博硕士论文、报纸、行业标准、法律法规、行业经济数据统计、行业深度研究报告、技术发展动态、国外经济发展动态等信息，涵盖企业技术创新、经营决策、企业管理、WTO、行业动态等专业资料信息。以 Web 和光盘版的形式公开发行，每日更新约 1 000 条，月更新约 5 万条，总数约为 300 万条。主要面向企业中高级管理人员；技术研发、市场拓展与销售人员；各行业信息中心、企业咨询公司、情报所、城市规划单位、政府经营管理决策部门的研究人员；各大专院校，研究院的市场研究、经济研究、现代企业研究的科研人员，社会各行业阶层关注市场发展最新行情的一般人员等。下面介绍部分该知识仓库的知识库。

①企业管理创新知识库：该知识库专为企业各职能部门不同层次人员设置 CEO、CFO、COO、CIO、CTO、CGO、CMO、CHO、SALES 9 个栏目，及企业战略决策、资本运营、人力资源管理、技术创新、企业认证与质量管理、电子商务与网络营销、信息与知识管理、项目管理、国际竞争与 WTO、企业案例库、西部大开发等 27 个子栏目。每日更新量千条以上，使企业管理领导层实现足不出户、运筹帷幄，鼠标点击、决胜千里的夙愿。

②行业技术创新知识库：该知识库设置了信息产业、电力能源工业、城市规划与建设、石油与化工、冶金机械制造业、环保产业、电子与电器、轻工纺织、交通与运输、房地产业、航空航天等 11 个栏目，是各行各业的企业专业技术人员进行技术革新，学习技术知识的在线宝典。

7. 中国城市规划知识仓库（CCPD）

中国城市规划知识仓库是报批住建部（原建设部）发文立项的信息技术研究开发示范项目，由清华同方光盘股份有限公司与中国城市规划设计研究院联合承担，目的在于为广大的城市建设行业人员提供全面、权威的专业资料，使行业内部实现标准化管理，有效利用行业信息资源，提高行业城市建设信息化水平。CCPD 收录了 1994—2002 年国内 400 余种期刊、博硕士论文、报纸、优秀设计成果、行业年鉴、行业标准、法律法规、行业通信、国外期刊、技术发展动态等信息，以不同的用途划分为规划设计、城建管理、监理、施工等专题，并配备了专业的知识服务队伍，以实时的内容更新服务于城建行业。CCPD 检索速度快，能进行跨库检索，可进一步开放至 Internet，实现资源共建共享。CCPD 可自行添加其他"知识仓库"，具有检索结果批处理功能，能够预留引文连接入口和作者 E-mail 入口，可进行在线学术交流。

在以上介绍的数据库产品当中，部分数据库是免费的。对于这些免费数据库，用户单击主页上的"免费资源"链接即可进入如图 5-2 所示的免费资源选择页面。

图 5-2　中文科技期刊数据库免费资源页面

5.2.3　中国知识基础设施工程检索

对于第一次使用 CNKI 数字图书馆的用户，须做以下事情：下载 CAJ 全文浏览器或 Acrobat 浏览器，有其中任何一个浏览器即可。用户可到 http://www.cnki.net 主页上载最新版的 CAJ 全文浏览器或 Acrobat 浏览器，因为 CNKI 数字图书馆的文献资源为 CAJ 和 PDF 两种格式，用户可以选择任意一种。如果是 CNKI 卡用户，第一次购卡时还需要注册开户。

要使用好 CNKI 数字图书馆的数据库，首先要学会怎样检索和如何处理检索结果。检索是通过各种途径发现、查找所需知识的过程；检索结果的处理是获取所需知识的行为。使用数据库的过程包括检索过程和检索结果的处理过程。

CNKI 数字图书馆提供多种检索方式，包括：

①导航检索：从导航目录，一步一步进入下一级目录，直达用户所需要的内容。

②主题词检索：选择一定的检索途径，输入相应主题词，检索得到结果。

③二次检索：在执行完第一次检索操作后，如果觉得检索结果范围较大，用户可以在此基础上多次执行二次检索，以便缩小检索范围，逐次逼近检索结果。

④高级检索：通过逻辑关系的组合进行快速查询方式。本检索方式的优点是查询结果命中率高。对于命中率要求较高的查询，建议使用该检索系统。

⑤检索途径：CNKI 数据库提供了若干检索途径，如标题检索、关键词检索、摘要检索、作者检索、期刊（报纸、论文）名称检索等。通过多种检索途径，找到了大量的内容后，用户就需要对检索到的内容通过浏览器进行浏览、下载、摘录、复制、取图、打印等。

⑥浏览：选择浏览的文章，点击下载全文，选择在当前位置打开，直接浏览全文。

⑦下载：选择下载的文章，点击下载全文，选择存盘，则内容保存在你的计算机里。如果你已经在浏览全文，则在上方直接点击保存即可。

⑧打印：单击浏览器工具栏中的打印机图标即可。

⑨摘录：单击浏览器工具栏中的图标，用鼠标选中你所需要的文章内容，复制粘贴到文本编辑器（如 Word 等）。

⑩取图：单击浏览器工具栏中图标，框选所需要的图片、图表或公式，复制粘贴到 Word、图片编辑器处理或其他系统中。

⑪OCR 识别：部分文章为扫描版，要将扫描处理的内容转为文本内容，需单击鼠标右键，选择文字识别功能，即可将扫描的文字转化为文本进行再编辑处理。

5.2.4　中国知识基础设施工程检索步骤

CNKI 检索系统中的全文检索系统深受用户欢迎，在这里以中国期刊全文数据库为例来说明其检索步骤。

（1）通过 http：∥www.cnki.net 或者进入购买了中国期刊全文镜像站的单位所建立的网页登录检索系统。

（2）登录全文检索系统后，系统默认的检索方式为初级检索方式。如果要选择高级检索，可在主页左侧导航栏中的页面转换工具条中进行选择。

（3）选取检索范围。

①在主页左侧导航栏中的目录导航工具条中进行选择。

②双击专题查看下一层目录，同样步骤操作，直到找出所需的检索范围。在要选择的范围前单击选定，然后单击"检索"按钮。有时课题存在跨学科的问题，所以在进行课题检索时，为了保证查全率，最好在总目录下进行检索；如果强调查准率，则可以选择相关目录。

（4）选取检索字段。在字段的下拉框里选取预检索字段，这些相关字段有篇名、作者、关键词、机构、中文摘要、引文、基金、全文、中文刊名、年期。通常以使用篇名和关键词为多，对于有特别要求的用户，可选择其他相关字段进行检索。

（5）输入检索词。在检索词文本框里输入关键词。

（6）进行检索。单击"检索"按钮进行检索或单击"清除"按钮清除输入，在页面的右侧上部浏览窗口列出检索的题录形式，下部细阅窗口列出选中文献的文摘形式，如图 5-3 所示。

在下部细阅窗口文献的著录格式中，文献的出处部分为超级链接，双击后可得到该期刊本期所有文献的内容。在浏览窗口的下部可以进行二次检索，在当前检索结果中缩小范围，再一次进行检索下载原文。

（7）单击"原文下载"即可打开"文件下载"对话框，用户可以选择在当前位置打开该文件或进行保存。然后再利用 CAJ Viewer 进行全文阅读、打印和复制。高级检索过程与初级检索过程相似，只是检索界面稍有区分。高级检索界面提供两个检索框，能进行快速准确的组合检索，如图 5-4 所示。

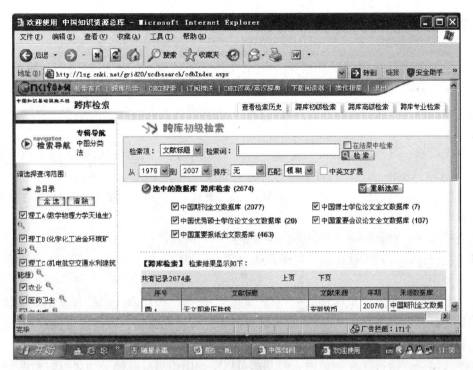

图5-3 中国期刊全文数据库检索结果页面

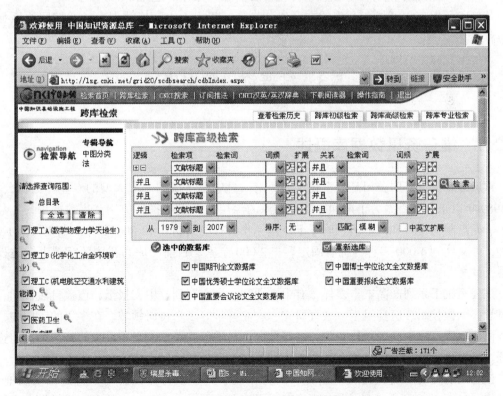

图5-4 中国期刊全文数据库高级检索页面

5.2.5 CAJ全文浏览器介绍

CAJ全文浏览器是中国期刊网的专用全文格式阅读器，它支持中国期刊网的".caj/kdh/nh/pdf"格式文件。它可以进行网上原文阅读，也可以阅读下载后的中国期刊网全文，并且它的打印效果与原版的效果一致，当然，用户必须具有浏览原文的权限。该浏览器的主要功能有：

①页面设置：可通过［放大］、［缩小］、［指定比例］、［适应窗口宽度］、［适应窗口高度］、［设置默认字体］、［设置背景颜色］等功能改变文章原版显示的效果。

②浏览页面：可通过［首页］、［末页］、［上下页］、［指定页面］、［鼠标拖动］等功能实现页面跳转。

③查找文字：对非扫描文章，提供全文字符串查询功能。

④切换显示语言：本软件除了提供简体中文，还提供了繁体中文、英文显示方式，方便海外用户使用。

⑤文本摘录：通过［鼠标选取］、［复制］、［全选］等功能可以实现文本及图像摘录，摘录结果可以粘贴到WPS、Word等文本编辑器中进行任意编辑，方便读者摘录和保存（适用于非扫描文章）。

⑥图像摘录：通过［复制位图］等功能可以实现图像摘录，摘录结果可以粘贴到WPS、Word等文本编辑器中进行任意编辑，方便读者摘录和保存（适用于非扫描文章）。

⑦打印及保存：可将查询到的文章以".caj/kdh/nh/pdf"格式保存，并按照原版显示效果打印。

5.3 维普资讯数据库

5.3.1 维普资讯数据库概述

重庆维普资讯有限公司是科学技术部西南信息中心下属的一家大型的专业化数据公司。自1989年以来，一直致力于期刊等信息资源的深层次开发和推广应用，集数据采集、数据加工、光盘制作发行和网上信息服务于一体，收录有中文期刊12 000多种，中文报纸1 000多种，外文期刊4 000多种，拥有固定客户2 000余家。目前已成为我国数字图书馆建设的坚强支柱之一。

该公司旗下系列产品丰富多样，有中文期刊、外文期刊、中文报纸，覆盖自然科学、社会科学、工程技术、医药卫生、教育研究、农业科学等多个科研领域。在多年的应用中，维普咨询数据库已成为我国科技查新、高等教育、科学研究等单位必不可少的基本工具和资料来源。

该公司的发展历史值得我们研究，因为在数字化建设方面该公司一直走在国内前列。1989年，成功开发了中文科技期刊数据库，收录期刊2 000余种，以软盘形式开始向全国用户发行，开创了我国信息产业数据库建设的先河；1992年，研制开发出我国第一张中文数据库光盘，同年也成功开发了中国科技经济新闻数据库；1994年，中文科技期刊数据库光盘由题录改为文摘版，收录期刊5 338种，年数据加工量达30万条；1996年，中文科技期刊数据库推出第6版检索系统，增加了同义词检索功能，查全、查准率大幅度提高，累积数据突破200万条；1997年，推出Windows单机版及Novell，Windows NT网络版检索系统；1999年，推出外文科技期刊数据库，汇集了1990年至今约290万条外文数据，涵盖理、工、农、医及部分社科专业；2000年正式推出中文科技期刊数据库（引文版），选择了核心和重要期刊近4 000种；2003年，数据量突破800万，与重庆尚唯信息技术有限公司合作，开发出了为医药卫生行业、基础教育行业量身定做的医用信息资源系统和中国基础教育信息资源系统。

目前，重庆维普资讯公司提供的数据库主要有以下几种。

1. 中文科技期刊数据库

该数据库是国内最大的综合性文献数据库之一，该产品源于重庆维普资讯有限公司在1989年创建的中文科技期刊篇名数据库，其全文和题录文摘版一一对应，经过多年的推广使用和完善，文摘版收录量巨大但索取原文烦琐的问题也得到了解决。全文版的推出迅速成为国内各省市高校文献保障系统的重要组成部分。

中文科技期刊数据库提供3种版本，即全文版、文摘版和引文版。

全文版：全文数据库收录了1989年以来的数据。数据来源于8 000余种期刊刊载的660余万篇文献，并以每年约100万篇的速度递增。整个数据库按照《中国图书馆图书分类法》进行分类，所有文献被分为7个专辑：自然科学、工程技术、农业科学、医药卫生、经济管理、教育科学和图书情报。专辑又细分为27个专题。

文摘版：中文科技期刊数据库（文摘版）源自中文科技期刊篇名数据库，是国内最大的综合性文献数据库，由重庆维普资讯有限公司从1989年开始建设，在1992年推出了世界上第一张中文光盘，同年获得国家科委科技进步二等奖，1993年获得国家科技进步三等奖。据1998年由中国科技信息研究所和北京大学等单位组织的"我国科技电子信息资源的开发和利用研究"显示，中文科技期刊数据库是使用频率最高的中文数据库。收录了8 000余种期刊的600余万篇文献，并以每年100万篇的速度递增。著录标准源按照《中国图书馆图书分类法》《检索期刊条目著录规则》《文献主题标引规则》进行著录。

引文版：中文科技期刊数据库（引文版）是由重庆维普资讯有限公司在多年的专业化数据库生产经验的基础上开发的又一新产品。该库可查询论著引用与被引情况、机构发文量、国家重点实验室和部门开放实验室发文量、科技期刊被引情况等，是科技文献检索、文献计量研究和科学活动定量分析评价的有力工具。所收录数据来源包括1990年至今公开出版的科技类期刊5 000多种，其中包括《中文核心期刊要目总览》中的核心期刊1 500余种。

2. 外文科技期刊文摘数据库

重庆维普资讯有限公司联合了国内数十家著名图书馆，以各自订购和收藏的外文期刊为依托，于1999年成功开发出外文科技期刊数据库（文摘版）。该数据库的推出满足了国内科研人员对国外科技文献的检索需求，同时还提供文献的馆藏单位及联系地址，让用户可轻松获得外刊原文。该数据库收录了1990年至今的250多万条外文数据，涵盖理、工、农、医及部分社科专业资源。

3. 中国科技经济新闻数据库

中国科技经济新闻数据库是国内第一个电子全文剪报产品，曾荣获1994年四川省科技进步二等奖和1994年重庆市科技进步二等奖。该数据库集系统性、新闻性、实用性和情报检索的专业性于一体，使传统传媒的信息资源得到充分的利用，受到普遍欢迎和广泛应用，成为科研人员课题查新、科研教学、企业决策和获取竞争信息的重要工具之一。该数据库收录范围源于1992年至今的400多种中国重要报媒和5 000多种科技期刊，累积数据量达100多万条，并以每年15万条的速度更新。全面覆盖各行各业（工业、农业、医药、经济、商业等）科研动态、企业动态、发展趋势、政策法规等方面的信息资源。依照《中国图书馆图书分类法》，资源被分为9个专辑：科研、工业A、工业B、工业C、农业、医药、商业、经济和教育。专辑又细分为23个专题。

4. 其他

重庆维普资讯公司依托自身的资源，还为广大用户提供中国基础教育信息资源系统、维普医药信息资源服务系统等新产品。

5.3.2 维普资讯数据库检索途径

维普的中文科技期刊数据库深受用户的好评，所以本书主要介绍该数据库Web版的检索。

通过网址http://www.tydata.com进入中文科技期刊数据库检索系统以后，即会出现如图5-5所示的中文科技期刊数据库的主界面。该界面简洁、紧凑、功能集中。

在该网站上，中文科技期刊数据库提供5种检索使用方式："首页上的关键词检索方式""传统检索方式""分类检索方式""高级检索方式"及"整刊检索方式"。

1. 首页上的关键词检索方式

"首页上的关键词检索方式"入口位于首页的正中央，用户只需直接在输入栏中键入检索条件，即可检索出所需要的结果，实际检索方式是对索引的任意字段检索。

（1）在IE浏览器中输入网址http://www.tydata.com就可以进入检索的主界面，如图5-5所示。

（2）输入账号和密码，单击"登录"按钮，如果未输入账号，则只能检索相关的题录信息。

（3）检索数据。在检索框内输入需要的关键词，单击"搜索"就可以检索数据库全部数据。

2. 传统检索方式

"传统检索"入口位于首页的中下方，单击中下方"传统检索"进入传统界面进行检索。"传统检索"的主界面如图5-6所示。具体检索步骤如下：

图 5-5　中文科技期刊数据库主界面

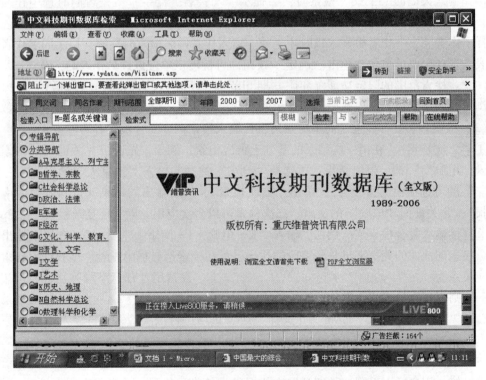

图 5-6　中文科技期刊数据库"传统检索"界面

(1) 选择检索入口（图5-6）打开检索界面，会看到左边的窗口。单击下拉菜单，里面有9种检索字段可供选择，包括"关键词、刊名、作者、第一作者、机构、题名、文摘、分类号、任意字段"，其中"任意字段"检索是指在所有字段内检索。选定某一检索字段后，可在检索输入框输入检索词，单击"检索"按钮后，即实现相应的检索。字段名前的英文字母为检索途径代码，在复合检索中将要用到。如 K 代表关键词、T 代表题名等。这些代码可直接加在检索标识前进行相应的字段限定，如"K=线粒体"表示在关键词字段中检索"线粒体"。

（2）限定检索范围（导航树学科范围、年限、期刊范围及同义词库、同名作者库）。界面右方的窗口是中文科技期刊数据库学科分类导航和刊名导航系统。学科分类导航是树形结构的，参考《中国图书资料分类法》进行分类。选中某学科类别后，任何检索都局限于此类别以下的数据。右方是学科分类导航的图例，图中选择根目录下的"自然科学"一级类，展开后再选"数理科学"二级类，那么检索范围就局限于"数理科学"类别的信息。直接点击最底层类别就可以在概览区域中直接显示出该类别的记录。期刊范围默认为全部期刊，可选择只检索核心期刊。同义词库功能只有在选择了关键词检索入口时才生效，默认为关闭，选中即打开。

同义词库的使用步骤如下。

①进入中文科技期刊数据库的检索界面，在其左上角，有"同义词"复选框，在框内单击即可选中。②在"检索入口"选项内，选"关键词"。③在检索框内输入关键词。④如果同义词表中有该关键词的同义词，系统就会显示出来，让用户决定是否也用这些同义词检索。例如输入关键词"土豆"检索时，会提示"马铃薯、洋芋"等是否同时选中作为检索条件，从而可提高检索的查全率。同名作者库功能与上类似，默认关闭，选中即打开。只有在选择了作者、第一作者检索入口时才生效。输入作者姓名检索时系统会提示同名作者的单位列表，选择想要的单位，单击"确定"按钮即可检出该单位该姓名作者的文章。

注意：检索范围的限定功能（年限、期刊范围、所输入的检索式）在进行导航树学科范围浏览时始终生效，所以在概览区显示的文章篇数并不一定是该学科的文章记录总数。

（3）检索式和复合检索。简单检索请直接输入检索词。复合检索有两种方式：

①"二次检索"。在第一次结果的基础上再次检索。例如，先选用"关键词"检索途径并输入"电脑"一词，输出结果；再选择"刊名"途径，输入"南京大学学报"，在"与、或、非"的可选项中选择"与"，单击"二次检索"，然后输出的结果就是刊名为"南京大学学报"，含关键词"电脑"的文献。二次检索可以多次应用，以实现复杂检索。

②直接输入复合检索式。例如，输入"K=电脑*J=南京大学学报"，和以上输出结果一样。检索词前面的英文字母是各字段的代码，可在检索选择框中查看。该数据库检索符号的对应关系为"*"=与、"+"=或、"-"=非。在选用"任意字段"途径时可按布尔运算的规则写复合检索式。例如，输入检索式为"（CAD+CAM）*服装"，检出结果等同用"CAD"检索后，输入"CAM"并选择"或"选项进行二次检索，再输入"服装"并选择"与"选项二次检索共三步的操作。

（4）刊名浏览功能。在检索结果显示（细览区）处，用户需单击"刊名"中表示期刊名称的链接，用户可以看到这种期刊在本数据库中的收录年限，单击其中一个选项（例如，2001），那么就可以查看到这种期刊在该年度中的所有期（例如，2001 年总共有 12 期），然后单击其中任意一期就可以看到这一期的主要文章的题目、文摘等信息了。

（5）模糊和精确检索功能。在"检索式"输入框的右侧提供了"模糊"和"精确"检索方式的可选项，以便用户进行更准确的检索。在选定"关键词""刊名""作者""第一作者"和"分类号"这五个字段进行检索时,该功能才生效。系统默认"模糊"检索,用户可选"精确"。例如,检索字段选择"关键词",然后输入"基因"一词,在"模糊"(默认)检索方式下,将查到关键词字段含有"基因结构""基因表达""癌基因""人类基因组计划""线粒体基因"等词的相关文献;而在"精确"检索方式下,就只能查到含"基因"一词的相关文献。

3. 分类检索方式

(1)"分类检索"入口位于首页的中下方,用户选择"分类检索"页面所列的任何一个类别即可进行。

(2)接着显示的是用户所选择类别的下属子类。在用户选择其中一个子类以后,显示出该子类包含的全部文献标题、作者、刊物名称和出版年份供用户浏览;同时该页面的上方会出现一个"请输入检索词"的提示框,用户可进一步缩小在该类别下的文献搜索范围。系统默认在关键词和题名字段搜索用户输入的检索词。如想通过选择标题得到更详细的信息,则必须注册、登录。单击最后边相对应的"全文"链接即可看到全文。用户还可以通过单击"在结果中搜索"或"在结果中去除"做进一步检索。

4. 高级检索方式

(1)"高级检索"位于首页中下方,单击"高级检索"进入相应的检索界面,用户就可以进行功能更强、灵活度更大的检索。"高级检索"的主界面如图5-7所示。

图5-7 "高级检索"主界面

(2)在"高级检索"界面中,用户可以选取在全部专辑或是部分专辑中检索,然后可以选择各专辑之间的逻辑关系。用户可在主检索界面上一次性实现二次检索后的结果。系统还提供了"模糊"和"精确"检索方式的可选项,以便用户进行更准确的检索。该功能在选定"关键词""刊名""作者""第一作者"和"分类号"这5个字段进行检索时,该功能才生效。系统默认"模糊"检索,用户可选择"精确"检索。

5. 整刊检索方式

(1)"整刊检索"位于首页中下方,单击"整刊检索"进入主界面,"整刊检索"是一种模拟传统浏览纸本书刊的检索方式。这种检索方式极大地满足了用户的检索需求,使该数据库更加人性化。

(2)进入主界面后,可在期刊搜索中按刊名或ISSN来查寻期刊,也可以在按字顺查找选项中按拼音顺序查刊名,还可以在按学科查找选项中直接选择专辑的类别,进入后点击刊名,直接浏览该刊的文章。

(3)检索出的结果和"分类检索"检索出的结果相同,在页面左方可以选取该刊的年限和期数,直接使用浏览刊物的方式查看该刊其他年份和期数的文章。

(4)点击文章的题名后会出现该篇文章的文摘信息,其中包括题名、作者、刊名、文摘、关键词、ISSN号、分类号、光盘号等信息,点击题名后就会显示出该篇文章的全文。在文摘信息的下面用户还可以查到"同主题文献""参考文献""引证文献"。单击"同主题文献"即可检索到与该篇文章相同主题意义的所有文献,单击"参考文献"即可检索到该篇文章所参考引用的文献,单击"引证文献"即可检索到有哪些文献引用了该篇文章。

5.3.3 VIP全文浏览器介绍

VIP全文浏览器是维普公司系列数据库的通用阅读器,它支持VIP、TIF、WP等格式文件。它可以在线阅读维普中文科技期刊数据库原文,也可以阅读下载到本地硬盘的中文科技期刊数据全文。它的打印效果可以达到与原版显示一致的程度,并能把全文转换为PDF标准文件格式。可以同时打开多篇全文及题录比较阅读。VIP全文浏览器可支持Windows 98/Me/NT/2000/XP,包括这些操作系统的简、繁体中文版和英文版。

用户在第一次使用中文科技期刊数据库需下载全文浏览器,并安装。VIP全文浏览器功能强大,主要具有以下功能:

①对于无法转换成文字的图形、表格、公式等部分,可通过"区域识别"和"复制"功能把图像粘贴到Word或其他文档中。

②设置了"题录下载"的输出选项,解决了Web检索方式下用户不能自行选择输出字段的问题。

③浏览器具有图像文件另存为TIF或PDF文件格式、同一浏览器窗口打开多篇文章等几种特别实用的功能。

④全文页面的反向显示功能。由于扫描处理问题,用户有时会遇到黑底白字的页面,选择"工具"菜单中的"黑白反向",可将页面转换成白底黑字以供清楚识别。

⑤OCR图文转换功能(此功能只能在OCR版中实现,简化版不具有该功能)。在"工具"菜单中有"选择OCR区域"和"识别选定区域",选定用户要转换的文字,然后单击

工具栏上的"OCR"按钮,就会出现转换成文本格式的提示框。其中可直接修改错误,并可复制、粘贴到其他文字处理软件中。

5.4 万方数据资源系统

5.4.1 万方数据资源系统

万方数据库是一个非常完整的科技信息群。它汇集科研机构、科技成果、科技名人、中外标准、政策法规等近百种数据库资源,为广大科研单位、公共图书馆、科技工作者、高校师生提供最丰富、最权威的科技信息。万方数据资源系统主页如图 5-8 所示。

图 5-8 万方数据资源系统主页

在丰富信息资源的基础上,万方数据运用先进的分析和咨询方法,为用户提供个性化信息增值服务,并推出了通信技术与竞争情报系统、生物医药信息系统、电力信息系统等面向特定行业和个人的信息增值产品,以满足用户对深度信息和分析的需求,为用户提供决策支撑。

万方数据资源系统的网址为 http://new.wanfangdata.com.cn,分为商务信息子系统、科技信息子系统和数字化期刊子系统 3 部分。

(1) 商务信息子系统 (http://businessinfo.wanfangdata.com.cn/index.asp)。

商务信息子系统是万方数据公司凭借多年的商务信息采集经验,面向用户推出企业/产品信息、商务动态、政策法规、中外标准、成果专利等服务内容；其主要产品中国企业、公司及产品数据库（CECDB）已成为我国最具权威性的企业综合信息库，为我国电子商务提供了一个全新的网上商务信息支持平台。

（2）科技信息子系统（http://scitechinfo.wanfangdata.com.cn/index.asp）。

科技信息子系统是一个完整的科技信息群。它汇集了科研机构、科技成果、科技名人、中外标准、政策法规等近百种数据库资源。为广大科研单位、公共图书馆、科技工作者、高校师生提供最丰富、最权威的科技信息。主要产品有中国学位论文数据库、中国学术会议论文数据库、中国科技成果数据库、中国国家标准和中国科技文献数据库等。

（3）数字化期刊子系统（http://periodicals.wanfangdata.com.cn/qikan/index.jsp）。

该项目属国家"九五"重点科技攻关项目——科技期刊网络服务系统。目前集纳了理、工、农、医、人文五大类的70多个类目近3 000种期刊，实现全文上网。从2001年年底开始，数据化期刊已囊括我国所有科技核心期刊，成为我国网上期刊的第一大门户。主要产品有中华医学会系列杂志、大学学报、中国科学系列杂志、科学普及期刊。整个系统以刊为单位上网，保留了刊物本身的浏览网页和习惯。

整个期刊全文内容都采用HTML方式制作编辑，遵循统一的编排格式上网，一篇文章一个页面，读者可以利用通用浏览器直接浏览、打印、截取记录和下载。全文内容还同时提供与文章相对应的PDF格式文件，需要先下载、安装PDF阅读器，再点击PDF文件名，便可浏览原样排版显示的期刊全文内容。数字化期刊从类目顺级进入各刊主页，继而浏览期刊全文内容。设有检索查询、新闻快递、网上投稿、在线订阅、网上邻刊、数字化论坛等功能栏目，并为海外人士配备了大5码文字版本和英文界面。

5.4.2　万方数据资源系统数据库

万方数据资源系统主要有以下几种数据库。

（1）中国企业、公司及产品数据库（CECDB）。

中国企业、公司及产品数据库始建于1988年，由万方数据联合国内近百家信息机构共同开发，是国内外工商界了解中国市场的一条捷径。目前，用户已经遍及北美、西欧、东南亚等50多个国家与地区。国际著名的美国Dialog联机系统更将CECDB定为中国首选的经济信息数据库，并收进其系统向全球数百万用户提供联机检索服务。中国企业、公司及产品数据库的信息全年更新率达到100%，提供多种形式的载体和版本，对企业进行全方位的立体描述。

（2）中国科技成果数据库（CSTAD）。

中国科技成果数据库始建于1986年，是科技部指定的新技术、新成果查新数据库。数据主要来源于历年各省、市、部委鉴定后上报科技部的科技成果及星火科技成果。2001年，中国科技成果数据库收录成果已达24万多条，在此基础上，每年新增2万多条最新成果。其收录成果范围有新技术、新产品、新工艺、新材料、新设计，涉及化工、生物、医药、机械、电子、农林、能源、轻纺、建筑、交通和矿冶等十几个专业领域。中国科技成果数据库数据的准确性、翔实性已使其成为国内最具权威性的技术成果数据库。

中国科技成果数据库不仅可以用于成果查新和技术转让,还可以为技术咨询、服务提供信息源,为技术改造、新产品开发以及革新工艺提供重要依据。

(3) 中国科技论文统计与引文分析数据库(CSTPC)。

中国科技论文统计与引文分析数据库是在中国科技信息研究所历年开展科技论文统计分析工作的基础上,由万方数据开发的一个具有特殊功能的数据库,分论文统计和引文分析两部分。全部数据来源于国内1 200多种科技类核心期刊,以及科技部年度发布的科技论文与引文的统计结果。

中国科技论文统计与引文分析数据库集文献检索与论文统计分析于一体,有助于科技人员查找重要科技论文及有关参考文献,帮助各级科技管理部门和各科研机构、高等院校掌握全国和各单位及部门科技论文的发表情况,了解历年来我国科技论文统计分析与排序结果,开展科技论文的引文分析。

(4) 中国学术会议论文数据库(CACP)。

中国科技信息研究所自1985年开始收录由国家级学会、协会、研究会组织召开的全国性学术会议论文,由万方数据公司加工并制成数据库产品。至今保持每年新增论文3万篇的速度,2001年记录数达29万篇,中国学术会议论文覆盖自然科学、工程技术、农林、医学等多个领域,每年涉及600多个重要的学术会议。

中国学术会议论文数据库是目前国内收集学科最全、数量最多的会议论文数据库。该数据库采用受控语言进行主题标引,以《汉语主题词表》为叙词表,按照《中国图书馆图书分类法》分类,大部分记录附有论文文摘。

(5) 中国学术会议论文集全文数据库(PACC)。

中国学术会议论文集全文数据库是国内唯一的学术会议文献全文数据库。该数据库收录1998年以来国家一级学会在国内组织召开的全国性学术会议约1 000个。数据范围覆盖自然科学、工程技术、农林、医学等领域,收录论文近8万篇。

中国学术会议论文集全文数据库依照《中国图书馆图书分类法》将所收会议论文分为24个大类。会议论文全文数据库可以从会议信息和论文信息两种途径进行查找。它是了解国内学术会议动态必不可少的检索工具。

另外,万方数据资源系统还拥有中国学位论文数据库(CDDB)、中国科技文献数据库(CSTDB)、中国科技名人数据库(Who's Who)、中国科研机构数据库(CSI)、中国高新技术企业数据库(CHNTE)、国外科技调研报告全文数据库、中国百万商务通信数据库(CBML)、中国科技信息机构数据库(CSTII)、化工产品供需厂商数据库(CPEDB)、21世纪双语科技大词库和中国医院、药厂数据库(CHPFD)等数据库。

5.4.3 万方数据资源系统检索

1. 检索中心页面介绍

通过单击页面上"检索中心"链接或键入 http：// newservice.wanfangdata.com.cn/jszx.html 地址,进入万方数据资源系统检索中心页面,如图5-9所示。

图 5-9　万方数据资源系统检索中心页面

检索中心页面主要由以下几部分组成：资源选择区、检索功能区、数据库选择列表、分类选择列表和工具栏区。

（1）资源选择区。

资源选择区列出了万方数据旗下所有的数据库资源和这些数据库的分类信息，该区域有两个视图——数据库视图和分类视图。

数据库视图显示的是树状结构组织的所有数据库，整个资源系统被划分为三层，即子系统、数据库类和数据库，如图 5-10 所示。

分类视图用来显示某个数据库（或者某些具有相同分类的数据库）的分类信息。例如，中国企业与产品数据库的数据可以按照行业进行分类，那么当用户已经选择了中国企业与产品数据库并单击"分类"时，分类视图会显示行业分类，如图 5-11 所示。

用户可以在选择数据库基础上，进一步对该数据库进行分类，以缩小检索范围，提高检索的查准率。

（2）数据库选择列表和分类选择列表。

数据库选择列表显示的是用户已经选择的数据库检索范围。

用户执行的检索在"中国企业与产品数据库"和"中国企业与产品数据库（英文版）"中进行。

分类选择列表显示的是用户已经选择的分类。

图 5-10　数据库视图　　　　　图 5-11　分类视图

用户执行的检索在"电力、蒸汽、热水的生产和供应业""电力供应业""农、林、牧、渔业"和"其他行业"中进行。

（3）检索功能区。

检索输入区分为 3 个检索功能视图：简单检索、高级检索和命令检索。简单检索提供了一个较为简单易用的检索界面。用户可以在此选择检索字段，并输入检索词，单击"执行"后，系统在用户指定的资源检索范围内进行检索，返回检索结果。

高级检索提供了功能较强的检索界面。用户可以指定更多的检索字段及检索词，系统在用户指定的资源检索范围内进行检索，返回检索结果。

命令检索视图允许用户自由填写符合 CCL 规范的检索表达式。用户可以在此直接输入检索命令，系统在用户指定的资源检索范围内进行检索，返回检索结果。

（4）工具栏区。

工具栏区提供了访问系统常用功能的入口，由此用户可以使用"检索式历史""购物车""收藏夹"等功能。

2. 检索中心数据库检索

（1）检索设置。

一个典型的数据库检索操作由以下步骤组成。

①选择用户要检索的数据库。在资源选择区的数据库视图中，展开数据库树状视图，并在要选择的子系统、数据库类或者数据库的名称上双击鼠标左键，该数据库（或者子系统、数据库类）就会被加入数据库选择列表中。如果用户想选择该子系统或该数据库类下一级的数据资源，请双击子系统或数据库类前面的折叠图标。

②对已经选择的数据库选择检索分类（可选步骤）。系统中的某些数据库具有分类字

段，可以对具有分类字段的数据库执行分类检索。在选择了要检索的数据库后，可以进一步通过单击"分类"为这些数据库选择分类。如果用户所选择的数据库具有共同的分类字段，在资源选择区的分类视图中会显示这些数据库的分类信息。点击要检索的分类名称，系统会把该分类加入"已选择分类列表"中。

③选择检索方式并输入检索式。系统提供了三种检索方式：简单检索、高级检索和命令检索，用户可以根据自己的使用习惯及检索要求选择不同的方式。选择的办法很简单，只需要在三种检索方式的名称上双击鼠标左键即可。选择了检索方式后，便可以输入检索词，根据选择的检索方式的不同，输入检索词时也会有一些差别。

④指定检索结果排序方式（可选步骤）。用户在此还可以指定检索结果输出顺序，可以指定的排序包括"更新时间、词频、数据库、标题"，为保证检索结果的有效性，如果检索结果大于 500 条记录，检索系统不提供排序功能。

（2）检索结果页面内容介绍。

检索结果页面分为两个部分，即二次检索区和结果显示区。结果显示区显示本次检索结果的描述信息（数据库、检索词、记录数等）和按页显示的结果列表；在二次检索区可以进行二次检索。

二次检索的操作可以按照下面的步骤进行。

①指定二次检索方式。系统提供了 4 种二次检索方式，包括"重新检索""在本次结果中检索""合并到本次检索"和"从本次检索中排除"。

②输入检索词并执行检索。选择检索字段，输入检索词，单击"执行"按钮。

检索结果以每页 10 条为标准分页显示，每条检索结果记录都排成一行，包括"标题""数据库名称""免费信息""付费信息"等。

另外，用户可以单击"免费信息"一列中的"直接查看"链接，浏览器便会在新的弹出窗口中显示该记录的免费信息。

用户要查看付费信息可以通过两种方式进行。

一种方式是直接单击"付费信息"的"直接查看链接"，如果是团体包时用户或者用户在过去 24 小时内曾经成功购买过该记录，系统会直接显示该记录的付费信息。

如果不是团体包时用户，并且在过去 24 小时内没有购买过该条记录，系统会发送购买提示页面，在这里可以单击"加入购物车"按钮将其加入购物车，或者选择其他的付费方式直接付费，付费完成后，系统会显示该记录的付费信息。

另外一种方式是，在检索结果列表的复选框中勾选若干条记录，单击"加入购物车"按钮，将其加入购物车并进行支付。

3. 检索中心数据库浏览

（1）浏览数据库内容。

在检索中心页面的资源选择区，用户可以通过点击图标直接浏览数据库的数据而无须进行检索。

（2）查看数据库介绍信息。

在检索中心页面的资源选择区，用户可以通过双击图标查看该数据库的介绍信息。或者在"已选择数据库列表"中，双击某一数据库的名称链接，也同样可以查看该数据库的介绍信息。

4. 检索式历史

（1）检索式历史介绍。

为方便用户保存并重复执行某一检索式，系统提供了"检索式历史"功能，用户可以通过双击检索中心页面的图标访问。系统提供了两种检索式：永久保存的检索式和页面临时保存的检索式。二者的区别在于：

①永久保存的检索式被保存到服务器的数据库中，用户可以在任意时间任意地方访问这些检索式，它们不会随着检索中心页面或浏览器的关闭而丢失。

②页面临时保存的检索式保存在用户的浏览器中，它们会随着检索中心页面或浏览器的关闭而丢失。

（2）检索式历史的使用。

检索式历史主要提供以下几种功能。

①直接将检索式填入检索中心的检索输入框内。单击检索式的"填入"链接，系统会自动将该检索式填入检索中心页面的输入框中。

②用检索式重新执行检索。单击检索式的"检索"链接，浏览器会转到该检索式的检索结果页面。

③页面临时保存的检索式加入永久保存的检索式中。只要用户单击页面临时检索式的"保存"链接，系统将该检索式永久保存，并刷新检索式历史页面。

5.5 超星中文电子图书

超星数字图书馆是由北京世纪超星信息技术发展有限责任公司建成的数字图书系统，它拥有140多万种电子图书，可浏览的图书达4亿多页，其内容涉及文学、历史、哲学、医学、旅游、计算机、建筑、军事、经济、金融和环保等45个学科。配有专门的超星全文浏览器，能浏览每本书的全文。其检索方法多样，既可以通过图书书名、作者、出版社、出版时间等多种途径进行目录检索和全文检索，也可以通过学科分类进行层层检索。而且有显示全文、下载、文字识别、打印等多种功能。许多高校图书馆已经建立了该数字图书系统的数据检索镜像站点。

访问超星数字图书馆的方式有两种：一是通过网络访问购买了超星数字图书馆数据库的单位（大部分是高校或公共图书馆）；二是直接访问超星数字图书馆的主页 http：//www.ssreader.com，如图5－12所示。如果需要获得显示全文及下载的功能，用户可以通过购买读书卡的方式来进行注册。

首次下载浏览超星电子图书的用户，首先需在超星首页下载超星电子图书阅览器。超星图书阅览器是北京世纪超星信息技术发展有限责任公司专门针对数字图书的阅览、下载、打印、版权保护和下载计费而研究开发的拥有自主知识产权的图书阅览器，该阅览器实现了图像文档的Web方式浏览；采用了自动滚屏显示和多线程浏览技术；嵌入了汉王OCR识别系统，用户可以将图像格式的图书资料转换成文本文件加以利用；利用双层检索技术，实现图像方式数字图书的全文检索。超星阅览器的界面如图5－13所示。

图 5-12 超星数字图书馆主页

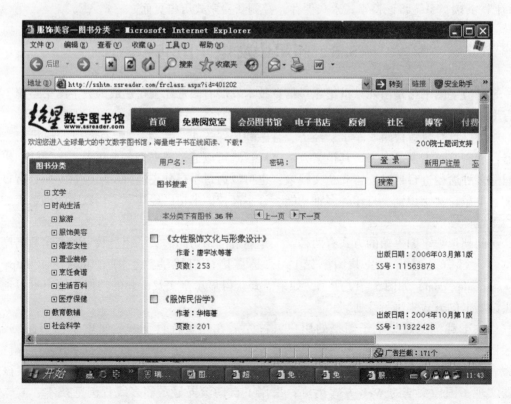

图 5-13 超星阅览器界面

目前,超星阅览器已经发展到了4.0版本,该版本主要改进的地方有以下几点。
①资源列表更改为窗口样式,可以在所有已经打开的窗口之间通过窗口标签进行切换。
②默认打开远程图书时显示所有已经上传到服务器的用户标注。
③使用新的卡片样式,界面更美观,功能更稳定。
④增强不同用户对标注的交互性,自动提示用户是否上传本地的标注。
⑤采集窗口在采集网页时可以自动生成章节目次。
⑥采集窗口制作图书时可以从编辑区直接拖动文字到目次列表,生成目次项。

5.6 方正 Apabi 电子图书

方正 Apabi 电子图书是由北京大学图书馆、北京大学出版社和北大方正联合推出的,由北京大学出版社提供其所出版的新书,方正公司提供电子图书的阅读软件——Apabi Reader、北京大学图书馆提供服务。阅读方正电子新书首先需下载并安装 Apabi Reader 软件。

方正 Apabi 数字图书馆提供 6 000 多种中国出版的电子新书,内容主要包括社会科学、计算机和精品畅销书籍,学科涉及文学艺术、语言、历史、经济法律、政治、哲学、计算机等多个类别。方正 Apabi 电子图书制作精良,阅读方便。

目前全国已有70%的出版社与方正电子合作,推进网络出版。当前,在推进教育类电子书资源建设过程中,教育部 CALIS 管理中心已与方正电子共同启动了"中国高等教育基本教材教参电子图书库"工程,它将成为高校教师选择教材教参书的一个基本图书库,为教材类图书在高校的推广开辟新的渠道。另外,用户可到 http://www.apaqi.com 网站下载部分免费方正电子图书,如图 5-14 所示。

图 5-14 方正 Apabi 电子图书页面

5.7 中国高等教育文献保障系统

5.7.1 CALIS 介绍

中国高等教育文献保障系统（China Academic Library & Information System，CALIS），是经国务院批准的我国高等教育"211工程"总体规划中两个公共服务体系之一。作为国家经费支持的中国高校图书馆联盟，CALIS 的宗旨是在教育部的领导下，把国家的投资、现代图书馆理念、先进的技术手段、高校丰富的文献资源和人力资源整合起来，建设以中国高等教育数字图书馆为核心的教育文献联合保障体系，实现信息资源共建、共知、共享，以发挥最大的社会效益和经济效益，为中国的高等教育服务。CALIS 的网址是 http://www.calis.edu.cn。主页如图 5-15 所示。

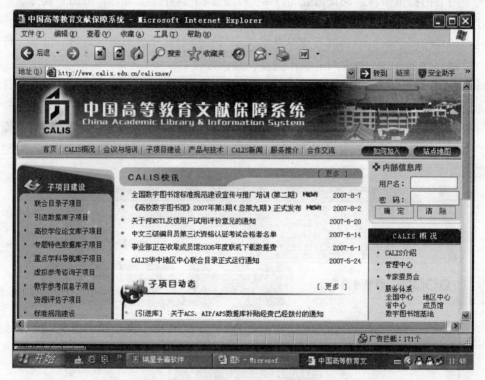

图 5-15 中国高等教育文献保障系统主页

"九五"期间设在北京大学的 CALIS 项目管理中心联合各参建单位，建立了文理、工程、农学、医学 4 个全国文献信息中心，华东北、华东南、华中、华南、西北、西南、东北 7 个地区中心和一个东北地区国防信息中心，发展了 150 多所高校成员馆，建立了一系列国内外文献数据库，包括联合目录数据库、中文现刊目次库等自建数据库和引进的国外数据库，采用独立自主开发与引用消化相结合的方式，开发了联机合作编目系统、联机公共检索系统、馆际互借与文献传递系统等，形成了较为完整的 CALIS 文献信息资源服务网络。在此基础上开展了公共目录查询、信息检索、馆际互借、文献传递、网络导航等网络化、数字化文献信息服务，对保障"211 工程"各高校的重点学科建设、培养高层次人才、支持科研创新等发挥了重要的作用。

CALIS 作为技术的组织者和标准的协调者，不断拓展图书馆新的服务和建立中国高等教育数字图书馆，为中国高等教育事业服务。CALIS 加强高校数字图书馆联盟的作用，组织全国高校图书馆，完善和利用 CALIS 已建立的文献信息保障体系，加大数字资源建设力度，建设一批面向高等教育的特色数字资源，建成若干具有先进应用技术水平的数字图书馆基地和中国高等教育数字图书馆。为"211 工程"高校的科学研究和重点学科建设服务，为所有研究生培养任务高校的高水平人才培养工作服务，为全国普通高校的本科生教学服务。

5.7.2 CALIS 服务功能

CALIS 的服务功能分为两大块。一是面向读者，二是面向图书馆。

1. 面向读者的服务功能

（1）公共检索。

用户可以按照本校——本地区——邻近地区——北京——国外的顺序，在网上查找全国性或地区性的书刊联合目录数据库，了解是否有所需文献，以及在哪里收藏。也可以通过联机（或委托）检索 CALIS 国内外各种类型的文献数据库，得到某一学科或专题的详尽文献线索乃至电子版全文。

（2）馆际互借。

对于本馆没有的文献（如图书），在本馆用户需要时，根据 CALIS 统一的制度、协议和办法，向其他馆借入；反之，在其他馆用户提出互借请求时，借出本馆所拥有的文献，满足用户的文献需求。

（3）文献传递。

对于本馆没有的文献（如期刊文章或学位论文），在本馆用户需要时，根据 CALIS 统一的制度、协议和办法，从其他馆获取；反之，在其他馆用户提出请求时，将本馆所拥有的文献传递给对方。

（4）电子资源导航。

根据各校重点学科建设的需要进行统筹规划和分工，对网上的电子资源（如研究进展报告、电子期刊论文、研究机构、专家学者等）按图书馆学的原理和方法进行收集、加工和整序，形成虚拟图书馆资源，补充和扩大 CALIS 的文献资源，供用户浏览和查询。

2. 面向图书馆的服务功能

（1）联机合作编目。

合作建立具有统一标准的书刊联合目录数据库，在此基础上实现联机共享编目，即任一授权成员馆对入馆新书（刊）编目上传以后，其他馆就可从网上查询并下载，从而大大减少书刊编目工作中的重复劳动，提高编目工作效率和书目数据质量，实现书目资源的共享。

（2）文献采购协作。

根据各校重点学科建设的需要进行资源分工和布局，在 CALIS 系统内首先实现国外文献订购前的查重与协调，减少不必要的重复，保证必要的品种，达到文献信息资源的合理分布与经费的合理使用。

（3）培训服务。

每隔一段时间，针对 CALIS 提供的各种服务，CALIS 管理中心将组织免费或少量收费的培训。目前的培训服务主要集中在联机编目人员的培训、馆际互借与文献传递的培训、系统管理员的培训等方面。想要接受培训的人员可以先通过 E – mail 或电话在 CALIS 管理办公室登记，CALIS 工作人员以此为依据发送培训通知。培训对象为图书馆相关技术人员。

（4）数据库服务及存档服务。

CALIS 可以对各图书馆或信息服务机构的特色资源提供数据库建设与加工服务；对各图书馆或信息服务机构需要保存的资源提供存档服务。申请此项服务时，应先提出相关的建设方案，然后和 CALIS 系统运行部联系。

（5）技术支持。

CALIS 为各图书馆或信息服务机构的自动化系统建设和数字图书馆建设提供完整的技术解决方案，依据提供咨询的深度收取费用或免费。CALIS 为使用 CALIS 软件的各图书馆或信息服务机构提供完全的技术支持。

5.7.3 CALIS 的子项目建设

CALIS 是一个网络环境下的图书馆资源共享共建系统。目前，CALIS 的子项目建设主要有联合目录数据库园地、高校学位论文库园地、中文现刊目次库园地、重点学科专题库园地、重点学科导航库园地、引进数据库园地、公共软件园地等。

1. 联合目录数据库园地

中外文书刊联合目录数据库是以国家"211 工程"院校图书馆为主合作建立的中、西文书刊联合目录，它集中报道了合作共建的各成员馆的中外文书刊收藏情况。它不仅是开展联机共享编目的共享数据库，也是开展馆际互借和文献传递服务的基础数据库。

该子项目由 CALIS 管理中心负责，北京大学图书馆牵头，以各中心馆的专业人员为主联合成立了项目管理组、质量控制组，并在北京大学图书馆成立了日常工作组，负责该数据库建设中的具体事宜。

该数据库包括中文、英文、德文、日文等多个语种的书目记录，还包括中文古籍（繁体）书目记录。该数据库建设从 2000 年 3 月起，现已发展到 200 多个成员馆，成为各成员馆不可或缺的一个重要数据库，每天有大量的编目员在线工作，平均每天上传 5 000 多条新数据或馆藏数据。

联合目录主页：http://www.calis.edu.cn/calis/html。

联合目录库查询网址：http://opac.calis.edu.cn。

2. 高校学位论文库园地

高校学位论文（文摘）数据库是反映高校特点和水平的文献数据库。建设这个数据库的目的是通过对分散在各大学中各类学科的学位论文收集、整理、建库、上网，使原始的论文信息升值，为国内外希望获取高校学术信息的用户提供一个方便的查询途径，起到推动高校教学、科研交流和促进发展的作用。

高校学位论文（文摘）数据库由 CALIS 全国工程中心（清华大学图书馆）负责承建。该库只收录题录和文摘，没有全文。全文服务通过 CALIS 的馆际互借系统提供，所以目前这个库已经成为文献传递的一个重要的工具，受到读者的广泛欢迎。

高校学位论文库查询网址：http://opac.calis.edu.cn。

3. 中文现刊目次库园地

建设中文现刊目次库的目的是收录高校图书馆收藏的国内重要中文学术期刊的篇目，这些现刊各期内容涉及社会科学和自然科学的所有学科。该库以各成员馆的馆藏为基础，为读者提供网上文献检索、最新文献报道服务和全文传递服务等灵活多样的优质服务。该库由 CALIS 管理中心中文现刊目次库建设组负责，其任务是制订统一的目次数据规范和数据加工标准，配合管理中心系统组开发相应的数据加工工具，培训各成员馆的目次编目员，并监督数据加工的质量。该库的建设组组织了全国 27 个成员馆分刊种加工数据，集中提交给目次组检查数据质量后，批量装入数据库中。

中文现刊目次查询网址：http://opac.calis.edu.cn。

4. 重点学科专题库园地

建设重点学科专题数据库的目的是比较集中、更深层次地揭示各高校收集的富有学科特色的文献。该数据库要求以各自的馆藏为基础，系统全面地围绕某个专题进行综合报道。形式多样，有多媒体、全文和文摘等，具有学科知识数据库的特点。揭示的内容比普通二次文献库要深，弥补了如联合目录、现刊目次等数据库的不足，丰富了 CALIS 的资源。重点学科专题数据库于 1999 年 1 月正式启动，由 CALIS 华东南地区中心（上海交大）牵头负责。部分学科专题库如表 5-1 所示。

表 5-1 部分学科专题库

敦煌学数据库	钱学森特色数据库
机器人信息数据库	邮电通信文献数据库
棉花女裤数据库	上海交通大学学位论文数据库
机械制造与自动	石油大学重点学科数据库
长江资源数据库	中国工程技术史料数据库
东北亚文献数据库	东南亚研究华侨华人研究题录数据库
巴蜀文化数据库	船舶工业文献信息数据库
新型纺织数据库	环境科学与工程学科信息数据库
有色金属文摘库	世界银行出版物全文检索数据库
教育文献数据库	全国高校图书馆信息参考服务大全
蒙古学文献数据库	全国高校图书馆进口报刊预订联合目录数据库
岩层控制数据库	通信电子系统与信息科学数据库的建设
经济学学科资源库	数学文献信息资源继承系统

5. 重点学科导航库园地

重点学科导航数据库是"211工程"立项高校图书馆共建项目,是建立在 Internet 上的导航库,目的是收集整理有关重点学科的网络资源,为这些已立项的高校重点学科服务,让在重点学科领域的师生,以较快的速度了解本领域科技前沿研究动向和国际发展趋势。该数据库由华东南地区中心负责,全国文理中心协助。共有48个图书馆参加该项目,目前已完成200多个重点学科导航库建设。

CALIS 重点学科导航库(按学校编排)的网址:http://www.calis.edu.cn/chinese/xuexiao.htm。

CALIS 重点学科导航库(按分类编排)的网址:http://www.calis.edu.cn/chinese/xueke.htm。

6. 引进数据库园地

引进国外数据库和电子文献是 CALIS 资源建设中重要的工作之一,也是最先开展的一项服务。全国文理中心与工程中心协同努力,采取灵活多变的引进方式,实际组织集团引进了19个厂商的91个数据库(含电子刊)。国外数据库的成功引进缓解了我国高校外文文献长期短缺、无从获取或迟缓的问题,对高校科研和教学起到了极大的推动作用。这项建设工作,使更多的学校加入集团的行列,引进成本越来越低,覆盖面也越来越大,为高校的科研和教学创造了良好的支持环境。

文理中心引进数据库查询:http://www.calis.edu.cn/calis/index.html。
工程中心引进数据库查询:http://www.lib.tsinghua.edu.cn/calis/calis.htm。
文理中心、工程中心引进的数据库如表 5-2 所示。

表 5-2 文理中心、工程中心引进数据库

ABI/INFORM(商业信息数据库)	专线网址:http://proquest.umi.com/login 国际网址:http://www.umi.com/pqdweb
Academic Press 电子期刊	访问地址:http://www.idealibrary.com
Academic Research Library	专线网址:http://global.umi.com/pqdweb 国际网址:http://www.umi.com/pqdweb
Academic Search Premier	访问地址:http://search.epnet.com
Business Source Premier	访问地址:http://search.epnet.com
Kluwer Online Journals	CALIS 镜像站网址:http://kluwer.calis.edu.cn
Lexis – Nexis 数据库	国际网址 http://www.lexisnexis.com/universe
Nature 全文在线电子期刊	Nature 全文在线服务网站:http://www.nature.com CALIS 本地服务站点网址:http://nature.calis.edu.cn
ProQuest Digital Dissertations—— (ProQuest 数字化 博硕士论文文摘数据库)	专线网址:http://global.umi.com/pqdweb 国际网址:http://www.umi.com/pqdweb

续表

PROQUEST DIGITAL DISSERTATIONS	
RSC（英国皇家化学学会）电子期刊	国际网址：http://www.rsc.org/is/journals/current/ejs.htm
SCI、SSCI A&HCI（网络版）	访问地址：http://isiknowledge.com

7. 公共软件园地

CALIS 的中外文书刊联合目录和其他自建数据库以及馆际互借需要特定的 CALIS 公共软件系统和数据库软件支持。

公共软件联合开发组根据应用需求和当时最先进的软件技术，开发了所有 CALIS 所需的公共软件系统。从 2000 年 3 月起，CALIS 公共软件系统陆续正式投入使用。

CALIS 公共服务软件系统的建成，为 CALIS 形成了完整的文献信息资源服务网络，建成了文献保障体系的基本框架，它为全面开展资源共享和文献信息服务提供了先进的应用平台、服务环境与手段，为我国开展大范围、大规模信息资源共建共享提供了示范作用，为其他信息服务机构所效仿，极大地推动了我国信息资源共建共享事业的发展。CALIS 公共软件服务系统主要包括联机合作编目系统、特色文献数据库应用系统、CALIS 联机公共检索系统、馆际互借与文献传递系统、通用全文数据库应用系统、通用数据库管理系统等。

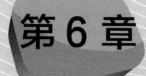

第 6 章 国外网络数据库

本章主要介绍国外一些著名网络数据库的基本情况、检索方法和使用技巧。

6.1 国外著名的检索工具

6.1.1 美国《工程索引》

1. 《工程索引》概况

1884年10月，美国华盛顿大学的工程教授博特勒·约翰逊博士编辑出版了工程技术方面的索引 Index Notes，起初作为美国工程学会联合会主办的会刊中的一个专栏，不定期出版。这就是如今大名鼎鼎的美国《工程索引》（Engineering Index，Ei）的前身，是世界上最早的工程类二次文献出版物之一。1905年，美国工程杂志社获取其版权，并更名为 The Engineering Index。从1906年开始改为每年出版一卷。随着工程文献的不断增加，1934年专门成立了工程索引公司（Engineering Index Inc.），负责《工程索引》的编辑出版。1981年，该公司更名为工程情报公司（Engineering Information Inc.）。1998年，该公司由 Elsevier Science 出版公司控股，更名为 Elsevier 工程信息公司（Ei Sevier Engineering Information Inc.）。《工程索引》收录世界上近60个国家的3 000余种期刊和2 000种会议录，文献所用语言达10多种，其中90%为英语文献。这些文献涉及175个学科，几乎覆盖应用工程技术的各个领域，包括管理方面的一些文献。收录的每篇文献都包括书目信息和一个简短的文摘。

2. 《工程索引》的产品形式

历史上，《工程索引》提供的产品形式主要有以下5种。

（1）《工程索引》印刷版。这就是 Ei 公司1884年创刊后一直延续至今的产品，也是《工程索引》最基本的形式。

（2）《工程索引》缩微版。1970年开始，将1884—1970年间的全部《工程索引》制作成缩微胶卷形式,作为检索工具使用并同时作为一种节省空间的保存形式。

(3)《工程索引》光盘版。20 世纪 80 年代以来,Ei 公司开发出一系列的《工程索引》光盘产品,其中最主要的是在 1984 年推出的 *Ei Compemdex*。

(4)《工程索引》网络版。包括 Dialog 联机检索数据库中的 8 号文档 Ei Compendex 和基于因特网的 Ei Compendex Web。

(5) Ei 信息村。Ei 公司基于因特网发行的多种工程信息产品与服务的集成。

3. Ei 信息村(http://www.ei.org)

随着 Internet 广泛地被人们使用,1995 年,Ei 开始推出其全新的网上服务项目,即 Ei 信息村。该信息村把工程数据库、商业数据库、众多与工程有关的 Web 站点以及其他许多工程信息资源集中在一起,经组织筛选加工,形成信息集成系统,通过互联网向最终用户提供一步到位的服务。CALIS 联合国内部分高校引进该数据库,用户可以直接通过引进该数据库的高校校园网终端或通过反向代理访问 Ei 信息村,也可以通过清华大学的镜像站点(http://ultra2.lib.tsinghua.edu.cn)进入 Ei CompendexWeb 检索界面。其检索结果页面如图 6-1 所示。

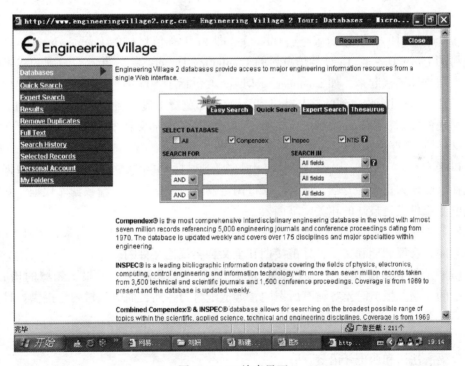

图 6-1 Ei 检索界面

Ei 信息村的主要产品,有以下 4 个系列。

①Ei 工程村(Ei Engineering Village)。Ei 工程村的主导产品是前文所介绍的《工程索引》网络版(Ei Compendex Web)。1998 年起,由于有 Elsevier 科学出版公司的加入,《工程索引》数据库中,500 余种由 Elsevier 公司出版的电子版期刊可提供原文服务。

②Ei 造纸村(Ei Paper Village)。Ei 造纸村的主导产品是 Paper Chem。1999 年加入 Ei 信息村,这是美国造纸科技所(公司)(IPST)的产品。Paper Chem 是一个纸浆与造纸技术

方面的综合性文献数据库，覆盖世界范围内造纸化学、工程、生产技术等学科。文献类型包括图书、会议、学位论文、期刊文献、专利以及译文。该数据库原先按 IPST 的叙词表组织，1998 年后改用 Ei 叙词表。回溯数据可追至 1966 年。每年新增加12 000条以上的记录，是该领域世界上最大的数据库。

③Ei 计算村（Ei Computing Village）。Ei 计算村的主导产品是计算机期刊全文，包括世界上计算机领域主要出版商的一百多万篇期刊和会议论文的原文，通过因特网传真递送。学科范围包括人工智能与专家系统、多媒体、计算机辅助设计（CAD）、图像与模型、信号处理、电子技术、远程通信、程序、计算机系统结构、自动化与控制等。

④美国 API 石油、天然气数据库（API En Compass）。这是美国石油研究所（公司）（American Petroleum Institute，API）研制开发的产品，1999 年被 Ei 公司收并，加入 Ei 信息村。API En Compass 数据库是世界范围内石油、石油化学、能源、天然气工业的技术与商情方面基本的在线数据库。包括石油方面的研究开发、技术应用、商务与管理方面的文献。

Ei 信息村提供的主要服务有数据库查询服务、网络导航服务和参考咨询服务。

（1）数据库查询服务。主要有以下 7 点。

①以核心数据库，如 Ei Compendex Web 或 Paper Chem 等为主提供的数据库检索查询服务。

②各个信息村的全文递送服务（Direct），即 Ei 工程信息村的 Engineering Direct，Ei 造纸信息村的 Paper Direct，Ei 计算信息村的 Computing Direct。将数据库检索到的线索与信息村的全文数据库链接起来，如 Engineering Direct 就包括了 500 多种 Elsevier 公司的核心电子期刊，以及 Ei 公司能收集到的在 Web 上发行的全部免费工程期刊，再加上 Ei 公司通过因特网传真递送的文献，Ei Compendex Web 数据库所报道的全部文献中每年约有 300 万条记录可在 Ei 工程村直接查到原文。

③Ei 要目公告（Ei Spotlights），这是由各个信息村的主导数据库衍生出的子数据库，用户可选择自己认为重要的专题，或自己通过浏览器进行网络检索交给数据库代理，并由数据库通过电子邮件发送最新的相关文献摘要。

④Ei 技术通报（Ei Tech Alert），这是工程村的服务项目，主要报道来自 UPI 和 Reuters 的最新新闻、会议和期刊文献，并链接期刊全文和会议论文订购。

⑤Ei 核心期刊最新信息报道（Ei Monitors），各个信息村选择所报道领域的核心期刊，报道最新的文摘。报道时差各村有所不同，如造纸村为一周，而电脑村则可提供当日更新的最新内容。

⑥Ei 国际村（Ei International Village），提供除英文外其他语种的服务，现已开通德语、日语、汉语、法语和西班牙语等。

⑦Ei Connexion，提供了多个科学技术和商业经济方面的数据库链接，如 Dialog、Data-Star、CAS Web Server 等。用户只需在 Ei 公司注册付费，就可以方便地检索这些数据库。

（2）网络导航服务。Ei Village 将世界范围内通过 Internet 可连接的工程信息资源组织、筛选、集成在一起，为需要工程信息的用户提供了较为全面的指引和链接。经过筛选的 Web 站点提供了大量有价值的信息，包括重要的学会站点、专利和标准数据库、图书出版收藏信息、电子期刊、技术报告等。Ei 公司专门组织专家做资源的整理工作，对每个链接站点都提供了很有参考价值的评价意见。

（3）参考咨询服务。Ei Village 提供了基于 E-mail 方式的参考咨询服务，安排了多层次的信息专家提供咨询服务，随时解答用户在使用 Ei Village 各个项目过程中的问题。这些信息专家根据自身的专业知识和实际经验，帮助用户获取工程方面的相关信息，解答用户在使用网络资源过程中遇到的问题。

4. Engineering Village 检索

Engineering Village 提供两种检索方式，即快速检索（Quick Search）和高级检索（Expert Search）。

快速检索（Quick Search）：能够进行直接快速的检索，其界面允许用户从一个下拉式菜单中选择要检索的各个项目。

高级检索（Expert Search）：提供更强大而灵活的功能，与快速检索相比，用户可使用更复杂的布尔逻辑，该检索方式包含更多的检索选项。

（1）快速检索。

①检索过程（Search Session）。开始一个检索时，Engineering Village 将跟踪用户在检索中所输入的检索式。检索结束后，用户如想保存检索式和检索结果，则必须将其保存在个人账户中，否则，本次检索的检索式和检索结果都会丢失。用户可以单击位于屏幕右上角的"End Session"按钮结束检索。如果一个检索处于非激活状态超过 20 分钟，将自动结束。

②选择数据库（Select Database）。用下拉式菜单 Select Database 选择要检索的数据库（在下拉式菜单中可使用的数据库为用户所在单位购买的或被批准可以访问的数据库）。

③Compendex 数据库。Compendex 数据库是目前全球最全面的工程检索二次文献数据库，包含选自 5 000 多种工程类期刊、会议论文集和技术报告的超过 700 万篇论文的参考文献和摘要。

数据库涵盖工程和应用科学领域的各学科，涉及核技术、生物工程、交通运输、化学和工艺工程、照明和光学技术、农业工程和食品技术、计算机和数据处理、应用物理、电子和通信、控制工程、土木工程、机械工程、材料工程、石油、宇航、汽车工程以及这些领域的子学科与其他主要的工程领域。

网上可以检索到 1970 年至今的文献，数据库每年增加选自超过 175 个学科和工程专业的大约 25 万条新记录。Compendex 数据库每周更新数据，以确保用户可以跟踪其所在领域的最新进展。

④检索字段（Search Fields）。在快速检索（Quick Search）界面用户可检索下列字段。

a. 所有字段（All Fields）。选择"所有字段"（All Fields）将从下列所有字段中检索包括：摘要（Abstract）、题目（Title）、翻译的题目（Translated Title）、作者（Author）、作者单位（Author Affiliation）、编辑（Editor）、编辑单位（Editor Affiliation）、刊名（Serial Title）、卷标（Volume Title）、专论题目（Monograph Title）、图书馆所藏文献和书刊的分类编号（CODEN）、国际标准期刊编号（ISSN）、国际标准图书编号（ISBN）、出版商（Publisher）、Ei 编录号（Accession Number）、Ei 分类号［Ei Classification（CAL）Code］、会议代码（Conference Code）、会议名称（Conference Title）、会议日期（Meeting Date）、会议地点（Meeting Location）、主办单位（Sponsor）、Ei 受控词（Ei Controlled Terms）、Ei 主标题词（Ei Main Heading）、自由词（Uncontrolled Terms）、语言（Language）、文件类型（Document Type)。所有字段(All Fields)为检索 Compendex 数据库时的默认值。

b. 主题/标题/摘要(Subject/Title/Abstract)。选择主题/标题/摘要,将从下列字段中检索:摘要(Abstract)、题目(Title)、翻译的题目(Translated Title)、Ei 受控词(Ei Controlled Terms)、Ei 主标题词(Ei Main Heading)、自由词(Uncontrolled Terms)。如果要精确检索一个短语,可以用括号或引号把此短语括住。

c. 作者/作者单位(Author/Author Affiliation)。Ei 引用的作者姓名为原文中所使用的姓名。姓在前,接着是逗号,然后是名。

如果文章中使用的是名的首字母和姓,而全名在原文中某处给出(例如在目录中),则数据库仍提供所有的信息,但不包括头衔如先生(Sir 或 Mister)与学位等。

根据 Compendex 的政策,1976 年以后,如果文件中没有个人作者名,则把单位作者名放入作者单位栏,而在作者栏显示 Anon。

作者名可用截词符(＊)截断。例如,输入"Smith, A＊",将检索:"Smith, A.; Smith A. A.; Smith A. B; Smith, A. Brandon; Smith, Aaron; Smith, Aaron C."等。

编辑或整理人也放入作者栏,并在名字后用带括号的符号(ed.)或(Compiler)以区别于通常意义上的作者。

如果要检索的姓名既可能是作者,又可能是编辑者,或者是某文件的收集整理人,只需在已知姓名部分后面加上截词符,这样就可检索(ed.)或(Compiler)。

2001 年以前,Compendex 数据库的政策是如果第一作者(编辑)单位这些信息可以从原文件中得到,则只提供第一作者(编辑)单位。从 2001 年开始,此政策有所改变,必须给出通信作者的单位。此外,如果可能,也将给出作者所在单位的具体部门。相应的非英语词语(例如,Akademy)也可缩写。由于以下一些原因,单位名称可能发生某些变化。

• 同一单位的名称在不同的源文件中可能不同。
• 不同语言也可能引起某些变化。例如,Goteborg Univ. 或 Gothenburg Univ.。
• 随着时间的推移,某些机构的名称会有所改变。例如,Mobil 已变为 Exxon Mobil。

d. 出版商(Publisher)。在出版商一栏检索可以确定出版商或搜索某一出版商所出版的期刊。请注意一定要查找出要检索的出版商名称所有的不同形式,此时,可以参考浏览索引框中的出版商查找索引(Publisher Look – up Index)。

e. 刊名(Serial Title)。用刊名检索可以确定期刊、专著或会议论文集的名称。在刊名中检索 Polymers,可以得到所有刊名含有此词的刊物。如果要检索某特定的期刊,用括号或引号把刊名括起来,如:{X – Ray Spectrometry},"Journal of X – Ray Science and Technology"。有时刊名可能会有所变化,此时最好使用刊名查找索引(Serial Title Look – up Index),刊名查找索引也包括系列专著或会议论文集的题目。

f. 标题(Title)。如果已知文献的标题而希望查找该文献,可以用括号或引号把刊名括起来(这样在检索时就把它当作一个短语),然后在标题字段检索。

如果用户希望在标题中检索某些特定的词语,需要在标题字段检索。标题中的词语常常表明该词语在论文中的重要性。

如果是英文文献,原标题需逐字复制。对于非英文标题,有一套特定的规则:如果文献使用的是非英文语言,而是西文字母,将同时提供英译和原文标题;如果采用非罗马字符的语言,将提供英文的译文标题,也可能提供转成罗马字母的原文标题;如果原文的标题是英文，而论文内容使用的是非英文语言，将采用英文标题，不再提供非英文标题。

g. Ei 控制词（Ei Controlled Term）。Compendex 数据库中用于索引记录的 Ei 受控词可以从 Ei 主词表中查找。第 4 版 Ei 主词表含有 18 000 个词，其中包括 9 000 个受控词，9 000 个导入词。Ei 受控词表是一个主题词列表，能专业和规范地描述文献的内容。可以在 Engineering Village 的 Ei 受控词查找索引中浏览受控词，受控词在摘要格式和详细格式的记录中以超级链接的形式存在，点击后可以检索到开始检索时所设定的时间范围内包含该受控词的记录。

Compendex 数据库中每个记录均有一个受控词作为主标题词来表示文献的主题（Main Heading），其余的受控词用来描述文献中所涉及的其他概念。

h. 查找索引（Look-up Indexes）。查找索引可帮助用户选择用于检索的适宜词语。Compendex 数据库有作者（Author）、作者单位（Author Affiliation）、刊名（Serial Title）、出版商（Publisher）和 Ei 受控词（Ei Controlled Term）的索引。

i. 检索限定（Search Limits）。检索限定包括文件类型（Document Type）限定、处理类型（Treatment Type）限定和语言（Language）限定，这是一种有效的检索技巧，使用此方法，用户可得到更为精确的检索结果。

j. 按日期限定（Limit By Date）、最近四次更新（Last Four Updates）。选择此选项将使用户的检索范围限定在最近四次所更新的内容中。如果用户检索不到所需要的内容，可通过选择新的时间段，逐渐扩大检索范围至过去一年、两年等。如果用户选择了此种方法，请选择按出版时间排序，记录的排列顺序将按由近及远的时间顺序排列。

（2）高级检索。

①"Within"命令（Wn）和字段码：高级检索（Expert Search）中有一独立的检索框，用户采用"Within"命令（Wn）和字段码，可以在特定的字段内进行检索。

②采用布尔运算符（AND，OR，NOT）连接检索词。单击界面上部导航条中的"SearchHistory"标签，启用合并前面的检索功能（Combining Previous Searches）可合并多重术语的检索。

③取词根（Stemming）：取词根功能将检索以所输入词的词根为基础的所有派生词。在高级检索（Expert Search）中取词根所用的操作符为"$"。

例如，输入"$management"，返回结果为"managing，managed，manager，manage，managers"等。

④截词（Truncation）：星号（*）为右截词符。截词命令检索到以截词符为止的前几个字母相同的所有词。

例如，输入"comput*"得到："computer，computerized，computation，computational，computability"等。

⑤精确短语检索（Exact Phrase Searching）：如果输入的短语不带括号或引号，系统默认将检索结果按相关性排序，因此可以得到比较理想的检索结果。如果需要做精确匹配检索，就应使用括号或引号。

例如，"International Space Station"；{solar energy}。

⑥连接词 Connectives：如果检索的短语中包含连接词（and，or，not，near），则需将此短语放入括号或引号中。

例如，{block and tackle}；"water craft parts and equipment"；{near earth objects}。

⑦特殊符号（Special Characters）：除a–z, A–Z, 0–9,?，*，#，( ) 或 { }以外的所有字符都属于特殊符号。检索时系统将忽略特殊字符。如果检索的短语中含有特殊符号，则需将此短语放入括号或引号中，此时特殊字符将被一个空格代替。例如，{M/G/I}。

⑧大小写（Case Sensitivity）：Engineering Village 的界面不区分大小写，所输入的单词可以是大写或小写。

⑨排序（Sorting）：Compendex、INSPEC 和 Combined Compendex & INSPEC 数据库的检索结果可以按相关性（Relevance）或出版时间（Publication Year）进行排序。

⑩相关性（Relevance）：相关性排序基于以下准则。

a. 这些词是作为一个精确的短语检索到的还是该短语中的词在一条记录中被分别检索到的。

b. 如果这些词是被分别检索到的，被检索到的词越接近，该条排列越靠前。

c. 词或短语在检索到的记录中出现的次数。

d. 词在文档中的位置（在文档中开始字段中发现的则排在前，靠近末尾的则排在后）。

e. 此词是否是在重要的字段中检索到的，如标题字段。

出版时间（Publication Year）：按记录的出版时间进行排序。例如，2002 年，2001 年，2000 年，1999 年等，新近出版的文献排在前面。

复位（Reset）：当用户需要在检索过程中开始一次新的检索，请单击复位（Reset）按钮，清除前面的检索结果。单击复位（Reset）按钮可确保前面的检索结果不影响新开始的检索，并且将所有的选项复位到默认值。

6.1.2 美国《科技会议录索引》

1.《科技会议录索引》概述

《科技会议录索引》（Index to Scientific & Technical Proceedings，ISTP）1978 年创刊，是美国科学信息研究所（Institute for Scientific Information，ISI）编辑出版、专门报道会后出版物——会议论文集的信息检索工具。ISTP 作为检索会议文献的主要检索工具，在国际上占有显著地位，也是科技界共同认可的会议文献的重要检索工具。该刊是一种综合性的科技会议文献检索刊物，学科范围包括生命科学、临床医学、物理学、化学、工程技术、应用科学、生物学、环境与能源科学等。主要收集世界上各种重要的会议文献，现每年报道全世界召开的各种学术会议 4 800 多种，论文有 20 多万篇，约占每年主要会议论文的 75% 以上。ISTP 的报道速度快，一般当年出版的会议录能在当年见到报道。由于 ISTP 有团体索引，故能统计某机构人员发表论文的情况，因此 ISTP 近年来很受学术界重视，并将其列为三大检索工具之一。

ISI 研究所编辑的信息数据库比较多，其中与会议文献有关的还有《社会科学及人文科学会议录索引》（Index to Social Scientific & Humanities Proceedings，ISSHP），重点收集社会科学文献的会议文献。

目前，ISTP 出版物有印刷版、光盘版、磁盘、联机数据库、网络版等几种形式。现介绍《科技会议录索引》的网络版。

《科技会议录索引》的网络版是美国科学情报研究所（ISI）基于Web of Science的检索平台，将《科学技术会议录索引》（ISTP）和《社会科学及人文科学会议录索引》（ISSHP）两大会议录索引集成为Web of Science Proceedings，简称WOSP。

WOSP汇集了世界上最新出版的会议录资料，包括专著、丛书、预印本以及来源于期刊的会议论文，提供了综合全面、多学科的会议论文资料。WOSP最明显的特点是增加了会议论文的摘要信息（光盘版没有论文摘要）。WOSP通过Web of Science平台进行检索，相关文献可以直接链接到Web of Science。

2.《科技会议录索引》检索

（1）检索方法。

用户可在任何引进ISI Proceedings数据库的高校校园网内的联网终端直接联通ISI Proceedings（http://isi4.isiknowledge.com）。采用IP地址控制，不需要账号口令，采用专线传输，不需花费国际流量通信费。

ISI Proceedings提供Full Search和Easy Search两种检索界面。

①Full Search：提供较全面的检索功能。通过主题词、作者名、期刊名、会议或作者单位等途径检索，可限定检索结果的语种、文献类型、排序方式，可存储/运行检索策略。

②Easy Search：检索功能相对简单，可以对感兴趣的特定主题、人物、地点进行检索。

（2）全面检索（Full Search）。

①进入ISI Proceedings后，单击"Full Search"按钮进入Full Search检索界面。检索前先进行选择。

a. 选择数据库：《科学技术会议录索引》（Science & Technology a Proceedings—1998 - present）或《社会科学及人文科学会议录索引》（Social Sciences & Humanities - Proceedings—1998 - present），默认为两库都选。

b. 选择年代范围：可以选择某年或最近几周上载的数据，默认为All years（1998年至今）。

②单击"General Search"按钮进入检索词输入界面后，根据需要在以下5个字段中输入检索词，检索词间可用逻辑算符（and、or、not、same）连接。

a. Topic：主题词。在文献篇名、文摘及关键词字段检索，也可选择只在文献篇名（Title）中检索。

b. Author：作者姓名。标准写法为姓氏全拼 + 名的缩拼。例如，检索张小东就输入zhang xd。Source Title：来源出版物全名。

c. Conference：会议信息，例如，会议名称、地点、日期、主办者，如AMA and CHICAGO and 1994。

d. Address：作者单位或地址。例如，输入IBM SAME NY检索作者地址为IBM's New York Facilities的会议文献。

说明：截词符为*，例如，输入automat*可以检索到automation、automatic等词；作者单位名称常常用缩写，例如，Univ Sci & Technol Beijing，如果不能确定缩写名称，可以用univ* and Beijing and tech*等来检索；逻辑算符Same表示检索词出现在一句话中。

③输入检索词后，单击"Search"按钮检索，单击"Clear"按钮清除输入框中所有内容。Full Search 方式还在输入框下方提供三组限定选项（用 Ctrl - Click 可以进行多项选择）。

　　a. 文献语种选项——默认为所有语种"All Languages"。

　　b. 文献类型选项——默认为所有文献类型"All Document Types"。

　　c. 命中结果排序选项——可以根据收录日期、相关性、第一作者姓名字顺、来源出版物名称字顺、会议名称字顺排序。默认为"Latest Date"即根据文献的收录日期排序。

　　在 Full Search 检索界面还有两个检索方式："Advanced Search"检索方式适用于专业用户执行复杂检索；"Open Histories"检索方式可打开以前保存的检索策略。

（3）简单检索（Easy Search）。

与 Full Search 类似，首先选择数据库范围，然后选择需要查找的信息类型——主题（Topic）、人物（Person）、地点（Place），分别进入各自的检索界面。

①Topic Search（主题检索）在篇名、文摘及关键词字段通过主题检索文献的步骤如下。

　　a. 输入描述文献主题的检索词，用逻辑算符（AND、OR、NOT）连接。

　　b. 选择结果排序方式——Relevance（相关度）或 Reverse Chronological Order（年代倒序）。

　　c. 单击"Search"按钮，开始检索。

②Person Search（人物检索）。对特定人物进行检索的步骤如下。

　　a. 输入要检索的人名，标准写法为姓氏全拼 + 名的缩拼。例如，检索张小东就输入 zhang xd。

　　b. 选择是检索该人物撰写的文献，还是有关该人物的文献记录。

　　c. 单击"Search"按钮，开始检索。

③Place Search（地址检索）。从著者所在机构或地理位置角度进行检索的步骤如下。

　　a. 直接输入著者所在机构（如大学或公司名称中的关键词）或地理位置（如国别或邮编）。

　　b. 单击"Search"按钮，开始检索。

④检索结果的显示、标记、下载。

　　a. 简要格式的显示与标记。检索后命中记录以简要格式显示，包括题目、作者、会议信息、来源出版物信息。此时可以在记录左侧的小方块中打勾，然后单击"Submit Marks"按钮来做标记，或者通过"MarkAll"按钮给所有命中结果做标记。

　　b. 全记录格式的显示与标记。在简要格式下点击文献题目的链接即可看到全记录，包括文摘、作者单位、会议主办者等信息。此时单击屏幕上方的"Mark"按钮可对该记录做标记。单击"Summary"按钮回到简要格式显示。部分文献的全记录显示中有"Go To Web of Science"按钮，表示该会议文献由于同时刊登在期刊上而被 SCI 收录，单击该按钮可以直接连到 Web of Science 数据库界面，从而可获得其被引情况。

　　c. 下载。将需要的记录做标记后，屏幕上方就会显示"Marked List"按钮，单击后显示所有标记记录的简要列表，在屏幕下方选择输出字段和排序方式后，再选择 Format for Print 进行显示，然后利用浏览器的存盘和打印功能下载。也可以选择 E - mail 方式，将检索结果发至电子邮箱。Save to File 和 Export 方式用于输出到专门接口软件，一般用户不用。

⑤检索策略的储存与运行。只有 Full Search 方式的"Advanced Search"方式下可以存储

和运行检索策略。在检索词输入界面，单击屏幕下方的"Save History"按钮，可以存储检索策略，以备后用。单击"OpenHistory"按钮可以用调入的检索策略进行检索。

6.1.3 《科学引文索引》

《科学引文索引》（Science Citation Index，SCI）是由美国费城科学情报所（Institute of Scientific Information，ISI）编辑出版的、世界公认的最具权威的综合性科学技术文献索引检索工具，创刊于 1961 年。SCI 是世界三大检索系统（EI、SCI、ISTP）之一，是判断高等院校、科研机构及科技人员学术水平的依据，在国际学术界占有重要地位。我国科学技术界对能被 SCI 摘录的论文一直给予高度的重视。中国科技信息研究所每年出版的《中国科技论文统计与分析》的年度报告中，也以 SCI 收录的论文数目对高等院校、研究机构进行排序。在申请国内比较重大的科研项目和申报重大的奖项时，都要看发表的论文是否被 SCI 收录，以此作为衡量学术水平及研究能力的指标之一。因此，论文入选 SCI 已成为众多科技人员所追求的目标和高校及科研机构所关注的热点。

SCI 最重要、最能反映其特征的是"引文索引"。引文（Citation）是指一篇学术论文中所引用的参考文献，引文作者是指参考文献的作者。引文索引便是从论文后面所附的参考文献入手，以参考文献作者姓名为序排列，不但揭示了某作者于何时在何刊物上发表了哪些论文，而且还表明这些文章曾经被谁引用过，从而可以了解论文发表之后，其工作如何被后来者所发展、改进、证明、应用或否定。另外，从其学术水平及参考价值来看，一篇文献发表以后，如果从未被人参考引用过，从某种意义上来说其参考利用价值不大或无人对此研究的内容感兴趣。因此，论文所附参考文献具有重要的价值与作用，这也是 SCI 被世界所公认的原因。SCI 来源期刊收录范围以文献是否被人引用及引用率来考虑。此外，SCI 不仅证明了作者文章的水平和价值，而且大大地增加了信息（因为如果某个作者的一篇文章被多人引用，那么通过这一篇文章又可以查到与该文献内容相关的多篇论文）。

《科学引文索引》从出版形式上看，SCI 目前有印刷版、光盘版、磁盘版、联机版和网络版等几种出版形式，在这里给大家介绍网络版的《科学引文索引》。

网络版《科学引文索引》包括众多的内容，最主要的是引文数据库。引文数据库（Citation Database）收录了 8 000 多种期刊的信息，涵盖几百个学科，包含在公开出版的期刊上发表的文章的著录信息和参考信息。用户能够利用作者姓名、主题词、期刊名和最重要的引文参考从引文数据库中追踪信息。引文数据库中包含的信息反过来作为索引条目可以按照作者的意愿来编排。在引文数据库中引用的论文可以按照其原始引文参考和引用次数检索。

1997 年，ISI 推出了其最新的数据库产品——Web of Science，为研究人员通过 WWW 轻松检索 SCI、SSCI、A&HCI 提供了迅速而强大的途径。网络版科学引文索引的引文数据库包括科学引文索引扩展版（Science Citation Index Expanded，SCI Expanded）、社会科学引文索引（Social Sciences Citation Index，SSCI）以及艺术和人文引文索引（Arts&Humanities Citation Index，A&HCI）。SCI Expanded 收录 1945 年以来（作者文摘可回溯至 1991 年）超过 5 600 种科技期刊，每周更新量 1.7 万条新记录和 33.4 万条新被引参考数据。SCI Expanded 内容涉及科学技术的各个领域，其中收录的 2 100 种期刊，来源于以下六大学科的科学引文索引期刊源：计算机与数学引文索引（CompuMath Citation Index）、生物化学与生物物理引文索引（Biochemistry & Biophysics Citation Index）、生物技术引文索引（Biotechnology Citation Index）、化学引文索引（Chemistry Citation Index）、神经科学引文索引（Neuroscience Citation Index）、材料科学引文索引（Materials Science Citation Index）。SSCI 收录 1956 年以来（作者文摘可回溯至 1992 年）超过 1 700 种社会科学期刊，以及从 5 600 种科技期刊中单独挑选的词条，每周更新量 4 500 条新记录和 8.8 万条新被引参考数据；A&HCI 收录 1975 年以来超过 1 140 种艺术和人文期刊，以及从 7 000 种科学和社会科学期刊中单独挑选的相关词条，每周更新量 2 200 条新记录和 1.6 万条新被引参考数据。A&HCI 还提供独特的艺术展、音乐表演、歌剧和舞蹈表演、乐谱、电视、广播、电影、唱片等的评论检索。网络版科学引文索引除了收录 SCI Expanded、SSCI、A&HCI 三种综合引文索引外，还包括三种专科引文索引，它们是生命科学引文索引（BioSciences Citation Index）、化学引文索引（ChemSciences Citation Index）和临床医学引文索引（Clinical Medicine Citation Index）。这些索引包括科学家和研究工作者感兴趣的在生物制药和化工领域的期刊，提供全部著录信息（包括 1991 年以来的作者和摘要）。这三个数据库每周更新，不同用户的数据库和资料量依赖用户订购情况而变化。

1. Web of Science 主要特点

Web of Science 主要特点如下。

（1）通过引文检索功能可查找相关研究课题早期、当时和最近的学术文献，同时获取论文摘要。

（2）可以看到所引用参考文献的记录、被引用情况及相关文献的记录。

（3）可选择检索时间范围，可对论文的语言、文献类型作限定检索。

（4）检索结果可按其相关性、作者、日期、期刊名称等项目排序。

（5）可保存、打印、E‐mail 所得的记录及检索式。

（6）全新的 WWW 超文本特性，能链接到 ISI 的其他数据库。

（7）部分记录可以直接链接到电子版原文或者链接到所在机构的 OPAC 记录，迅速获得本馆馆藏信息。

（8）数据每周更新。

2.《科学引文索引》检索方法

（1）Easy Search（简单检索）。

通过主题、人物、单位、城市名或国别检索最近的文献，有三种检索途径。每次检索最多显示 100 条最新的记录。Topic Search（主题检索），输入主题在文献篇名（Title）、文摘（Abstract）及关键词（Keywords）字段检索。检索步骤如下。

①输入描述文献主题的单词或词组。

②选择命中结果排列顺序（Sort Order）。

a. Relevance（相关度）：按检索词出现的频率排序，出现频率高的排在前面。

b. Reverse Chronological Order（时间顺序降序）：按 ISI 收录的时间排序，最新的记录排在最前面。

③点击 Search 进行检索。

a. Person Search（人名检索）。进入 Person Search 检索界面后，可在下面 3 个范畴中选择其一。

• Show me all of the articles in the database that this person has authored（论文著者）。

• Show me all of the articles in the database that cite this person's work（被引文献著者）。

• Show me articles that are about this person（主题人物检索，同"Topic Search"）。用论文著者或被引著者检索时，检索词形式为：姓氏的全拼，空格，名（包括中间名）的首字母缩写。作主题人物检索时，当仅输入姓氏仍觉得范围太大时，可以同时输入"名"，建议用位置算符连接"姓"和"名"。

b. Place Search（地址检索）。从著者所在机构或地理位置检索，检索词可以是国家、州/省的缩写、公司或学校名称、系或部门名等。

（2）Full Search（全面检索）。

Full Search 提供较全面的检索功能，分为 General Search 和 Cited Reference Search。可以对文献类型、语种和时间范围等进行限定。检索之前需要选择：

①一个或数个数据库（如果没有选择，系统默认为全部三个数据库）。

②依时间划分的文档（＊注1）。

③选择检索方式。

a. GeneraL Search——通用检索，通过主题、著者、期刊名称或者著者地址检索。

b. Cited Rer Search——引文检索，通过引文著者或者引文文献检索。

在 Full Search 检索方式下，可列出的最多记录数依选定的排序方式不同而不同。选择"Latest Date"或"Relevance"排序时，检索结果最多为 500 篇；选择"Times Cited"、"First Author"或"Source Title"排序时，如果命中文献超出 300 篇，系统提示需缩小检索范围，重新检索；如果用户需要检索浏览较大量的文献，可以选择一年或者几年检索，不要选择所有年代。

General Search（通用检索）操作步骤如下：

①输入检索式。

用主题、著者、来源期刊名或著者地址检索文献。系统默认多个检索途径之间为逻辑"与"关系。

a. Topic（主题）——用在文献篇名（Title）、文摘（Abstract）及关键词（Keywords）字段可能出现的主题词（词组）检索，也可选择只在文献篇名（Title）中检索。

b. Author（著者）——用著者姓名检索，Web of Science 标引收录文献的全部著者和编者。若在著者姓名中恰巧包含禁止使用的检索词，可以利用引号，如 KOECHLI "OR" 检索 O. R. Koechli 发表的文献。

c. Source Title（来源出版物）aa 用期刊的全称检索，或用期刊刊名的起始部分加上通配符"＊"检索。Source List 列出了 Web of Science 收录的全部期刊，可以通过它粘贴拷贝准确的期刊名称。

d. Address（地址）——用著者地址中所包含的词（组）检索。

②对检索结果进行限定和排序。

用检索窗口下方的下拉菜单限定原文的语种和文献类型，按下 Ctrl 或 Shift 键可选多个选项。

有以下几种方式对检索结果进行排序（Sort results），用下拉菜单选择其一：

a. Latest Date（默认选项）：根据 ISI 收录日期排序，最新的排在前面。

b. Relevance：相关性排序。根据每篇记录中检索词出现的频率以及它们之间的靠近程度降序排序。

c. Times Cited：根据文献被引用的次数排序。

d. First Author：根据第一著者的字母顺序排序。

e. Source Title：根据来源出版物名称的字母顺序排序。

Cited Reference Search（引用检索）是以被引著者、被引文献和被引文献发表年代作为检索点进行检索。

a. Cited Authoraa 被引著者。一般应以被引文献的第一著者进行检索，但如果被引文献被 Web of Science 收录，且清华大学图书馆购买了这段时间的数据库，则可以用被引文献的所有著者检索。

b. Cited Workaa 被引著作，检索词为刊登被引文献的出版物名称，如期刊名称缩写形式、书名或专利号。单击"list"，查看并复制粘贴准确的刊名缩写形式。

c. Cited Yearaa 被引文献发表年代。检索词为四位数字的年号。

说明：上面三个检索字段可以单独使用，也可同时使用，系统默认多个检索途径之间为逻辑"与"的关系。当需要 and，or，not，same 或 sent 作为检索词，而不是作为算符时，可以用引号（""）将这些词括起来。

检索步骤：

a. 在一个或多个字段中输入检索词。

b. 单击"Lookup"按钮，出现 Cited Reference Selection（引文选择）界面。显示满足要求的被引文献。先按照引文著者排序，再按照发表引文的出版物排序，"Hits"对应被引用的次数。

说明：被引著者前如有省略符号，表示该著者不是该文献的第一著者。如果满足要求的被引文献数目太大，系统给出提示，检索者此时可以缩小范围重新检索，或者直接单击提示框中的"show"按钮，查看当前的检索结果。

c. 在被引文献前面的方框中作标记。标记一篇、多篇或当前页的全部（利用结果上方的"Select Page"按钮）被引文献，翻页至其他页。

d. 限定被引文献的文献语种、文献类型和选择结果的排序方式（方法同 General Search）。

e. 单击"Search"按钮。列出所选文档中引用上面选定的被引文献，且满足 d 中限定条件的记录。

③检索算符。

a. 逻辑算符——"NOT""AND""OR"，分别规定"非""与""或"逻辑关系。

b. 位置算符——"same"或"sent"，二者作用相同，规定其前后连接的两个词在检索记录中出现在同一句中，或同一个词组中（keyword 字段）。

c. 通配符——"*"和"?"，用在检索词的中间和词尾，"?"代表一个字符，"*"代表零个或若干个字符。

说明：逻辑算符或位置算符与检索词之间应有一个空格。

3. 保存、调用检索式

（1）保存检索式。

使用 Full Search 检索方式时，输入检索式后，单击窗口中部的"Save Query"按钮，可以将检索式保存在软盘或硬盘上，自己选择路径和文件名。

（2）调用检索式。

进入 Full Search 检索方式，在屏幕最下方的"Using Saved Queries"调用已经保存的检索式。用"浏览"定位保存检索式的文件，或直接键入路径和文件名，单击"Open Query"按钮。

4. 检索结果利用

（1）浏览检索结果。

实施 Easy Search 和 General Search 检索后，首先分页（每页 10 条）显示检索结果的简单记录，简单记录包括文献的前三位著者、文献标题、出版物名称（刊名）、卷、期、起止页码和出版时间。窗口上方标明检索字段及检索内容、选用的数据库和其他限定条件，满足检索要求的记录数显示在窗口的左下方。点击文献标题，可以看到该条结果的全记录（Full Record），包含记录的全部字段。在全记录显示窗口的左上方，Previous、Next 和 Summary 三个按钮的作用分别为转到上一条全记录、下一条全记录和分页列出简单记录。利用翻页按钮迅速跳到希望查看的页码。

（2）Mark & Unmark（标记和去除标记）。

在将检索结果进行输出之前，需要将欲输出记录进行标记。

在分页显示简单格式窗口，单击记录前面的方框，标记/去除标记这条记录；或者单击窗口左上方的"Mark Page/Unmark Page"或"Mark All/Unmark All"按钮，对当前页的 10 条记录或检索命令中的全部记录做标记/去除标记；单击"Submit Marks"按钮，提交标记的记录。注意，提交标记仅提交当前页的标记记录。

在全记录显示窗口，单击窗口上方的"Mark/Unmark"按钮，对记录做标记/去除标记。

单击窗口上方的"Marked List"按钮，显示此次登录全部被标记的记录，右上方的 Clear Marked List 按钮用于清除全部标记。

（3）Cited References（查看引用文献，即参考文献）。

在全记录显示窗口，Cited References 后面的数字为这篇文献所引用文献的数目。

单击"Cited References"按钮，列出全部被引用文献的，包括著者、发表被引文献的出版物、卷、页和年。若被引文献被 ISI 收录进某个文档，且清华已订购该文档，则可以通过点击查看被引文献全记录。

（4）Times Cited（查看被引用次数）。

在全记录显示窗口，Times Cited 后面的数字表示这篇文献被其他文献引用的次数。单击"Times Cited"按钮，显示数据库中所有引用这篇文献的文献记录（Citing Articles）。显示格式为简单记录。

（5）Find Related Records（查找相关记录）。

若数据库中某两篇文献引用的参考文献中至少有一篇是相同的，则称这两篇文献为相关记录。

①在检索结果全记录显示窗口的右上方,单击"Find Related Records"按钮,列出在已订购文档中,与该文献相关的全部记录。可以进一步查看相关记录的全记录。

②在被引用文献列表(Cited References)中,缺省情况为每篇文献都有标记,此时单击窗口右上方的"Find Related Records"按钮,查找的相关记录同①。若去除一篇或数篇文献的标记,查到的相关记录中不包括那些引用了去除掉标记的参考文献的记录。

③单击相关记录显示窗口上方的"Search Results"按钮,返回原始检索结果显示窗口。

(6) ISI Links(ISI 超链接)。

ISI Links 是指在检索结果基础上的两种超链接功能。

①如果在全记录显示窗口的右上方,出现了"View Full Text"按钮,说明清华大学图书馆订购了这篇期刊文献的电子版,单击"View Full Text"按钮,可以直接在线阅览原文。

②单击全记录显示窗口右上方的"Holdings"按钮,显示刊登文章的出版物在清华图书馆的馆藏情况。

(7) Export(输出检索结果)。

在显示标记结果的窗口(单击"Marked List"按钮后出现),可以输出这些记录。输出的格式可以选择,缺省格式为简单记录,检索者可选择增加引用参考文献、地址、文摘等字段。输出多记录时可以按时间、第一著者、原始出版物或被引用次数排序。输出方式可选择以下之一。

①Format for Print——以简单记录格式在 Web 浏览器中显示检索结果,借助浏览器的打印功能打印。

②Save to File——以纯文本的格式将检索结果保存在检索终端硬盘或软盘上。

③Export to Reference Software——以 cgi 格式将检索结果保存在硬盘或软盘上,保存的文件可以输入个人参考文献管理软件,也可以用写字板(Wordpad)等软件打开。

④E-mail——以电子邮件的形式送出检索结果。

(8) 链接到 ISI 的其他数据库。

清华大学还从 ISI 订购了 ISI Chemistry,ISI Proceedings,Biosis Previews,Current Contents 和 JCR 数据库,故在全记录显示窗口,单击右上方的"Go to CC Connect"或"Go to JCR",转到 Current Contents 或 JCR 数据库,可以查看期刊目录和引用报告。如果全记录显示窗口的右上方出现了 Reactions 或 Compounds,说明在 ISI Chemistry 数据库中也有该篇文献的记录。点击按钮,进入该数据库中的反应中心或化合物中心,可以看到反应或结构的详细记录。如果在窗口右上方出现 Go to Biosis Previews 或 Go to Proceedings,说明在 Biosis Previews 或 ISI Proceedings 数据库中也有相应的记录,点击按钮,可以查看在这些数据库中的记录内容。

5. 改变检索策略,开始新的检索

窗口上方的 Home 按钮用于返至 Web of Science 首页,用 New Session 开始新的检索,并清除前面检索所作的标记。LOG OFF 和 Help 的作用分别是退出检索和查看在线帮助。Easy Search 的结果显示窗口上方的 Reture to Search 按钮,用于返回 Easy Search 检索窗口。而 Full Search 的结果显示窗口上方的 General Search,Cited Ref Search 和 Date & DB Limits 按钮,则

用于迅速打开 General Search，Cited Reference Search 检索窗口及重新选择数据库及文档。

6.1.4 《化学文摘》(CA) 数据库

《化学文摘》(Chemical Abstracts，CA) 创刊于 1907 年，由美国化学学会文摘服务社 (Chemical Abstracts Service，CAS) 编辑出版。在近一个世纪的发展过程中，它已经成为世界上化学化工领域最权威、最全面、最准确的检索工具，也是世界上历史最悠久、声誉最好的大型检索工具之一。该刊除报道化学化工领域文献之外，还涉及物理、冶金、能源、生物医学、轻工等方面的文献，收录的文献资料范围较广，报道 150 多个国家和地区、多达 56 种文字出版的 14 000 多种科技期刊、科技报告、会议录、学位论文、新书、综述以及 28 个国家和地区的专利文献，其中专利文献占总文献量的 20%。

随着计算机应用及互联网的迅速普及，CAS 早在 1967 年就建立了自己的计算机系统，开始出版电子版，并迅速发展。目前国内检索 CA 电子版主要有 3 种途径，即 CA 光盘版、Dialog 国际联机和 STN 国际联机。

1. CA 的特点

①历史悠久。CA 自从 1907 年创刊以来从未中断过，特别是 1969 年具有 140 年历史的德国《化学文摘》并入 CA，CA 就成为世界上历史最悠久的化学文摘了。

②收录范围广。目前 CA 收录报道的信息来源于世界上 130 多个国家和地区用 50 多种文字出版的 17 000 多种期刊，29 个国家和两个国际专利组织的专利文献以及专著、会议录、技术报告、学位论文、档案资料、图书等类型的科技文献资料。

③信息含量大。1907 年创刊时，CA 的年文献量仅为数千篇，其后，其发展速度相当快。1957 年约为 2 万篇，1967 年约为 25 万篇，1977 年约为 40 万篇，1987 年约为 48 万篇，1997 年已达 70 万篇左右。另外，从 CA 出版周期的不断缩短：1907—1960 年为半月刊，1961—1966 年为双周刊，1967 开始至今为周刊，足以说明 CA 摘录文献数量的不断增长趋势。现在 CA 已成为世界上信息含量最大的化学化工文摘杂志，据称它摘录世界上有关化学化工方面的文献约达 98%，CA 也因此自称是"打开世界化学化工文献的钥匙"。

④出版迅速、形式多样。从 20 世纪 60 年代开始，CA 的编辑出版工作就开始从传统方法逐步向自动化过渡，到 1975 年第 83 卷开始，CA 的全部文摘和索引都采用电子计算机编排，全部编印工作实现电子计算机化，从而大大加快了 CA 的出版速度，如北美、西欧等国的出版物，报道时差仅为 1~3 个月，美国专利在发行后 12 小时便可传送到文摘社，所以 CA 具有很强的时效性。CA 的出版形式也不断增加，创刊初期只有印刷版，现在已增加了缩微版、光盘版以及网络版，出版形式的多样化，适应了科学技术飞速发展的趋势，也为不同的检索者提供了方便。

⑤索引体系完备。CA 非常重视索引的编辑出版工作，不断完善索引系统，索引种类现已达十几种，为读者提供了多种检索文献的途径，能满足各种从课题出发的检索要求。除期刊索引外还单独出版与 CA 文摘期刊配套使用的各种卷索引和多年累积索引，非常方便读者进行系统的回溯检索，提高检索效率。

2.《化学文摘》CA 光盘数据检索

CA 光盘数据库由美国化学学会制作，文摘内容对应于书本式《化学文摘》，该数据库收录了世界范围内有关生物化学、物理化学、无机、有机化学等许多有关化学及化工方面的科技文献，年文献量达 773 000 条，其中约 123 000 条专利。数据库文献内容及索引信息按月更新。目前国内有许多高校图书馆购买了 CA 光盘版，放在光盘塔服务器上提供给校园网终端用户使用。

CA on CD 提供 4 种基本检索途径：索引浏览式检索（Index Browse）、词条检索（Word Search）、化学物质等级名称检索（Substance Hierarchy）和分子式检索（Formula）。

（1）索引浏览式检索（Index Browse）。

这是将数据库的各种检索途径列出，供用户选择。确定检索入口后，在屏幕上即显示该字段下相应的词条和命中文献篇数，用户通过浏览这些检索词条来选择。

（2）词条检索（Word Search）。

词条检索是直接在检索窗口输入检索词、词组、数据、CAS 登记号、分子式等检索要求后进行检索的方法。检索词条间可用逻辑运算符进行组配检索，对检索词的输入，系统也支持截词符号"＊"和代词符号"？"。

（3）化学物质等级名称检索（Substance Hierarchy）。

"CA on CD"的化学物质等级名称索引与书本式的化学物质索引基本相同，是按化学物质的母体名称进行检索的，有各种副标题及取代基。

（4）分子式检索（Formula）。

分子式索引由 A～Z 顺序排列，检索过程与化合物等级名称检索相似。双击选中的索引，将等级一层层打开，点击选中的条目，则显示文献题目和文摘。

（5）其他检索途径 CA 光盘数据库系统允许用户从显示的文献记录中，选择感兴趣的词条、CAS 登记号进行进一步的检索。

6.2 重要国外数据库

6.2.1 EBSCO 学术信息、商业信息网络数据库

美国 EBSCO Host 的 ASP 和 BSP 是两个综合性、大数据量的全文数据库。ASP 和 BSP 与其他网络数据库相比，在收录文献的来源、权威性、检索功能和数据库的管理等方面，有自己的独到之处，为用户检索和数据库的管理者提供了良好的使用环境。

EBSCO Publishing 自 1984 年成立至今，一直专注文献数据库的发展并于 1994 年率先推出网上全文数据库 EBSCO Host。目前 EBSCO 可以提供 60 多种数据库为图书馆服务。

学术期刊数据库 ASP（Academic Search Premier），包括生物科学、工商经济、咨询科技、通信传播、工程、教育、艺术、医药学等领域的 2 668 种期刊，其中 1 240 种有全文。SCI & SSCI 收录的核心期刊为 993 种（全文有 350 种）。

商业资源数据库 BSP（Business Source Premier），包括经济学、经济管理、金融、会计、

劳动人事、银行以及国际商务等领域的 2 091 种期刊，其中 1 600 多种有全文。SCI & SSCI 收录的核心期刊为 398 种（全文有 145 种）。

EBSCO 公司通过国际专线提供检索服务，校园网的用户检索、下载无须支付国际网络通信费。采用 IP 控制访问权限，不需要账号和口令。

EBSCO 公司主页：http：// search. china. epnet. com。

1. 常用运算符

（1）逻辑运算符：AND（与），OR（或），NOT（非）。

（2）通配符："?"只替代一个字符，例如，输入"ne? t"，检索结果：neat，nest，next；"＊"可以替代一个字符串，例如，输入"comput＊"，检索结果：computer，computing 等。

（3）位置运算符："N"运算符表示检索词之间可以加入其他词，词的数量根据需要而定，词的顺序任意。例如，tax N5 reform 表示在 tax 和 reform 之间最多可以加入 5 个任意词，检索出 tax reform，reform of income tax 等。

（4）W 运算符：表示检索词之间可以加入其他词，词的数量根据需要而定，词的顺序依输入词的顺序。例如，tax W8 reform 可以检索出 tax reform，但不能检索出 reform of income tax。

2. 常规检索

进入数据库后，有 4 种可选择的检索方式：Keyword Search、Natural Language Search、Advanced Search 和 Expert Search。如不特别指定，系统默认 Keyword Search 方式。

（1）关键词检索（Keyword Search）：输入关键词，也可以输入词组，关键词或词组之间最好根据逻辑关系加入逻辑运算符（AND，OR，NOT），输入的词越多，检索的结果越准确。例如，distance education 或 distance education and china。

（2）自然语言检索（Natural Language Search）：输入词、词组或句子，检索结果根据命中词在文献中的词频高低排序，词频高的、最相关的排在最前面。命中的结果不一定包括所有输入的检索词。例如，rising tuition costs in the United States。

（3）高级检索（Advanced Search）：在检索框中根据需要选择检索字段，输入检索词，使用逻辑算符，进行逻辑组配。充分利用检索框下的各项选择可以使检索更准确。

（4）专家检索（Expert Search）：输入检索词，使用逻辑算符，进行检索词或检索式的逻辑组配。系统自动记录检索策略。

3. 辅助检索

进入数据库后，在检索页面的最上方，系统提供的其他检索途径有如下 5 项。

（1）规范化主题检索（Subject Search）：利用规范化主题词检索，检索效率高，相关性大。主题不是任意自定，需用系统规定的主题。因此首先要检索系统的相关主题后再实施正式检索。可供选择的主题有 All（所有的主题）、People（人物）、Products & Books（产品与图书）、Companies（公司企业）、Subjects（主题）。

（2）期刊名称检索（Journal Search）：具体期刊名称的检索，了解某一期刊的大概情况。检索结果是期刊名称、刊号、出版周期、出版者、刊物报道范围等。

(3) 邓白氏公司名录检索（D & B Directory）：在检索框中输入公司名称等，检索结果提供某一公司的基本情况，具体内容是公司名称、地址、所在省市、电话、业务范围、雇员人数、销售额、邓白氏号码。

(4) 图片检索（Image Collections）：输入检索词，检索词之间可用逻辑运算符组配。例如，Baseball AND Boston 可利用页面下面的选项确定要检索的图片，提供的选项有人物图片（Photos Of People）、自然科学图片（Natural Science Photos）、某一地点的图片（Photos Of Places）、历史图片（Historical Photos）、地图（Maps）或国旗（Flags），如果不作选择，则在全部图片库中检索。

(5) 华尔街词汇（Wall Street Words，仅限于 Business Source Premier 数据库）：规范化主题类似，利用规范化的商业经济词汇检索，需先检索有关词汇后实施正式检索。

4. 检索结果的处理

(1) 显示文献。命中文献系统首先以题录方式显示。直接点击某一篇文献后可以看到文摘（如果无全文）或全文，带有全文的有 Full Text 标记，带有 Full Page Image 标识的表示该文献是以 PDF 格式显示的全文。若需要标记记录（Mark），在显示文献前面的方框内勾选。

(2) 打印/电子邮件/存盘（PRINT/EMAIL/SAVE）检索结果可以直接打印、电子邮件传递或存盘保存。检索出文献后，在页面上找到并单击"Print/E – mail/Save"，然后回答下面的问题后方可完成输出。

①输出的形式：标记记录、当前记录或全部记录。
②输出的格式：详细内容（如果带有文献）还是题录格式（Bibliographic manager format）。
③是否输出全文（如果带有全文）。
④输出的方式是直接打印、电子邮件传递还是存盘保存等。

回答所有问题后，单击"Submit"，开始打印、电子邮件传递或存盘。将检索结果保存到软盘上，则利用浏览器提供的保存功能，单击"文件"（File）后下拉出"保存"（Save As），给出文件名后就可以保存了。常用 CA 检索字段如表 6 – 1 所示。

表 6 – 1 常用 CA 检索字段

常用检索字段名	中文翻译意思
Abstract	文摘
Affiliation	作者所在单位
Author	作者
All Field	所有字段
Conf Title	会议录名称
Journal Name	期刊名
Subject	主题
Tile	题名

注意：阅读 PDF 格式全文，需安装 Adobe Acrobat Reader 软件。

6.2.2　Springer Verlag 全文电子期刊

德国施普林格（Springer–Verlag）是世界上著名的科技出版集团，通过 Springer Link 系统提供学术期刊及电子图书的在线服务。Springer 公司和 EBSCO/Metapress 公司现已开通 Springer LINK 电子期刊服务。

目前 Springer Link 所提供的全文电子期刊共包含 439 种学术期刊（其中近 400 种为英文期刊），按学科分为以下 11 个"在线图书馆"：生命科学、医学、数学、化学、计算机科学、经济、法律、工程学、环境科学、地球科学、物理与天文学，是科研人员的重要信息源。Springer 公司通过国际专线提供检索服务，校园网的用户检索、下载无须支付国际网络通信费。采用 IP 控制访问权限，不需要账号和口令。

第 7 章 特种文献及其检索

7.1 专利概述

7.1.1 专利概况

专利是指受专利法保护的发明创造,而专利权是指发明人或者专利权人(专利权所有人)在法律规定的有效期内(专利的有效期间一般为自提出申请或批准之日起 5~20 年),在授予专利权的国家或地区内对其发明创造享有使用、转让等独占的权利,其他人未经专利权人的同意或许可不得任意使用该发明,否则判为侵权。

要成为专利的发明创造,通常必须具备新颖性、先进性和实用性三个基本条件。新颖性是指世界上没有过,即在一定地域没有公开发表过,没有公开使用过,在所有国家专利文件中也没有过相似的记载。先进性是指在申请日以前与已有的技术相比,发明有突出的实质性的特点和显著的进步,简而言之要有独创之处。而实用性主要是指该项发明创造在工农业生产或者科学研究中能实施应用、具有良好的经济和社会效益,也就是指发明创造要具有可实施性、可再现性和可创造性。

专利一般分为三种类型:发明专利、实用新型专利和外观设计专利,其中最重要的是发明专利。发明专利是指具有较高科技含量和经济效益的发明创造。实用新型专利主要是指对机械器、设备、装置、器具等产品的形状、构造、组合的革新性创造,它与发明专利的区别主要在于科技含量的高低不同,通常实用新型专利的科技含量稍低。外观设计专利是指对产品的外形、图案、色彩及其结合作出的富有美感而又适合工业应用的美学设计。

7.1.2 专利文献的特点和用途

1. 专利文献的特点

专利文献通常是指专利说明书,它包括权利要求书、说明书附图、说明书摘要等。它与其他的科技文献如图书、期刊、研究报告、会议论文、学位论文、技术标准相比，具有以下几项独特之处。

(1) 内容广泛。

在应用技术方面，专利文献涉及领域之广是其他科技文献所无法比拟的。目前，全世界每年公布的专利说明书在200万件左右，其内容极其广泛，大到飞机、航母、雷达、火车，小到纽扣、圆珠笔尖、别针；从小改革到高精尖技术，各种层次的发明创造应有尽有。实践告诉我们，几乎所有的实用性技术问题在专利文献中都能找到。这是因为厂家和发明人为了达到独占的目的，对产品和工艺发展的每一个环节都力求获得专利权。因此即使是极小的改进，在专利文献中都有所反映。

国际专利分类表把可申请专利的技术领域分成6万多个细目（分组），而美国专利分类表则分成10万个以上的细目，由此可见专利文献所包括的内容之广泛。根据国外调查统计，在专利文献中报道的技术内容只有不到6%刊载在其他文献中。这个数字表明要了解新的发明创造，如果不善于检索国内外专利文献，将会失去大量的科学技术信息。

(2) 内容详细。

国际专利合作条约（PCT）对撰写专利说明书给出了明确的规定，其要求是专利说明书中公开的发明内容必须完全清楚，以业内人能适宜为标准，在撰写时应包括以下内容：

①发明所属专业技术领域；
②该项技术发展背景，目前存在的问题；
③发明实质，解决问题的方法；
④简明示意图或者流程图；
⑤给出应用的最佳方案或实施案例；
⑥工业实施条件。

专利文献与其他科技文献相比，在技术内容的叙述方面往往更为具体，更加实用。但在检索专利文献时，专利以单一件申请，所以只有通过系统地检索其核心和外围专利才能完整地了解某一产品的全过程，所以用户应注意进行去伪存真的筛选，才能获得有价值的科技信息。

(3) 格式雷同。

专利说明书具有固定的格式，一般由扉页、正文和附图三大部分组成。扉页部分一般著录本项专利说明书的国别、国徽、专利号、专利申请日期、申请号、发明人、发明名称、分类号、文摘等著录项目。并且在每个著录项目之前的括号中都标有由两位阿拉伯数字组成的国际标准化代码，这种代码由国际专利组织"巴黎联盟专利局情报检索国际合作委员会"（简称ICIREPAT）制定，目的是使那些不懂该国文字的专利工作者能根据代码识别其后面著录项目，便于进行计算机输入和检索。例如：[21] 表示专利申请号、[51] 表示国际专利分类号、[71] 表示申请人名称等。

专利说明书的正文主要由序言、发明细节的叙述和权项三部分内容组成，序言通常先指出该发明所属的技术领域，追溯发明的背景情况、现有技术水平和存在的问题，从而引出的发明，能提供改进的方法和解决问题的方案。对发明细节的叙述通常结合附图进行说明，并往往列出若干实施案例和较理想的实施方案。而权项部分一般都处在正文的最后，仅有日本专利说明书把权项放在正文之首。权项是专利申请人要求法律保护的技术范围，是区别于已知技术的要点,是发明人的独创部分,是排斥他人无偿占用的具体内容。权项限定了专利权保护的范围,所以这部分文字通常显得格外谨慎烦琐。专利说明书的附图多数在正文之后,少量在正文之前。附图是通过相关发明的立体图或其剖面图直观地介绍发明,一般为结构原理图或者示意图,并不反映尺寸比例。

(4) 报道速度快。

由于世界上大多数国家专利实行的是先申请制,对国内相同的发明,专利权授予最先申请的人。因此,发明人往往力求抢先提出专利申请,在英国、德国、日本、中国等实行早期公开的国家中,自申请日起满18个月,专利局就公开出版专利申请说明书。这大大缩短了技术交流的时差。据统计,专利文献报道的发明科技成果通常早于其他类型的文献。例如,电视机见之于专利文献是1923年,而在其他文献上发表是1928年,相差5年,这样的例子屡见不鲜。

(5) 报道数量大,重复多。

目前全世界每年公布的专利说明书近200万件,其中多半是重复报道的,原因有两点:一是同一发明在两个或两个以上的国家提出专利申请,因而各国分别公布;二是实行早期公开延迟审查的国家,对一件专利申请说明书公布两三次。它既为查阅专利文献的读者提供了选择文种和国别的方便,也给读者筛选专利文献带来一定的麻烦。

(6) 索取容易,追溯方便。

自21世纪末,各国专利局和专利性国际组织纷纷利用因特网免费传播专利信息,为世界各地网络用户快捷地获取专利信息提供了十分重要的途径。如欧洲专利局 esp@cenet 网络数据库包括欧洲专利局专利数据库,收录世界范围内的3 000多万件专利说明书,并且每周更新一次;而美国专利与商标局在因特网上的专利全文数据库提供了快速(布尔)检索、高级(布尔)检索和专利号检索,其中可供选择字段高达31个,为提高查准率创造了条件。并且可直接浏览、打印1790年7月31日以来美国专利与商标局公布的所有专利说明。专利数据库的突出优点是数据量大、更新及时、使用方便,可直接浏览或打印原文。

2. 专利文献的用途

专利文献含有重要科技信息、法律信息和经济信息。读者通过阅读专利说明书可了解有关课题的科技发展状况。这样有利于科技人员相互了解、相互启发、相互促进,从而加速科学技术向前发展。通过著录项目中的申请人或专利权人,用户可了解到相关企业专利申请的情况,例如其有效专利有多少,属于哪些专业技术领域等。从而分析研究其技术动向、产品动向和市场动向;根据同族专利的数量以及国别,可判定其经济势力范围,专利文献含有多方面的信息,它是一种用途十分广泛的科技信息资源。

(1) 专利性检索。

专利申请人或者代理人对一项新发明在申请专利之前必须进行专利检索,了解自己或代理的新发明是否具有新颖性、创造性和实用性,从而对是否申请专利做出决策。专利性检索,主要是检索相关的专利文献和专业期刊,国际专利合作条约(PCT)规定"七国二组织"的专利文献(追溯到1920)和最近5年100多种专业刊物为最低文献量。这七个国家和两个组织是美国、日本、俄罗斯、德国、英国、法国、瑞士,欧洲专利组织(EPO)和专利合作条约组织（PCT）。

（2）侵权检索。

企业向国外出口新产品之前，应检索专利文献，用于判断是否会造成侵权。一旦企业被控告侵犯他人专利权时，也应当对有关专利文献进行仔细研究，判断是否真的侵权。此外，还可进行更广泛的专利文献检索，力求找出相关的专利文献，然后反诉、请求专利局宣告该专利权无效，从而摆脱被控侵权的困境。

（3）开发新产品，解决技术问题检索。

专利文献详尽地叙述发明内容，是十分有价值的科技信息资源。据报道，在研究工作中经常查阅专利文献可缩短研究时间60%，节省研究经费40%，许多使用过专利文献的科技工作者对此深有体会。天津大学电子系的一位教师初步掌握了专利文献检索方法后，立刻取得了意想不到的收获。他说："在我的课题研究中，需要一种增益受控放大器，我曾查找过几十种有关放大器的图书和仪器说明书，均未找到该电路。在初步学会检索专利文献后，我用一个上午的时间就查到10篇这方面的文摘。"这大大加快了科研工作的进度。江西有色冶炼加工厂使用的铜铍润滑剂，在1980年之前几乎完全依靠进口，这不仅花费大量外汇，而且供货不及时，影响生产，该厂组织技术攻关，并委托江西省科技情报所检索国内外相关文献。后来他们在所提供的数篇国外专利文献的启发下，扩展了创新思路，在数个月的时间内就试制出7011铜材拉拔润滑剂，其技术性能指标达到或超过了国外同类产品。现已开发出一系列铜拉拔润滑剂产品，畅销全国各地。由此可见，一旦掌握了专利文献的检索方法，就如获得打开专利知识宝库的钥匙。

（4）设备引进前的检索。

在引进国外技术设备过程中，对拟引进的技术设备，用户应通过查阅相关专利文献，了解其技术先进程度，属于哪个年代的水平，是否申请了专利，在哪些国家申请过专利，专利权是否有效等，避免上当吃亏。例如上海耀华玻璃厂与英国皮尔顿玻璃公司谈判引进浮法工艺技术项目时，对方索价1 250万英镑，理由之一是该项目拥有一大批专利。我方经系统检索后，发现该公司围绕此项技术申请的专利共137件，其中已失效的51件，占37.4%。由此我方掌握了确凿事实，在谈判中取得了主动，最终转让费降到25万英镑。

（5）技术评价与预测的检索。

检索某一技术领域的专利，并将检索到的专利按国别和不同时间段进行统计分析，就可以了解该项技术领域的现状以及预测其发展动向，例如它是否处于活跃阶段，哪些国家目前处于领先地位，它即将取代哪项技术或产品等。

7.1.3 国际专利分类法简介

国际专利分类法（International Patent Classification，IPC）是由欧洲理事会的一个专利专家委员会提出来的，1954年15个国家在巴黎签署了《国际专利分类法欧洲协定》，确定了这个分类方案。1968经过修订该方法首先在签约国实行，这是IPC的第一个版本，后来每间隔5年修订一次，现已修订至第八版本。现在世界上绝大多数国家和专利组织都采用这套专利分类法，我国专利也采用这套分类法。只有美国和英国仍然采用各自国家的专利分类系统，不过同时标有国际专利分类号。国际专利分类系统对技术领域中任一特殊方面的专利文献做了统一的分类,从而在编排、传递和查找专利说明书的过程中提供了方便。实践证明,使用者通过 IPC 系统能快速找到某些关键技术的专利说明书,经过综合、分析研究和统计,获得某项技术当前世界水平和发展趋势,并得到启发,引出新的发明构想,又进一步作出新的创造发明等。无论是从利用国内外专利文献的角度,还是从我国发明管理事业的需要来看,掌握这种分类法,对工程技术人员、科研人员、高等院校的教师都是十分必要的。

1. IPC 系统的结构

国际专利分类系统分成部、大类、小类、主组、分组五级类目结构,涉及与发明专利有关的全部技术领域。它由 8 个部(section)组成,用 A、B、C、D、E、F、G、H8 个大写拉丁字母表示,各部之下又区分 21 个分部(subsection 分部不设标记)。部之下设有大类(class)约 120 个、大类之下设有小类(subclass)约 628 个,而小类之下设有主组(Maingroup)约 7 000 个和分组(subgroup)约 62 000 个,各类之间有参见,以明确相互之间的关系。例如海滨用的椅子的国际专利分类号:

  A47C1/14 —————— 海滨用的椅子
  A ———————————— 部(生活必需品)
  47 ——————————— 大类(家具;家庭用的物品或设备)
  C ———————————— 小类(椅子、沙发、床)
  1 ———————————— 主组(适合特殊用途的椅子)
  14 ——————————— 分组(海滨用椅)

从标记制度上看,国际专利分类法采用的是字母和数字混合的标记符号。按照规定,它不采用十进制标记,而采用隔数排列,以利于扩充。其中分组的标记采用 02、04、06、08 等,而 03、05、07 则是待用。主组和分组之间用"/"隔开,在斜线之前规定最多为三位数,而在斜线之后最多为五位数。如有符号 X,表示为暂时无法规类的新类标记;符号双斜线("//")表示发明情报与附加情报之间的区分;括号表示补充类号。一个完整的 IPC 号应由发明情报//附加情报(补充情报)构成。比如:C08F210/16、255/04//A61K47/00、C09J3/14(C08F210/16、214/06)(C08F255/04 214/06)。不过,使用这样完整的分类符号极为少见。

2. IPC 的三种检索工具书

为了查找某个技术课题所属的国际专利分类号,一般都采用《国际专利分类表》《IPC 关键词索引》和《国际专利分类表技术用语索引》三种工具书确定分类号。

(1)国际专利分类表(International Patent Classification)。

国际专利分类表缩写为 IPC 或者 Int. C1^n,n 表示《国际专利分类表》出版的版次,如第六版《国际专利分类表》用 Int. C1^6 表示。《国际专利分类表》除第一版没有中文译文版外,以后各版均有中文译文版,并按 A—H8 个分册出版。它是按分类号字母顺序和数字由小到大的顺序编排,上册为 A—C 部,下册为 D—H 部,第 8 版包括 120 个大类,628 个小类,7 000 个主组,62 000 个分组。

(2)IPC 关键词索引(Official Catchword Index to IPC)(英文版)。

这种工具书按照关键词的英文字母顺序排列,用来查找有关课题内容的国际专利分类号,书中所给出的分类号,有的有几个分类号可供选用;有的甚至是五级分类号,十分具体;有的仅给出前三级分类号或者前四级分类号,此时应按照已查得的分类号,通过《国际专利分类表》查找与技术课题更接近的五级分类号。

(3) 国际专利分类表技术用语索引(中文版)。

国际专利分类表技术用语索引主要是供中国专利文献使用者、专利分类人员和专利审查员掌握和使用,是《国际专利分类法》(IPC)的辅助工具。它主要是依据世界知识产权组织编写的关键词索引(Official Catchword Index to IPC)编写而成,该索引是《国际专利分类法》的相关索引。收录的条目分为主条目和从属条目,从属条目排在主条目之下,从属条目前加圆点。例如:

泵　　　　　　　F04F1/00
• 液体泵　　　　F04D F04B
• 气体泵　　　　F04B ~

主条目按第一个字的汉语拼音字母顺序排列,若第一个字拼音相同,就依第二个字的汉语拼音字母顺序排列,以此类推。以英语字母开头的条目排在索引的最后,并按照英语字母顺序排列。该索引以实用性为主要原则,为了给使用者提供尽可能多的检索可能性,有的同样的条目在收入从属条目之后,还有可能出现在主条目之中;若在该索引中给出的不是五级分类号,而是前三级或前四级分类号,此时应根据已查得的分类号,通过《国际专利分类表》中文版有关分册,查找与技术课题更接近的五级类目分类号。

7.1.4 专利文献检索工具及其检索方法

1. 专利文献检索工具

收藏的专利文献一般都是按照各国专利的顺序号排列的,所以一定要知道专利号后才能索取说明书。所谓检索专利文献,就是把与科研课题相关的专利号查出来,再按专利号索取说明书原文或文摘。专利文献的检索方法有手工检索、机器检索和计算机检索等,在此仅介绍传统的手工检索,而专利数据库(计算机)检索将在以后介绍。

(1) 专利公报。

各国专利局都按时出版自己的专利公报、专利索引等。在专利数据库建立之前,它是检索专利文献的主要工具,就发明专利公报而言,绝大多数为周刊,其报道的内容包括发明专利申请公布、发明专利权授予、发明专利事务等,一般按照分类号大小顺序编排其文摘,并且附有专利申请公开索引、授权公告索引、分类索引等,为检索近期专利文献带来了方便。

(2) 专利索引。

专利索引通常有季度累积索引、半年度累积索引、年度累积索引、五年度和十年度累积索引以及美国专利与商标局出版的总累积索引(1790—1959年之间的美国专利累积索引)等。累积索引通常分《分类索引》和《申请人、专利权人索引》两部分出版。《专利索引》比《专利公报》中的各种索引内容更详细。

2. 专利文献检索方法

专利文献的检索途径和方法与其他科技文献基本相同，关键是要学会利用该文献的检索工具所提供的各种索引。根据不同的检索条件，选择适合的索引。随着采用的检索途径不同，检索方法也各有差异，专利文献检索工具一般都有《专利分类索引》和《申请人、专利权人索引》。因此检索专利文献的主要途径有以下两种：

（1）分类途径。

利用分类途径检索专利文献的具体步骤如下：

①先根据课题内容确定分类类名（技术关键词）、然后利用专利分类表索引或者专利分类表找出分类号。

②利用专利分类索引，按已查得的分类号，查找有关发明说明书的专利号。

③按照专利号索取发明专利说明书原文。

分类途径检索专利文献的关键，是要找出有关课题正确的分类号，否则无法查到所需要的专利文献，如图7-1所示。

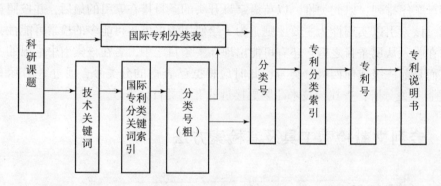

图7-1 分类检索流程

（2）人名途径。

在专利文献中所指的人名包括个人名和法人（公司、机构）名称等。

如果已经掌握发明人姓名或者公司名称等线索，查找其有关产品、制造方法等专利文献则可通过姓名途径来检索。具体步骤如下：

①利用《专利申请人（或专利权人）索引》，按字顺查找已知人名。

②在已知人名下查阅专利文献的题目和专利号。

③按照选取的专利号查阅发明专利说明书原文。

使用人名途径检索专利文献的前提是要掌握专利申请人或者专利权人的确切无误的姓名或名称。它主要用于查找某一著名人物或特定机构的专利文献，如图7-2所示。

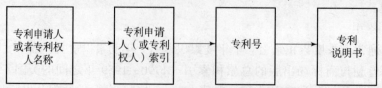

图7-2 人名途径检索流程

以上的检索途径和方法，仅作为检索的一种辅助手段，实际上大多数人在因特网上检索国内外专利，它不仅具有强大的检索功能，还具有速度快、内容新的特点。

7.2 中国专利文献及其检索

7.2.1 概况

当今全世界共有 160 多个国家和地区已陆续建立了专利制度，制定了专利法规。我国于 1980 年 1 月经国务院正式批准成立了中华人民共和国专利局（1998 年起改为中华人民共和国国家知识产权局），1984 年 3 月 12 日，六届人大常务委员会第四次会议通过了《中华人民共和国专利法》，于 1984 年 4 月 1 日生效。当年 9 月首次公布了一批中国专利。至今已有 300 多万件中国专利文献，要想在浩瀚的专利文献海洋中迅速、准确、系统地检索到与研究课题所需要的专利信息，就必须掌握专利检索工具使用方法以及专利数据库的检索方法和技巧。它是打开专利信息知识宝库的钥匙，有了它我们可在浩瀚的专利信息海洋中自由地遨游，轻而易举便可获得自己所需要的专利信息。科技研究人员若能及时获得本行业相关的专利信息，不仅能节约大量的研发经费，还能节省大量的时间，起到事半功倍的效果。

7.2.2 中国专利文献

中国各类专利说明书自 1985 年 9 月开始出版以来，随专利审批程序的变化不断推陈出新。现将不同审批阶段出版的专利说明书汇总如下：

1. 1985—1992 年各类专利说明书，文献类型识别代码

（1）发明专利申请说明书，文献类型识别代码 A。

这是一种未经实质性审查、尚未授予专利权的说明书。发明专利申请提出后，经初步（形式）审查合格，自申请日（或优先权日）起满 18 个月即行公布，出版发明专利申请公开说明书。从 1985 年出版至今。

（2）发明专利申请审定说明书，文献类型识别代码 B。

这是一种经过实质性审查、尚未授予专利权的说明书。1985 年专利法规定，发明专利申请自申请日起 3 年内，专利局可根据申请人随时提出的请求，对其申请进行实质性审查。经实质性审查合格的，作出审定予以公告，出版发明专利申请审定说明书。自公告日起 3 个月内为异议期，期满无异议或异议理由不成立，对专利申请授予发明专利权。1985—1992 年期间出版。

（3）实用新型专利申请说明书，文献类型识别代码 U。

我国专利法对实用新型专利申请实行初步审查制，专利提出申请后，初步审查合格即行公告，出版实用新型专利申请说明书。自公告日起 3 个月内为异议期，期满无异议或异议理由不成立，对专利申请授予实用新型专利权。1985—1992 年期间出版。

（4）外观设计申请公告，文献类型识别代码S。

外观设计专利申请同样实行初步审查制。专利提出申请后，初步审查合格即行公告。外观设计说明书仅由简要说明、图片或照片组成，因而不出版说明书单行本，只在专利公报上进行公告。自公告日起3个月内为异议期，期满无异议或异议理由不成立，对专利申请授予外观设计专利权。1985—1992年期间出版。

为减少重复出版，对上述授权的三种专利一般不再出版专利说明书。如果经异议或无效程序，对发明专利申请审定说明书或实用新型专利申请说明书做出较大修改，才出版相应的经修改后的发明专利说明书或实用新型专利说明书。这两种专利说明书只出过若干件。

2. 1993年后各类专利说明书，文献类型识别代码

1993年实施第一次修改后的专利法，由于取消了三种专利申请授权前的异议程序，专利说明书出现新的类型：

（1）发明专利说明书，文献类型识别代码C。

发明专利申请经实质性审查合格即可授予专利权，自1993年1月1日起开始出版发明专利说明书，从而取代了发明专利申请审定说明书的出版。

（2）实用新型专利说明书，文献类型识别代码Y。

实用新型专利申请经初审合格即可授予专利权，自1993年1月1日起开始出版实用新型专利说明书，从而取代了实用新型专利申请说明书的出版。

（3）外观设计授权公告，文献类型识别代码D。

外观设计专利申请经初审合格即可授予专利权，自1993年1月1日起开始在外观设计公报中公告，外观设计申请公告也随之取消。

图7-3所示的示意图可对以上7种类型说明书的产生和取缔进行归纳、总结。

3. 中国专利文献的编号体系

在中国专利文献的查阅和使用过程中，人们经常遇到一个困惑不解的问题，这就是令人眼花缭乱的中国专利说明书编号体系。该体系包括六种文献号，即：

①申请号——在提交专利申请时给出的编号。

②专利号——在授予专利权时给出的编号。

③公开号——对发明专利申请公开说明书的编号。

④审定号——对发明专利申请审定说明书的编号。

⑤公告号 { 对实用新型专利申请说明书的编号。
          对公告的外观设计专利申请的编号。

⑥授权公告号 { 对发明专利说明书的编号。
              对实用新型专利说明书的编号。
              对公告的外观设计专利的编号。

中国专利说明书的编号体系由于1989年和1993年的两次调整而分为三个阶段：1985—1988年为第一阶段，1989—1992年为第二阶段，1993年以后为第三阶段。列表举例说明如表7-1、表7-2、表7-3。

1993年专利法修改前

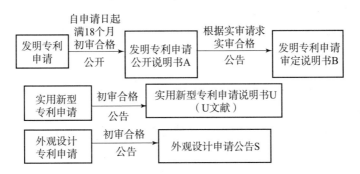

1993年专利法修改后

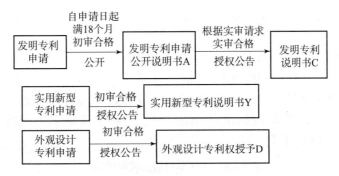

图7-3 7种类型说明书的产生和取缔归纳总结

（1）第一阶段（1985—1988年）。

表7-1 1985—1988年的编号体系

	申请号	公开号	公告号	审定号	专利号
发明	88100001	CN88100001A		CN88100001B	ZL 88100001
实用新型	88210369		CN88210369U		ZL 88210369
外观设计	88300457		CN88300457S		ZL 88300457

此阶段的编号特点：

①三种专利申请号由8位数字组成，按年编排。如88100001，前两位数字表示申请年代，第三位数字表示专利权种类，1——发明、2——实用新型、3——外观设计，后五位数字表示当年申请顺序号。

②一号多用，所有文献号沿用申请号。专利号前的ZL为汉语"专利"的声母组合，一般用在专利公报或检索工具中。

共用一套号码的编号方式，突出的优点是方便查阅，易于检索。不足之处是：专利审查过程中的撤回、驳回、修改或补正，使申请文件不可能全部公开或按申请号的顺序依次公开，从而造成文献的缺号和跳号（号码不连贯）现象，给文献的收藏与管理带来诸多不便。因此，1989年中国专利文献编号体系作了调整。

（2）第二阶段（1989—1992年）。

表7-2 1989—1992年的编号体系

	申请号	公开号	公告号	审定号	专利号
发明	89100002.X	CN1044155A		CN1014821B	ZL 89100002.X
实用新型	89200001.5		CN2043111U		ZL 89200001.5
外观设计	89300001.9		CN3005104S		ZL 89300001.9

此阶段的编号特点：

①自1989年开始出版的专利文献中，三种专利申请号由9位数字组成，按年编排。如89103229.2，增加小数点后面的计算机校验码，其他含义不变。

②自1989年开始出版的所有专利说明书文献号均由7位数字组成，按各自流水号序列顺排，逐年累计。起始号分别为：

发明专利申请公开号自CN1030001A开始；
发明专利申请审定号自CN1003001B开始；
实用新型申请公告号自CN2030001U开始；
外观设计申请公告号自CN3003001S开始。

首位数字表示专利权种类：1——发明，2——实用新型，3——外观设计。

1993年1月1日起，实施修改后的专利法，中国专利文献编号体系又有新变化。

(3) 第三阶段（1993年至今）。

表7-3 1993年以后的编号体系

	申请号	公开号	授权公告号	专利号
发明	93100001.7	CN1089067A	CN1033297C	ZL 93100001.7
实用新型	93200001.0		CN2144896Y	ZL 93200001.0
外观设计	93300001.4		CN3021827D	ZL 93300001.4

此阶段的编号特点：

①自1994年起，发明专利申请号后五位申请顺序号中，以8和9打头的，如94190001.0表示指定中国的国际申请，其他含义不变。

②自1993年开始出版的发明专利说明书、实用新型专利说明书、外观设计专利权授予编号都称为授权公告号，分别延续原审定号或原公告号序列，文献类型识别代码相应改为C、Y、D。

此外，对确定为保密的发明专利申请和实用新型专利申请，授权后解密的，出版解密的发明或实用新型专利说明书，同时在专利公报上予以公告。解密专利说明书的编号，对发明专利申请公开号的表示，如解密CN1××××××C；对实用新型专利申请公告号的表示：解密CN2××××××Y。

7.2.3 中国专利文献检索工具

1. 中国专利公报

中国专利公报主要公布和公告与专利申请、审查、授权有关的事项和决定。中国专利公报是检索近期中国专利的重要工具。中国专利公报分为《发明专利公报》《实用新型专利公报》和《外观设计专利公报》三种，均于 1985 年 9 月开始出版（月刊）。1986 年 1 月起《实用新型专利公报》改为周刊；当年 7 月《发明专利公报》也改为周刊；1988 年起《外观设计专利公报》改为半月刊，1990 年改为周刊。

中国专利公报的内容大体上可分为三部分。第一部分公布专利申请、审定和授权，三种公报都以文摘或题录形式对发明、实用新型和外观设计专利申请进行公开或公告，1992 年起增加了对保密专利的授权、解密公告以及 1995 年起增加的国际专利申请公开等栏目；第二部分是专利事务，报道与专利申请的审查及专利法律状态的有关事项；第三部分是与文摘或题录部分相对应的索引。

在中国专利公报以及专利说明书的扉页里，其著录事项均采用国际标准代码（INID），这套标准代码是利用括号中的两位阿拉伯数字代表著录项目，例如：（51）代表国际专利分类号、（21）申请号、（54）代表发明题目、（71）代表申请人姓名和地址等。采用国际标准代码（INID）的优点是根据标准代码符号可判断其表示的内容。

专利文献著录项目名称及其相应 INID 代码如下所示：

(10) 专利文献标识

(12) 专利文献名称

(15) 专利文献更正信息

(19) 公布或公告专利文献的国家或机构名称

(21) 申请号

(22) 申请日

(30) 优先权数据

(43) 申请公布日

(45) 授权公告日

(48) 更正文献出版日

(51) 国际专利分类号

(54) 发明或实用新型名称

(57) 摘要

(62) 分案原申请数据

(65) 同一申请的公布数据

(66) 本国优先权数据

(71) 申请人姓名或名称及地址

(72) 发明人姓名

(73) 专利权人姓名或名称及地址

(74) 专利代理机构名称及专利代理人姓名

(85) PCT 国际申请进入国家阶段日

(86) PCT 国际申请的申请数据

(87) PCT 国际申请的公布数据

(1)《发明专利公报》。

《发明专利公报》是以文摘形式报道、公告与发明专利申请、审查、授权有关的事项和决定。每期后面附有发明专利的申请公开索引、审定公告索引和授权公告索引。而每种索引都由 IPC（国际专利分类）、申请号、申请人（专利权人）索引和公开号/申请号对照表（审定号/申请号对照表）组成。

（2）《实用新型专利公报》。

《实用新型专利公报》是以文摘形式报道与实用新型专利申请、授权有关的事项和决定。每期《实用新型专利公报》分为上、中、下三册出版，在下册附有实用新型专利的申请公告索引和授权公告索引，每种索引都由 IPC（国际专利分类）、申请号、申请人（专利权人）索引和公开号/申请号对照表组成。

（3）《外观设计专利公报》。

《外观设计专利公报》是以题录形式报道与外观设计专利申请、授权有关的事项和决定。每期《外观设计专利公报》后附有外观设计专利申请的申请公开索引和授权公告索引，每种索引都由 IPC（洛迦诺分类）、申请号、申请人（专利权人）索引和公开号/申请号对照表组成。

2. 中国专利索引

《中国专利索引》是检索专利文献的一种十分重要的工具。1997 年以前该索引只出版《专利分类索引》和《申请人、专利权人索引》两种。《分类年度索引》是按照国际专利分类或国际外观设计分类的顺序进行编排的。《申请人、专利权人索引》是按照申请人或专利权人姓名或译名的汉语拼音字母顺序进行编排的。两种索引都按发明专利、实用新型专利和外观设计专利分编成三个部分。从 1997 年起在原来基础上，增加《申请号、专利号索引》，它是以申请号数字顺序编排的。《中国专利索引》比《专利公报》中的各种索引的内容更加详细，其中增加了两项内容，即发明名称和所刊载的卷、期号。

第一部中国专利索引累积时间是自 1985 年 9 月至 1986 年 12 月，其后每年出版一次累积索引，直到 1993 年改为每半年出版一次累积索引。为了更加方便用户，而自 1997 开始改为季刊。

7.2.4 中国专利文献检索途径

中国专利索引主要包括《专利分类索引》《申请人、专利权人索引》以及《申请号、专利号索引》三种索引。因此检索中国专利文献的基本途径和方法有以下几种。

1. 分类途径

利用分类途径检索中国专利文献的具体步骤如下：

第一步：先根据课题内容，确定关键词，通过 IPC 关键词索引或者国际专利分类表技术用语索引（中文版）查找相应的分类号。在只能查到前三级或前四级分类号时，若需要更细类目，可通过国际专利分类表在已知三级或四级类目下再查找合适的五级分类号。

第二步：利用专利分类号索引，按已查得的分类号，查找有关专利文献的专利号。

第三步：按照专利号查阅专利说明书全文。

其流程图如图 7-4 所示。

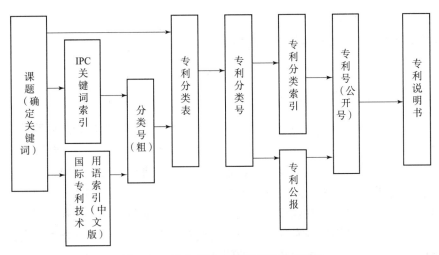

图 7-4 按专利号查阅专利说明书流程

分类途径检索专利文献的关键是要找准有关课题的正确分类号，分类号错了就无法找到所需的专利文献。

如果只是泛泛地浏览或进行大范围的普查，分类号可定得粗点，（例如，IPC 前三级分类号），如果要检索针对性强的具体课题的专利文献，则需要将分类号选得细一点（例如，使用 IPC 五级分类号），然后在专利分类索引中逐条细查。

2. 人名途径

这里人名指的是个人姓名和法人（公司、机构等）名称。

如果已经掌握发明人姓名或公司名称等信息，查找其有关产品、制造方法等专利文献时，可通过申请人、专利权人索引来检索。具体步骤如下：

第一步：利用申请人、专利权人索引，按照汉语拼音字顺查找已知的人名；

第二步：在已知人名下查阅专利文献的题目和专利号；

第三步：利用所获得的专利号查阅专利说明书。

其流程如图 7-5 所示。

图 7-5 利用所获得的专利号查阅专利说明书流程

3. 查找专利文献的其他途径

查找中国专利文献除了利用完整的专利检索工具书系统地检索之外，还可利用产品和产品样本（厂商在自己的产品或产品包装上标有专利号）、报纸、杂志（有许多专业杂志都分别介绍本专业的最新专利）以及一些检索刊物（如《中国化工文摘》、美国《化学文摘》等）来检索中国专利文献。

7.2.5　因特网上检索中国专利文献

1. 网上中国专利文献数据库的状况

目前，国内有些网站提供了检索中国专利文献服务，其中绝大部分是免费的，用户可以通过连接 Internet 的计算机，进入提供中国专利文献检索服务的网站，并根据需要填写检索菜单，然后发出检索指令。检索系统完成检索之后，立刻将检索结果返回给用户，并在浏览器上显示出来。这些检索结果一般包括专利发明名称、申请号、公开号、申请人、发明人、分类号、文摘等著录项目，有些检索系统还免费提供专利说明书全文下载、浏览、保存、打印等服务。这给检索和利用中国专利带来极大的便利，有利于我们充分开发专利信息资源。

下面介绍几个提供检索中国专利服务的网站：

（1）"中华人民共和国国家知识产权局"专利检索系统。

网址：http：//www.sipo.gov.cn/sipo/zljs/default.htm

IP 地址：211.152.13.116

（2）中国知识产权网。

网址：http：//www.cnipr.com/zljs/gb2312/js.htm

IP 地址：211.152.13.120

（3）中国专利信息网。

网址：http：//www.patent.com.cn

IP 地址：210.82.89.166

（4）北京经济信息网。

网址：http：//www.beinet.net.cn

IP 地址：202.106.155.44

以上四个中国专利网站，虽然它们检索功能各有所长，但在检索专利文献的方法上大体相同，在此我们只介绍中华人民共和国国家知识产权局专利检索系统。

2. 中华人民共和国国家知识产权局网站

（1）概况。

该系统由中华人民共和国国家知识产权局和中国专利信息中心创建维护，自 2001 年 11 月 1 日开始至今一直向社会公众提供专利检索服务。用户可免费获得 1985 年我国颁布的专利法、商标法、著作权法以及公布的所有专利文献。系统每周星期三更新。由于它是一个政府官方网站，而公布专利文献又是一项法定的政府行为，所以从网络版的专利信息角度看，它具有以下特点：

①提供的中国专利信息全、新、快。

②在菜单检索界面里，当鼠标移至某字段文本框时，立刻显示温馨提示，并列举检索示例，为初次检索专利文献者带来极大的便利。

③在进行国际专利分类（IPC）检索时，可采用国际分类与关键词组配合检索。

④多数的专利信息网站仅免费提供题录和文摘，而该网站除此之外还免费提供专利说明

书全文,但日浏览或下载专利说明书的页数不得超过 300 页,否则必须订购。它是一种非常经济和便利的专利信息资源。

⑤可查阅最近几期《中国专利公报》电子版。

(2) 检索方法。

在浏览器的地址栏中输入中华人民共和国知识产权局的网址:http://www.sipo.gov.cn 进入该站的主页,然后单击左边的"文献服务"进入新的页面,再单击左边的"高级检索"按钮,便进入了检索界面,如图 7-6 所示,它提供菜单检索和 IPC 分类检索两种方式。

①菜单检索方法及其具体操作步骤:该数据库为菜单检索提供了 16 个检索字段,如图 7-6 所示,其输入方法随着检索字段不同而异,检索字段的使用方法见专利检索说明。

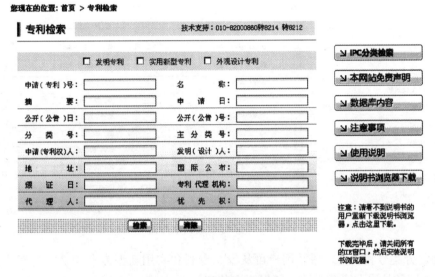

图 7-6 菜单检索数据库

a. 在一个或多个字段的文本框中输入关键词,为了提高查全率可模糊输入,各个检索字段之间全部执行逻辑 AND ("与") 运算。

b. 每个文本框内可以输入多个关键词,各个关键词之间允许使用布尔逻辑运算符,即 and、or、not 以及优先运算符 ( )。

c. 根据课题的需要,可点击输入文本框上面一行的发明专利,实用新型专利和外观设计专利前面的复选框,用来选择检索的文献类型。既可选择其中一种类型,也可同时选择两种或全选。

d. 单击"检索"按钮,系统进行检索,并将检索结果返回给用户,按照预先的设定在新打开的窗口中列出检索结果。

例如,查找"大发"公司已申请的在名称中包含有"分离"和"塑料瓶"的实用新型专利,而且还知道其代理人姓名为鹏举。

第一步,单击菜单检索界面上的"实用新型专利"复选框,选定专利类型。

第二步,根据已知条件不知"大发"公司的全称,所以选择模糊输入,在"申请(专利权)人"的文本框中输入"%大发%公司"。

第三步,"代理人"文本框中输入"%鹏举"。

第四步,名称文本框中输入"分离 and 塑料瓶"。

第五步，单击"检索"按钮即可进行检索，检索结果显示出三件实用新型专利，其中两件是一种分离塑料瓶片的除杂装置，而另一件是用于分离异种塑料瓶装置的辅助煮料装置。

②IPC 分类检索。该网站提供了 IPC 分类检索功能，在很大程度上提高了查全率，同时还具备与关键词组配检索功能，以便用户根据需要缩小检查范围，提高查准率。

IPC 分类检索方法及其操作步骤如下：

a. 单击菜单检索界面右侧的"IPC 分类检索"按钮，系统便进入 IPC 分类检索界面，如图 7-7 所示。系统检索界面的左侧列出 IPC 8 个部的分类号，可逐级选择适合课题内容的类目，直至五级分类号。

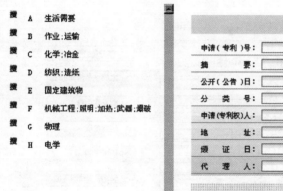

图 7-7　IPC 分类检索界面

b. 确定分类号和类目之后，用户可从发明专利和实用新型专利中选择专利类型，因为外观设计采用的是洛迦诺分类法，所以不在其列。

c. 支持在检索界面的摘要或名称文本框中输入一个关键词（但不支持关键词之间使用布尔运算符和优先运算符表示它们的逻辑关系和运算顺序），以便缩小检索范围。

例如：要查询液晶显示器制造方面的中国发明专利或者实用新型专利信息。

检索步骤如下：

第一步，选中发明专利或/和实用新型专利前的复选框，选择使用专利文献类型。

第二步，在 IPC 分类检索界面左侧的 8 个部中，根据课题分析，可确定符合该课题的部及其类目为"H…电学"。

第三步，点击类名，在新打开的页面上，系统列出了 H 部的大类类号及其类名，确定该课题属于"H05…其他类目不包括的电技术"。

第四步，单击"H05…其他类目不包括的电技术"，系统列出了 H05 大类所属的小类类目及其类目名称，确定该课题属于"H05K…印刷电路"、电设备的外壳或结构零部件，电器元件组件的制造。

第五步，单击"H05K…印刷电路"，系统列出了 H05K 小类所属的主组和分组的分类号及其类目名称，确定该课题应属于 H05K1/02…零部件，再单击"H05K1/02…零部件"，分类号便自动输入到分类号文本框中。

第六步，在界面的名称或者摘要文本框中输入"液晶"，再单击"检索"按钮，即可检索到符合题意的专利信息。如“一种挠性印刷电路板及液晶显示器”“挠性电路板和具有该电路板的液晶显示器”等。

③检索结果显示及处理。国家知识产权局网站对检索结果提供三种方式：

a. 检索结果列表。在检索结果页面上方显示出命中的发明专利、实用新型专利以及外观设计专利的数量。而显示页的检索结果按照发明专利、实用新型专利和外观设计专利顺序显示申请号和专利名称，每页最多列出 20 条记录。

b. 文摘及题录信息。点击专利检索结果列表页面上的专利名称可直接进入该专利的摘要及题录信息显示页，如图 7－8 所示。通过浏览专利题录和摘要，用户可以大致了解该专利的基本内容。根据界面上方的“（…页）”前面的文字可以判断出专利申请处于哪个阶段。如果只有“申请公开说明书”，表明该项专利申请还未获得专利权，如果既有申请公开说明书，又有“审定授权说明书”则表明该申请已获得专利权。

c. 专利说明书。单击专利文摘及题录信息显示界面上方的“（…页）”超链接即可免费浏览本件专利说明书全文。说明书由“扉页”“权利要求书”“说明书”和“附图”四部分组成。单击屏幕上方的下一页按钮，可逐页浏览。也可在正上方的文本框中输入需要查阅的页码后，单击“go”按钮便可浏览相应页码的内容。

实用新型说明书 (9页)

申请（专利）号：	200520102415.6	申　请　日：	2005.05.24
名　　称：	一种用于分离异种塑料瓶装置的辅助煮料装置		
公开（公告）号：	CN2820350	公开(公告)日：	2006.09.27
主 分 类 号：	B07C5/00 (2006.01)I	分案原申请号：	
分　类　号：	B07C5/00 (2006.01)I		
颁　证　日：		优　先　权：	
申请(专利权)人：	宁波大发化纤有限公司		
地　　址：	315323浙江省慈溪市胜山镇工业园区		
发 明 (设计)人：	张云飞;张大兵	国 际 申 请：	
国 际 公 布：		进入国家日期：	
专利 代理 机构：	杭州丰禾专利事务所有限公司	代　理　人：	王鹏举

摘要

本实用新型涉及一种分离装置，尤其涉及一种用于分离异种塑料瓶装置的辅助煮料装置。该装置包括煮料池(10)、煮料池(10)内设有供热装置，煮料池(10)的前端设有进料台(8)，煮料池(10)的后端设有出料台 (1)，并在煮料池(10)的出口处设有输送带(3)，输送带(3)的上端与出料台(1)相连接，下端设在煮料池(10)内。本实用新型将PET瓶和PVC瓶一起通过高温蒸煮后PVC的颜色发生了改变，使PET瓶与PVC瓶分离非常容易。同时本系统可连续性生产，可配合流水线作业。减少了劳动强度，产量大，整个系统均在半封闭的系统中作业，能耗少，无污染。

关闭窗口

图 7－8　专利摘要及题录信息显示页

为了方便浏览说明书，用户可以使用屏幕上方的工具栏，对全文进行保存、放大和缩小等操作，还可实现专利说明书的打印输出。但是在浏览说明书以前需要安装“浏览器”，该软件可从菜单检索界面右侧的“说明书浏览器下载”处进行下载、注册及安装。当然，用户也可以利用操作系统自带的图像浏览软件阅读说明书全文。

运算符含义如表 7－4 所示，表 7－5 列出了每个字段的含义和检索实例。

表 7-4　运算符含义

运算符	含　义	说明（功能）
（）	优先运算符	改变运算顺序、括号内检索式先运算，有多层括号时，先执行最内层括号中的运算
Not（-）	逻辑"非"	它是组配概念的包含关系，可从原检索范围排除一部分，使用逻辑"非"组配可缩小检索范围，A、B 检索词若用 not 相连，既可用"A not B"也可用"A-B"表示
And（*）	逻辑"与"，也称逻辑乘	它是用于组配不同含义检索词之间限定关系，利用 A and B 或者 A*B 表示
or（+）	逻辑"或"，也称逻辑加	它是用于组配同义或同族检索词之间的并列关系，检索词 A、B 若以"或"连接即可写成"A or B"或"A+B"
%、?、$、	模糊（截词）算符 它们可视为逻辑"或"的扩展	它是用于代替检索词的可变化部分，其功能是简化检索程序，扩大检索范围，以此提高族性检索及查全率

表 7-5　每个字段的含义和检索实例

序号	字段名称	字段的含义	检索实例
1	申请（专利）号	该字段可对申请号和专利号进行检索。申请号和专利号由 8 位或 12 位数字组成，小数点后的数字或字母为校验码。 申请（专利）号可实行模糊检索。模糊部分位于申请号（或专利号）起首或中间时应使用模糊字符"?"或"%"，位于申请号（或专利号）末尾时模糊字符可省略	1. 已知申请号为 99120331.3，可键入"99120331"或"99120331.3"；如申请号为 200410016940.6，应键入"200410016940"或"200410016940.6" 2. 已知申请号前五位为 99120，应键入"99120%" 3. 已知申请号中间几位为 2033，应键入"%2033%" 4. 已知申请号中包含 91 和 33，且 91 在 33 之前，应键入"%91%33"
2	申请日	申请日由年、月、日三部分组成，各部分之间用圆点隔开；"年"为 4 位数字，"月"和"日"为 1 或 2 位数字	1. 已知申请日为 1999 年 10 月 5 日，应键入"1999.10.5" 2. 已知申请日在 1999 年 10 月，应键入"1999.10" 3. 已知申请日在 1999 年，应键入"1999" 4. 如需检索申请日为 1998 年到 1999 年之间的专利，应键入"1998 to 1999"
3	公开（告）号	公开（告）号由 7 位或 8 位数字组成。公开（告）号可实行模糊检索。模糊部分位于公开号起首或中间时应使用模糊字符"?"或"%"，位于公开（告）号末尾时模糊字符可省略	1. 已知公开号为 1219642，应键入"CN1219642"或"1219642" 2. 已知公开号的前几位为 12192，应键入"CN12192%" 3. 已知公开号中包含 1964，应键入"%1964"

续表

序号	字段名称	字段的含义	检索实例
4	公开（告）日	公开（告）日由年、月、日三部分组成，各部分之间用圆点隔开；"年"为4位数字，"月"和"日"为1或2位数字	1. 已知公开日为1999年10月5日，应键入"1999.10.5" 2. 已知公开日在1999年10月，应键入"1999.10" 3. 已知公开日在1999年，应键入"1999" 4. 如需检索公开日为1998—1999年之间的专利，应键入"1998 to 1999"
5	申请（专利权）人	申请（专利权）人可为个人或团体，键入字符数不限。 申请人可实行模糊检索，模糊部分位于字符串中间时应使用模糊字符"?"或"%"，位于字符串起首或末尾时模糊字符可省略	1. 已知申请人为吴学仁，应键入"吴学仁" 2. 已知申请人姓吴，应键入"吴" 3. 已知申请人名字中包含"仁"，应键入"仁" 4. 已知申请人姓吴，且名字中包含"仁"，应键入"吴%仁" 5. 已知申请人为北京某电子遥控开关厂，应键入"北京%电子遥控开关厂"
6	发明（设计）人	发明（设计）人可为个人或团体，键入字符数不限。 发明人可实行模糊检索，模糊部分位于字符串中间时应使用模糊字符"?"或"%"，位于字符串起首或末尾时模糊字符可省略	1. 已知发明人为李志海，应键入"李志海" 2. 已知发明人姓李，应键入"李" 3. 已知发明人为深圳某实业有限公司，应键入"深圳%实业有限公司"；也可键入"深圳%实业%公司"或"深圳%实业"
7	地址	地址的键入字符数不限。 地址可实行模糊检索，模糊部分位于字符串中间时应使用模糊字符"?"或"%"，位于字符串起首或末尾时模糊字符可省略	1. 已知申请人地址为香港新界，应键入"香港新界" 2. 已知申请人地址邮编为100088，应键入"100088" 3. 已知申请人地址邮编为300457，地址为某市泰华路12号，应键入"300457%泰华路12号"（注意邮编在前） 4. 已知申请人地址为陕西省某县城关镇某街72号，应键入"陕西省%城关镇%72号"；也可键入"陕西省%72号""城关镇%72号"或"72号"
8	名称	专利名称的键入字符数不限。 专利名称可实行模糊检索，模糊检索时应尽量选用关键字，以免检索出过多无关文献。模糊部分位于字符串中间时应使用模糊字符"?"或"%"，位于字符串起首或末尾时模糊字符可省略。字段内各检索词之间可进行and、or、not的逻辑运算	1. 已知名称中包含计算机，可键入"计算机" 2. 已知名称中包含计算机和应用，可键入"计算机 and 应用" 3. 已知名称中包含计算机或控制，可键入"计算机 or 控制" 4. 已知名称中包含计算机，不包含电子时，可键入"计算机 not 电子"

续表

序号	字段名称	字段的含义	检索实例
9	摘要	专利摘要的键入字符数不限。 专利摘要可实行模糊检索，模糊检索时应尽量选用关键字，以免检索出过多无关文献。模糊部分位于字符串中间时应使用模糊字符"?"或"%"，位于字符串起首或末尾时模糊字符可省略。字段内各检索词之间可进行and、or、not的逻辑运算	1. 已知专利摘要中包含"网络"，应键入"网络" 2. 已知专利摘要中包含"闸瓦"和"摩擦系数"，且"闸瓦"在"摩擦系数"之前，应键入"闸瓦%摩擦系数" 3. 已知名称中包含"闸瓦"和"摩擦系数"，应键入"闸瓦 and 摩擦系数" 4. 已知名称中包含"闸瓦"或者"摩擦系数"，应键入"闸瓦 or 摩擦系数" 5. 已知名称中包含"闸瓦"，但不包含"摩擦系数"，应键入"闸瓦 not 摩擦系数"
10	分类号	专利申请的分类号可由《国际专利分类表》查得，键入字符数不限（字母大小写通用）。 分类号可实行模糊检索，模糊部分位于分类号起首或中间时应使用模糊字符"?"或"%"，位于分类号末尾时模糊字符可省略	1. 已知分类号为G06F15/16，应键入"G06F15/16" 2. 已知分类号起首部分为G06F，应键入"G06F" 3. 已知分类号中包含15/16，应键入"%15/16" 4. 已知分类号前三个字符和中间三个字符分别为G06和5/1，应键入"G06%5/1" 5. 已知分类号中包含06和15，且06在15之前，应键入"%06%15"
11	主分类号	同一专利申请中具有若干个分类号时，其中第一个称为主分类号。 主分类号的键入字符数不限（字母大小写通用）。 主分类号可实行模糊检索，模糊部分位于主分类号起首或中间时应使用模糊字符"?"或"%"，位于主分类号末尾时模糊字符可省略	1. 已知主分类号为G06F15/16，应键入"G06F15/16" 2. 已知主分类号起首部分为G06F，应键入"G06F" 3. 已知主分类号中包含15/16，应键入"%15/16" 4. 已知主分类号前三个字符和中间三个字符分别为G06和5/1，应键入"G06%5/1" 5. 已知主分类号中包含06和15，且06在15之前，应键入"%06%15"
12	颁证日	颁证日由年、月、日三部分组成，各部分之间用圆点隔开；"年"为4位数字，"月"和"日"为1或2位数字	1. 已知颁证日为1999年10月5日，应键入"1999.10.5" 2. 已知颁证日在1999年10月，应键入"1999.10" 3. 已知颁证日在1999年，应键入"1999" 4. 如需检索颁证日为1998—1999年之间的专利，应键入"1998 to 1999"

续表

序号	字段名称	字段的含义	检索实例
13	专利代理机构	专利代理机构的键入字符数不限。专利代理机构可实行模糊检索，模糊部分位于字符串中间时应使用模糊字符"?"或"%"，位于字符串起首或末尾时模糊字符可省略	1. 已知专利代理机构为广东专利事务所，应键入"广东专利事务所"，也可键入"广东" 2. 已知专利代理机构名称中包含"贸易"和"商标"，且"贸易"在"商标"之间，应键入"贸易%商标"
14	代理人	专利代理人通常为个人。专利代理人可实行模糊检索，模糊部分位于字符串中间时应使用模糊字符"?"或"%"，位于字符串起首或末尾时模糊字符可省略	1. 已知专利代理人为张李三，应键入"张李三" 2. 已知专利代理人姓张，应键入"张" 3. 已知专利代理人名字中包含"三"，应键入"%三" 4. 已知专利代理人姓张，且名字中包含"三"，应键入"张%三"
15	优先权	优先权信息中包含表示优先权日、国别的字母和优先权号。优先权可实行模糊检索，模糊部分位于字符串中间时应使用模糊字符"?"或"%"，位于字符串起首或末尾时模糊字符可省略	1. 已知专利的优先权日为1994.12.28，应键入"1994.12.28" 2. 已知专利的优先权属于日本，应键入"JP"（字母大小写通用） 3. 已知专利的优先权号为327963/94，应键入"327963/94" 4. 已知专利的优先权属于日本，且编号为327963，应键入"JP%327963"
16	国际公布	国际公布信息中包括国际公布号、公布的语种和公布的日期	1. 已知国际公布的语种为日文，应输入"日" 2. 已知PCT公开号为wo94/17607，应输入"wo94/17607"，或输入"wo.94.17607"，或输入"94/17607" 3. 已知公布日期为1999.3.25，应输入"1999.3.25"，或输入"99.3.25"

7.3 美国专利文献及其检索

7.3.1 概况

实际上美国从1641年麻省颁发制盐专利开始，就有了专利，不过早期的专利是由各州法院以特别法令的形式颁发的。1790年议会通过第一部专利法条例，规定了专利制度的实施办法。1836年建立了独立的机构——专利局，统一专利的审查与颁发。美国专利法曾经过多次修改和补充，现行专利法是 1952 年颁发的，后经过 1981 年、1994 年、1999 年多次修改和补充。

美国专利文献主要是指由美国专利与商标局依法批准出版的，各种详细记载发明内容的专利说明书，到 2006 年年底，已批准公布约 720 万件专利说明书，近年来年批准量逐年增加。美国专利文献除反映美国本国技术发明外，还包括一部分西欧、日本、加拿大等国家的技术发明，这些国家向美国专利局申请并获准的专利，据统计约占美国专利总量的 30%，而美国每年公布的专利占全世界每年公布专利总数的 1/4 左右。

美国专利实行先发明制，规定专利权授予最先做出发明而不是最先向美国专利局提出申请的人，并且规定申请人必须是发明者本人，以保护发明人的利益。原先这一原则只适合美国人在美国完成的发明，来自外国的申请只能以其申请日为准，在美国之外的发明日的证据是无效的。但 1994 年修改后的美国专利法，对于美国以外提出的发明证据已开始予以承认。

美国专利的审批基本上采用完全审查制。要经过严格的实质性审查，只有批准为专利的发明，才予以公布并出版专利说明书。因此美国专利的质量是比较稳定的，具有较高的参考价值。

美国专利文献采用本国的专利分类法进行标引，但与此同时还标引了相应的国际专利分类号。

申请专利必须由申请人向美国专利局提出申请并递交申请文件，审查时除对申请案进行形式上（文字、规格、手续等）审查外，还要根据新颖性、先进性、实用性进行实质性审查。由于美国专利局长期坚持严格的审查制度，专利的质量比较稳定，但也造成了申请案的大量积压，因此美国专利局从 1975 年开始试行"自愿公开试验计划"，以减少申请案审查积压。

7.3.2 美国专利文献

美国专利文献主要有 7 种类型，2001 年，美国专利说明书类型识别代码进行全面调整，后面括号中为调整后的代码。目前已经出版的专利说明书类型有以下 8 种。

1. 发明专利说明书（United States Utility Patent），文献类型识别代码 A（B1，B2）

这是发明专利申请经实质审查授予专利权时出版的专利说明书，占美国专利文献总量的 95% 以上，自 1790 年开始出版。这种专利说明书扉页中一些 INID 代码的使用体现了美国专利法的诸多特点：

［22］申请日期——1994 年修改的美国专利法中新增一项内容——临时专利申请。临时专利申请中可以不提出正式的权利要求、誓词及声明、相关资料及在先的技术公开。临时专利申请可以在产品（或方法）第一次销售、第一次为销售而提供、第一次公知公用等情况发生后的一年内提出，一年后自动作废，为申请人评估该发明潜在的商业价值提供了条件；临时专利申请可确定专利申请日及巴黎公约的优先权日，允许先提出多个申请，最后在正式的申请中合为一体。

［63］继续申请/部分继续申请数据——继续申请（Continuation Application）和部分继续申请（Continuation-in-part Application）都是对同样的发明提出的二次申请，其原始申

请首先必须是一个正式的专利申请,并且原始申请处于等待批准的阶段。继续申请中所揭示的内容必须与原始申请中相同;而部分继续申请增加了原始申请中没有揭示的内容,使原始申请内容只是为部分继续申请的一个部分。

继续申请和部分继续申请一般是由于发明人对原始申请的内容有了新的改进而提出的。只有在原始申请中已经得到叙述的内容,才可以享受原始申请的申请日。

美国专利说明书撰写颇具特点,每部分均以小标题引导,一目了然。一般包括以下5点。

①发明背景(Background the Invention):指明本发明所属技术领域、现有技术状况和存在的不足,以及解决问题的方法,要达到的目的。

②发明大意(Summary of the Invention):概述本发明内容。

③附图简介(Brief Description of the Drawings):简要地说明了附图所表示的内容。

④最佳方案详述(Detailed Description of the Preferred Embodiment):详细、完整、清晰地对发明内容给以叙述,使任何熟悉该发明所属技术领域的一般工程技术人员阅后,能制作及使用该发明。发明如有附图,应结合加以说明。这是专利说明书主要部分,它提供了解决技术问题最佳方案。

⑤权利要求(Claim):在说明书的最后,一般以"What is claimed is:"开始陈述。

2. 专利申请公开(Patent Application Publication),文献类型识别代码 A1

这是根据《1999 年美国发明人保护法案》规定,自正式专利申请日(或优先权日)起 18 个月公开的发明专利申请说明书。自 2001 年 3 月 15 日起,每周四仅以电子载体形式出版,用户可从美国专利与商标局网站(http://www.uspto.gov)获得。

3. 植物专利说明书(United States Plant Patent),文献类型识别代码 P(P2、P3)

这是自 1930 年起开始出版的植物专利说明书。植物专利的附图揭示该植物所有鉴别性的特点,当色彩是新品种的鉴别性的特征时,附图必须是彩色的。

4. 再版专利(Reissued Patent) 文献类型识别代码 E

再版专利又译为再公告专利、再颁专利,1838 年开始出版并单独编号。这是一种在发明专利授权后两年之内,发明人发现说明书或附图由于非欺骗性失误或权利要求过宽或过窄而影响原专利的完全或部分有效性。这时美国专利商标局可根据发明人提交的再版专利申请,对上述问题进行修正,授予再版专利。专利号前冠有"Re",扉页上也有原来专利的有关信息。再版专利中可以修改权利要求,但不允许加入新的实质性内容。凡是原说明书内容删掉的部分要用重括号注明,新增加的部分用斜体字印刷以示区别。

5. 再审查证书(Reexamination Certificate) 文献类型识别代码 B1、B2(C1、C2、C3)

美国自 1981 年 7 月 1 日实行再审查制,专利授权后,任何人在其有效期内引证现有技术对该专利提出质疑,美国专利商标局对此专利进行复审之后,颁发再审查证书,并出版复审之后的专利说明书。仍沿用原专利号,只是在原专利号前加上"B1"。第一件再审查证书于 1981 年 12 月 29 日出版。说明书扉页中有"再审查请求"(Reexamination Request:)和

"再审查证书与原专利有关事项"（Reexamination Certificate for：）等有关项目。经过再审查仍维持原结论时，扉页后注明"该专利无修正"（No amendments have been made to the patent）；经再审查后内容有所修正时，扉页后将注明"该专利补充如下"（The patent is hereby amended as indicated below）。

6. 依法登记的发明（Statutory Invention Registration），文献类型识别代码 H

依法登记的发明的前身是防卫性公告（Defensive Publication），1985 年更名。依法登记的发明不是专利，它具有专利的防卫性特征，而不具有专利的实施性特征。

当发明人认为自己的发明不值得或不愿意申请正式专利，但又怕别人以同样的发明申请专利，对自己不利。在这种情况下，依法登记发明是一种选择。这样可使相同的发明丧失新颖性，从而保护了发明人的利益。

7. 设计专利（United States Design Patent），文献类型识别代码 S

1843 年开始出版。与其他国家一样，外观设计在公报中刊登。2001 年 1 月 2 日，美国开始在其出版的专利文献上全面 WIPO PCIPI 制定的标准 16 专利文献类型识别代码。表 7－6 以 2001 年 1 月 2 日为界列出了文献类型识别代码的变化。

表 7－6　2001 年 1 月 2 日为界的文献类型识别代码的变化

2001 年 1 月 2 日之前使用的文献类型识别代码		
文献类型识别代码	文献类型	2001 年 1 月 2 日以后
A	专利	用 B1、B2 代替
P	植物专利	用 P2、P3 代替
B1，B2，B3	再审查证书	用 C1 C2、C3 代替
A1	专利申请公开	授权前公开
A2	专利申请公开（再公开）	授权前公开
A9	专利申请公开（修正）	授权前公开
B1	专利	授权前未曾公开
B2	专利	授权前曾公开
C1，C2，C3	再审查证书	原来使用的代码 B1、B2 现用于授权专利
E	再版专利	无变化
H	依法登记的发明	无变化
P1	植物专利申请公开	授权前公开
P2	植物专利	授权前未曾公开
P3	植物专利	授权前曾公开
P4	植物专利申请公开（再公开）	授权前公开
P9	植物专利申请公开（修正）	授权前公开
S	设计专利	无变化

8. 美国专利文献编号特点

①申请号为多年循环序号，如：US 06/463217。

②自2001年出版的专利申请说明书公开号按年编排，如：US 2001/0000001 A1，其他专利文献号按各自流水号系列顺排。

7.3.3 美国专利文献检索工具

1. 美国专利分类表（Manual of Classification of U. S. Patent）

专利分类表是从分类角度检索美国专利文献的重要工具书，美国专利分类法创于1837年，一百多年来随着科学技术的发展，分类法屡经扩充和修改。美国专利分类表，目前实际上有370个大类，而编号从2—604，中间留有备用的空号，每个大类下细分出若干小类，共有10万8千个小类。

美国专利分类表经常做些局部性的修改，美国专利局每隔3个月修订一次分类表，印发一些替换页（replacement pages），用以替换相应的某些旧分类。替换表标记有修订的年、月，查阅分类表时可以随时查核。使用美国专利分类表，最好是查某一年的专利、采用同一年的分类表。查找分类表时，首先应确定课题所属的大类号，然后再查找小类号。《分类表》主要内容包括：

（1）大类目录。

①三大技术领域（一般和机械；化工；电气）及其相关大类的类名，类号一览表；

②按大类号顺序排列的类名一览表；

③按大类类名字母顺序排列的类名、类号一览表；

（2）大类类目细分表。

美国专利分类号由阿拉伯数字组成，如131—274，131为大类…烟草，274为小类…具有香味的产品。同一大类中各小类间的从属关系用缩位圆点表示，类名前没有缩位圆点的是二级类，类名前带一个缩位圆点的是三级类，从属于其上不带圆点的二级类，类名前带二个缩位圆点的是四级类，以此类推多者达七、八级。如下所示"烟草"是一级类，"具有香味的产品"是二级类，"有机成分"是三级类，"杂环"是四级类等。

Class 131　　**TOBACCO**

　　　　　　　　：
　　　　　　　　：
　　　　　　　　：

274　　PRODUCT OR DEVICE HAVING IDENTIFIABLE CONSTITUENT TO FLAVOR OR ENHANCE FLAVOR

275　　　　・<u>Naturally occurring or synthetic duplicate</u>

276　　　　・<u>Organic compound</u>

277　　　　・・<u>Heterocyclic</u>

278　　　　・・・<u>Containing nitrogen as hetro atom</u>

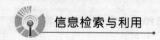

在美国专利分类表中,每一大类都设置有一个"杂项"(Miscellaneous)小类,它或许列为第一小类,或许列为最末一小类。凡一项发明无法列入其他各小类时,则可列入"杂项"类。因此,从该小类往往可以找到一些较新颖的发明。

有的小类号是带有小数点的数字,这是新增加扩充的类目。审查员有权对所管辖的类目进行临时性细分,这就使有的小类后面带上标志临时细分的字母,例如:126A、126B 是从126小类中新划出来的小类,126R 表示未从 126 小类单独划出的其他部分。

有些大类在最后附有单独的两个部分,"参见表"(Crose—reference art collections)和"别类"(digests),这些小类是审查员为了方便审查而作的"非正式小类"。它们与所属大类有关,但与该大类中的小类无关,是以一个分类概念为基础而新制订的不同小类。以下所示为 131 大类…烟草的"参见表"和"别类"。

Class   131   TOBACCO

CROSS – REFERENCE ART COLLECTIONS

    900   LIQUIFIED GAS EMPLOYED IN PUFFING TOBACCO
    901   ORGANIC LIQUID EMPLOYED IN PUFFING TOBACCO
    902   INORGANIC CHEMICAL AGENTS EMPLOYED IN PUFFING TOBACCO
    903   FIXING THE PRODUCT AFTER PUFFING
    904   PNEUMATIC MEANS FOR SENSING CONDITION OR CHARACTERISTIC
    905   RADIATION SOURCE FOR SENSING CONDITION OR CHARACTERISTIC
    906   SENSING CONDITION OR CHARACTERISTIC OF CONTINUOUS TOBACCO ROD

FOREIGN ART COLLECTIONS

    FOR000   CLASS – RELATED FOREIGN DOCUMENTS

DIGESTS

    DIG1   PIPE LITERATURE

美国专利分类属于功能分类,而且类目又在不断修改,使分类表中大类、小类的编排上都存在一些不规则现象。例如:604 个大类,实际上只有 370 个大类,其余都是备用的空号。相邻的大类之间既无逻辑关系,也无从属关系。例如 42 类为枪械,43 类为捕捞、诱捕和除害,44 类为燃料和点火装置。同一专业的有关主题可能分在相隔很远的大类中,例如 93 类为造纸工业,162 类为造纸和纤维分解,229 类为纸料容器。而不同行业的有关主题却分在同一大类中,例如 242 类卷绕,包括纺织机上的纺锭,照相机和电影放映机上的卷胶片的装置,卷磁带的装置等,总之,凡起绕卷作用的装置统统纳入这一类。

2. 美国专利分类表索引(Index to Classification of U. S. Patents)

由于美国专利采用功能分类的原则,类名重概念,加上修改频繁,分类表体系比较紊乱,不易查找,因此通常配合《分类表索引》使用。《分类表索引》是将《分类表》中的

一、二级类目(个别到三级类目)用适当的主题词(技术名词或普通名词)或短语表示,并把与该词条相关的类目主题缩排在其下。缩排可达四级、各级都按字母顺序排列,并在每一条目后标出类号。将查到的类号与《分类表》进行核查,便可确定要检索的分类号。如果在《分类表索引》中查不到与课题相关的词,就要扩大或缩小词义范围,改用一些近义词或反义词,从不同的角度选取与课题相关的词。《分类表索引》把分散在《分类表》不同类目中的与某一专业主题词相关的类目,都集中在一个或几个词条下,便于比较、选择、起到引导作用。

3. 专利年度索引

(1) 专利权人索引(List of Patents)。

按发明人、受让人(公司)名称的字顺混合编排,发明人的姓名是姓在前名在后,而公司名称都带有"see",在其下按发明人名称字顺列出该公司本年度的全部专利。

(2) 分类索引(Index to Subject of Inventions)。

该索引按分类号顺序排列,每一类号列出一年来的全部专利号。《分类索引》分两个部分,前半部分是"主分类号索引"(Original Classification),后半部分是"付分类号索引"(crose Reference classification)。如作一般性检索,只要按照确定的分类号,在"主分类号索引"部分查找即可;如想作较完整的检索,就要利用事先确定的分类号,在"主分类号索引"和"付分类号索引"两部分查找。《分类索引》的不足之处是只给出了专利号,而未给出专利名称,必须进一步查阅《专利公报》或者专利说明书进行核实才能确定其内容是否适用。

4. 美国专利公报 (Official Gazette of the United States Patent and Trademark Office)

1872年创刊,由美国专利与商标局出版,它是检索美国专利的重要刊物。每周一期,每月各期合为一卷,报道美国专利局批准的所有专利摘要。每期《专利公报》的前面,报道有关专利事务的各种通知、审查情况、弃权、更正及有关法律事项等,从中可以了解美国专利事务的状况。《专利公报》上的专利文摘分"一般和机械""化工""电气"三大部分。每期《专利公报》后面都附有"分类索引"和"专利权人索引",在《年度索引》出版之前,用户可利用《专利公报》后面的索引逐期查找最近专利。自2003年起,不再出版书本式《专利公报》,而用光盘电子版本替代之。

5. 美国专利分类总索引 (Classification of U. S. Patents)

美国专利局把1959年9月21日之前170多年的专利(1~2904784)集中在一起按分类列出,共十大本,用来查找1959年以前的美国专利。美国专利检索除以上常见的检索工具之外,还有化学专利单元词索引,美国国家专利目录等。但目前使用较少,因为使用美国专利与商标局网上专利数据库检索更为方便,所以它仅作为检索美国专利的一种辅助手段。

7.3.4 检索途径

1. 分类途径检索

利用分类途径检索美国专利文献的过程如图7-9所示。

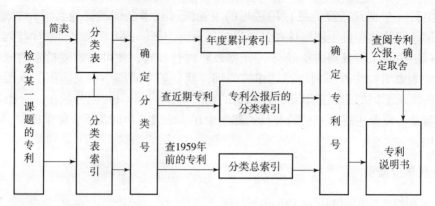

图 7-9 利用分类途径检索美国专利文献流程

用户通过分类途径查找美国专利时，应该注意，查找某一时间的美国专利就要利用同时期的分类表，并且要注意"替页"中分类号的修订情况，因为《美国专利分类表》每三个月修改一次，变动十分频繁。

2. 公司、发明人的途径检索

从公司、发明人的角度查找其专利的过程如图 7-10 所示。

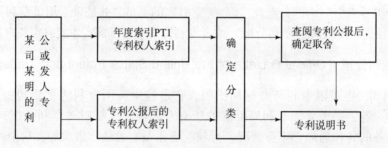

图 7-10 从公司、发明人的角度查找其专利流程

注意：有些公司比较大，一年之中有许多属于不同技术领域的专利发明，但《专利权人索引》中的公司名称下又没有著录"发明题目"，为了迅速找出所需要的专利，最好与分类表配合使用进行筛选，也就是选取某一分类号下列出的该公司的专利号。

7.3.5 美国专利与商标局（USPTO）专利数据库

1. 概述

美国专利与商标局在 20 世纪末就在因特网上免费传播美国专利信息。该网站收录了 1790 年至今的美国全部授权专利以及 2001 年 3 月 15 日之后的公开专利申请。它包括美国授权专利全文数据库、专利文摘数据库和公开专利申请全文数据库，并且每周更新一次。均可进行快速布尔检索、高级布尔检索和专利号检索，是检索美国专利文献的一种十分方便、有效的工具。

网址：http://www.uspto.gov/patent/index.html。

IP 地址：63.71.228.67。

美国专利数据库可用来检索授权专利和公开专利申请。图 7-11 是其网页页面局部图。

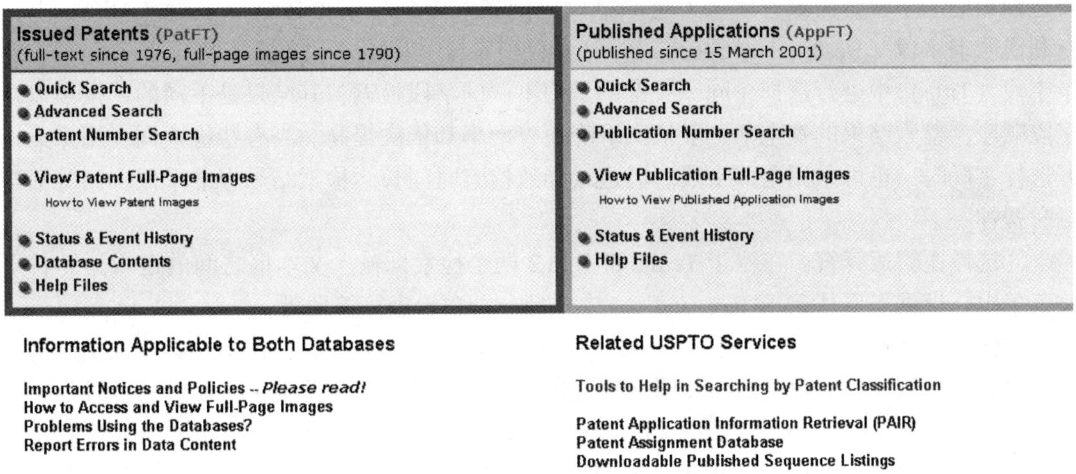

```
Issued Patents (PatFT)
(full-text since 1976, full-page images since 1790)
● Quick Search
● Advanced Search
● Patent Number Search
● View Patent Full-Page Images
    How to View Patent Images
● Status & Event History
● Database Contents
● Help Files

Published Applications (AppFT)
(published since 15 March 2001)
● Quick Search
● Advanced Search
● Publication Number Search
● View Publication Full-Page Images
    How to View Published Application Images
● Status & Event History
● Help Files

Information Applicable to Both Databases
Important Notices and Policies -- Please read!
How to Access and View Full-Page Images
Problems Using the Databases?
Report Errors in Data Content

Related USPTO Services
Tools to Help in Searching by Patent Classification
Patent Application Information Retrieval (PAIR)
Patent Assignment Database
Downloadable Published Sequence Listings
```

图 7-11　美国专利数据库网页页面局部图

该页面主要分为左、右两部分，左边是检索授权专利数据库的三种检索途径及其有关项目的链接；而右边是检索公开专利申请数据库的三种检索途径及其有关项目的链接。在此主要介绍授权专利数据库的检索方法和技巧，而检索公开专利申请数据库可参照授权专利数据库的检索方法进行。该数据库由美国专利与商标局负责管理和维护。

该网络数据库具有数量大、内容丰富、更新速度快、质量稳定以及检索途径多和功能强等特点，在世界各国的专利数据库中占有十分重要的地位，能免费为网络用户提供多方位的服务，很有代表性。下面就以美国专利说明书全文数据库为例，对上网检索美国专利的方法和技巧作一介绍。

2. 网上检索美国专利的方法

在主页页面左边列出了 3 个主要检索途径的链接，它们是：①Quick Search（快速布尔检索），②Advanced Search（高级布尔检索），③Patent Number Search（专利号检索）。单击其中任意一个，就可进入相应检索页面，现分别介绍如下：

（1）快速检索（Quick Search）。

这是一种常用的简单快捷的检索方式。这种检索方式只能实现两个检索词之间的布尔逻辑运算。但在两个检索词之间可选择"逻辑或""逻辑与"和"逻辑非"之中的任何一种逻辑关系，并且具备关键词、人名、分类等字段检索功能。其检索过程可分以下 5 步进行：

①选择年限：根据需要在 Select Years 下拉菜单里从 1976 年至今、1790 年至今的年限中选择要检索的年代，以限定检索时间范围。

②输入第 1 检索词（Term1）：在检索页面上的 Term 1 文本框中输入检索词，它包括关键词、人名、专利号、地名等。输入的关键词可以是物质名、商品名，也可以是词组或者短语，不过在文本框中输入两个或者两个以上单词时，就被视为词组或者短语，不论是否置于""中。输入人名时，姓放在前，名放在后，在姓和名之间用"—"连接；输入国际专利分

类号时应注意字母必须大写，分类号中的第四级必须为三位数，不足三位的在前面加"0"，否则计算机作为词组处理。然后在Term l输入文本框右边的Field 1字段下拉菜单中根据需要选择相应的字段，而缺省默认为全部字段。例如关键词检索可在全部字段（All Fields）、专利说明书字段（Description/Specification）、权项字段（Claim）、文摘字段（Abstracts）、题录字段（Title）中进行选择，同一关键词采用不同的字段检索，其结果是不同的。按照以上字段顺序，检索结果的查全率一般依次下降而查准率却依次提高。当有些检索词，用户无把握选择字段时，也可采用全部字段。但这会导致检索时间长、检索结果查准率低、浏览筛选耗时费神。

③选择逻辑运算符：在位于Terml和Term2两个检索词输入文本框之间的逻辑运算符下拉菜单中，根据需要从and、or、and not中选择一种逻辑运算符即可。

④输入第2检索词（Term2）：按照输入第l检索词同样的方法，在Term2输入文本框中输入第2检索词，然后也按照与②同样的方法，在其字段下拉菜单中选择相应的字段。

⑤单击"search"按钮，很快弹出检索结果页面，显示出命中的专利文献的数量以及专利号和名称（题录）。每页列出50条供浏览，单击"NEXT 50 Hits"按钮或者页面上方的"Next list"按钮就可逐页进行浏览、选择，有必要也可以在"Jump to"右边的文本框中输入50的n倍数字。然后单击"Jupm to"按钮，就直接显示出n页的专利号和名称。点击选中的专利号或者专利名称，很快就会弹出该件专利的全文页面，供浏览下载。若单击全文浏览页面上方的"image"按钮，就能下载具有附图的说明书（需要安装TIFF浏览器或者插件程序）。如果用户对检索结果不满意，显示检索结果页面还为用户提供了Refine Search输入文本框，你可根据需要输入相应逻辑运算表达检索式，然后单击"Refine Search"按钮就可以进行再次检索。"二次检索"的年代范围默认为首次检索时设置的年代范围。如果采用单一检索词检索，只需要按照①、②、⑤三步进行即可。

(2) 高级检索（Advanced Search）。

所谓高级检索就是可实现两个条件以上的布尔逻辑运算表达式的检索。它为用户提供了十分灵活的检索，能达到极高的查准率。这种检索可分以下几步进行操作。

①在Select years下拉菜单中选择所需要的年代范围。

②分析课题。确定检索词（标识），它包括关键词、词组、分类号、人名、地名、日期等，然后列出字段检索式，字段检索式输入格式是：字段代码/检索词。在高级检索页面下方列有供用户选用的31个字段代码与字段名对照表。例如，文摘的代码为ABST，国际分类号的代码为ICL，发明人姓名代码为IN，授权日期的代码为ISD，等等。以下对几类主要检索词列举出字段检索式。

a. 关键词检索：用户根据需要可从TTL、ABST、ACLM和SPEC字段代码中选择合适的字段代码，并列出字段代码检索式，选用不同的字段代码进行检索的结果是不同的，其查全率按照以上字段代码顺序逐渐提高。例如利用ABST/（"citric acid" and (corn or wheat)）检索，其查全率低于利用SPEC/（"citric acid" and (corn or wheat)）检索的结果。

b. 分类检索：用户利用分类号检索，可将检索范围限定到某一学科或者某一类目范围内。分类字段代码有CCL和ICL两种，它们分别为美国专利分类字段和国际专利分类字段。两种分类字段代码必须与各自的分类号一一对应使用，否则无效。例如：ICL/Cl2P007/48，是要把检索范围限定在利用微生物发酵的方法生产柠檬酸的专利范围内。

c. 人名检索：包括发明人姓名、代理人姓名、审查员姓名等的检索。就发明人姓名检索而言，用户利用发明人姓名字段检索，就能获得某一发明人全部的专利，通过分析以便获得其近期研究成果及其研究动向，从中得到启示。输入人名的方法与快速检索相同。

d. 在某一时间范围内检索：用户根据需要，可以指定时间范围检索，这样可减少检索结果中的专利文献量，以便节省浏览的时间和精力。操作过程是在 ISD/之后填写利用"->"运算符把起始日期和终止日期连接起来的日期段。例如：ISD/1/1/l980 -> 12/31/2002，也可采用 ISD/19800101 -> 20021231，其左边四位数为公元年号，紧接的两位数为月份，最后的两位数为日期。若需要检索整个月的专利，可采用截词符 $ 替代 1~31 日，例如 ISD/3/ $ /1980。其余部分，在此就不一一列举。

③列出综合布尔逻辑表达式：这种表达式是利用圆括号（）、and、or、and not 等逻辑运算符，将所需要的字段检索式罗列成综合布尔表达检索式，并将其输入到提问（query）文本框中。例如：要在 1980 年 1 月 1 日至 2002 年 12 月 31 日期间的数据库中检索利用微生物发酵的方法，以玉米或者小麦为原料，生产柠檬酸方面的专利文献，其布尔表达式可罗列成（（SPEC/（"citric acid" and （corn or wheat））and ICL/Cl2P007/48）and ISD/1/1/1980 -> 12/31/2002）。

④单击检索按钮（search）：不久就会弹出显示检索结果的页面，然后按照与快速检索同样的方法进行浏览、下载专利说明书等。

（3）专利号检索（Patent Number Search）。

专利号检索是通过已知的专利号来检索专利文献的。操作时系统会自动地对 1790 年至今的整个数据库进行检索，不用限定年限。单击数据库检索主页的"Patent Number Search"按钮后，立刻会弹出专利号检索页面。检索可分两步操作，首先在提问（query）输入文本框中输入一个或两个以及两个以上的专利号，专利号之间仅用空格分开即可，然后单击"search"按钮，很快会显示出检索结果。之后的操作均与快速检索相同。在利用专利号检索时要注意，除 utility 专利之外，还有许多在专利号中出现前缀的专利。如 D123456、PP123456 等。"D"代表 Design Patents（外观设计），"PP"代表 Plant Patents（植物专利），而 RE 代表 Reissue Patents（再公告专利）等。

3. 检索技巧

美国专利数据库有快速、高级和专利号三种检索方式，根据课题已知的条件可选择其中任何一种检索方式。但如何提高美国专利的查全率和查准率，却是困扰广大检索人员的一大难题。在此提供一些检索技巧，以供大家参考。

（1）1790—1975 年的专利数据库检索。

①该专利数据库仅支持专利号检索、公告日期和美国专利分类检索。大多数网络用户不太熟悉美国专利分类号的内容，使用起来极不方便。这时，可根据课题的已知条件，利用快速或者高级检索方法在 1976 年至今的数据库中进行检索。通过浏览检索结果，在"命中"的最切题专利中选取其前面几个美国专利分类号，然后利用这些专利分类号在 1790—1975 年的专利数据库中进行检索，通常能获得较理想的结果。

②另外也可以通过点击检索主页右下方的专利分类检索帮助工具（Tools to Help in Searching by Patent Classification）或者输入 http：//www.uspto.gov/go/classification 网址进入

美国专利分类网站。再点击子导航 Index to the United States Patent Classification（USPC）System（美国专利分类索引），然后按照英语字母顺序查找相应检索词所属分类号。最后利用选取的专利分类号进行检索即可。

（2）利用数据库检索语言。

①截词符＄：表示无限截词，它可用于关键词、人名、分类号、日期范围。例如：ABST/tele＄、IN/Dos—＄、CCL/427/＄、1SD/12/＄/1980 等，但要注意不能用作词组的右截词。例如：ABST/"vacuum clean＄"。

②逻辑运算符：AND、OR、ANDNOT 以及国际分类号中的字母在快速检索方式中必须大写，否则不能获得正确的检索结果，而在高级检索中字母是否大写均不影响检索结果。

③词组或短语：必须把词组置于""之中。例如"vacuum cleaner""citric acid"等。

④分类号：若要检索国际专利分类号为 C12P07/48 的专利文献，其输入格式应为 C12P007/48。第四级类目必须为三位数，不足三位数的在前面加"0"；而美国专利分类的输入格式为 427/2.31 或者 427/3A。如果要检索某一大类内容的专利文献，其细类目用＄代替即可。例如：CCL/427/＄。

⑤禁用词（Stopword）：它在某些字段检索中无效。在系统帮助中列出了禁用词表。例如：because、claim、particularly、use 等都为禁用词。

美国专利数据库在不断地更新数据和扩充内容，逐步完善检索功能，所以数据库主页和检索界面也时常更新。网络用户在检索过程中若遇到问题，可借助检索页面上方提供的帮助，随时可获得帮助信息。

7.4 标准文献及其检索

7.4.1 标准文献概述

1. 概况

标准是标准化活动的产物，标准化是指在经济、技术、科学及管理等社会实践中，对重复性事物和概念，通过制定、发布和实施标准达到统一，以获得最佳秩序和社会效益。标准化是一项重要的技术经济政策，是科学管理的重要组成部分，是发展国民经济的重要措施之一。标准化程度的高低代表着一个国家经济发展和技术成就的高低。至今已有 100 多个国家制订了各自国家的标准。

我国为了更好地推行标准化，实施标准化管理和督促企业严格执行标准，已颁布了《中华人民共和国标准化法》，由中华人民共和国第七届全国人民代表大会常务委员会第五次会议于 1988 年 12 月 29 日通过，1989 年 4 月 1 日起实施，2017 年 11 月 4 日第十二届全国人民代表大会常务委会员第三十次会议修订，自 2018 年 1 月 1 日起施行。

标准文献是指由技术标准、生产组织标准、经济管理标准等文件组成的特种科技文献体系。标准文献通常指的是"规范""技术要求"等。而技术标准是标准文献的主体（在此主要介绍技术标准的检索）。技术标准文献具有以下特点：
（1）标准的制订、审批有一定程序。
（2）具有法律性质和约束力、是从事生产、建设和商品流通的共同技术依据和准则。
（3）具有时效性，旧标准会被新标准所代替或被废止。
（4）每件标准的适用范围明确专一。
（5）具有独立的检索系统和检索标志，一件标准文献通常包括标准级别、标准名称、标准号、标准分类号、标准提出单位、审计单位、批准日期、实施日期、具体内容等著录项目。

2. 标准的划分

为了便于研究和应用，人们从不同的角度和属性将标准划分成多种类型。
（1）按标准的适用范围划分。
如《中华人民共和国标准化法》将我国标准分为以下四级。
①国家标准：有国务院标准化行政主管部门制定的需要在全国范围国内统一的技术要求，称为国家标准。
②行业标准：在全国某个行业范围内统一的技术要求，称为行业标准。行业标准通常由国务院有关行政主管部门制定并报国务院标准化行政主管部门备案。
③地方标准：在省、自治区、直辖市范围内统一的工业产品的安全，卫生要求，称为地方标准。地方标准由省、自治区、直辖市标准化行政主管部门制定并报国务院标准化行政主管部门和国务院有关行业行政主管部门备案。
④企业标准：由企业制定的作为组织生产依据的相应的企业产品要求或在企业内制定适用的严于国家标准，行业标准或地方标准的企业（内控）产品要求，称为企业标准，并按省、自治区、直辖市人民政府规定备案。
（2）按法律的约束性划分。
①强制性标准：强制性标准范围主要是保障人体健康、人身、财产安全的标准和法律、行政法规规定强制执行的标准。对不符合强制性标准的产品，禁止生产、销售和进口。根据《标准化法》的规定，企业和有关部门对涉及经营、生产、服务、管理，有关的强制性标准都必须严格执行，任何单位和个人不得擅自更改或降低标准。对违反强制性标准而造成不良后果甚至重大事故者，由行政主管部门依照法律，行政法规规定以及情节轻重给予行政处罚，直至由司法机关追究刑事责任。
②推荐性标准：推荐性标准是指导性标准，又称非强制性标准或自觉性标准，是指生产、交换、使用等方面，通过经济手段或时常调节而自愿采用、违犯这类标准，不构成经济或者法律方面的责任。应当指出的是推荐性标准一经接受并采用，或者各方面纳入经济合同中，就成为各方必须共同遵守的技术依据，具有法律上的约束性。
③标准化指导性技术文件是为处于技术发展过程中的标准化工作提供指南或信息，供科研、设计、生产、使用和管理等相关人员参考使用而制订的标准性文件。
除以上两种标准划分方法之外，还有按照标准的对象和作用，分为基础标准、产品标准、方法标准、安全标准、卫生标准和环境保护标准等。

7.4.2 标准分类

1. 中标分类（Chinese Classification for Standards，CCS）

1984年7月国家标准局批准颁发了《中国标准文献分类法（试行）》，这是我国第一部专门用于标准文献分类的分类法。适用于给各级标准分类，有关标准化的文献资料的分类也可参照使用。该分类法采用以专业划分为主，适当结合学科分类的原则。各级类目的设置是以标准文献的数量为基础，类目之间能容纳的标准文献量保持相对平衡，在某些地方留有发展的空间，达到科学、简便、实用的目的。

根据编制原则，设置24个大类，分别利用除I、O之外的英文大写字母表示，大类类号及其含义如下：

A　综合
B　农业、林业
C　医药、卫生、劳动保护
D　矿业
E　石油
F　能源、核技术
G　化工
H　冶金
J　机械
K　电工
L　电子元器件与信息技术
M　通信、广播
N　仪器、仪表
P　土木、建筑
Q　建材
R　公路、水路运输
S　铁路
T　车辆
U　船舶
V　航空、航天
W　纺织
X　食品
Y　轻工、文化与生活用品
Z　环境保护

一级类目与二级类目之间设置分面标识。二级类目采用两位数字表示，因此每一级主类之下包含有00~99一百个二级分类。二级类目之间的逻辑划分用分面标识加以区别，例如：一级类目标识符号和名称：W…纺织，分面标识符号和名称：W 10/19…棉纺织。

2. 国际标准分类法（International Classification for Standards，ICS）

国际标准分类法采用三级分类，一级类目分类号用两位阿拉伯数字表示，共有41个一级类目；而二级类目分类号由三位阿拉伯数字表示，共有405个类目；三级类目分类号仍然采用两位阿拉伯数字表示，共有884个类目。一、二、三级分类号之间用圆点隔开，以示区别。例如：29.035.50 云母基材料。在同一级相邻类目之间大多数留有备用的空号。我国国家质量技术监督局决定于1997年1月1日起，在我国国家标准、行业标准和地方标准上标注 ICS 分类号，取代国际十进位分类法 UDC 分类号，与中国标准文献分类法同时使用。

国际标准类号及其含义如下：

类号	类号含义
01	综合、术语学、标准化、文献
03	社会学、服务、公司（企业）的组织和管理、行政、运输
07	数学、自然科学
11	医药卫生技术
13	环保、保健和安全
17	计量学和测量、物理现象
19	试验
21	机械系统和通用件
23	流通系统和通用件
25	机械制造
27	能源和热传导工程
29	气工程
29.035	绝缘材料
29.035.10	纸和纸板绝缘材料
29.035.20	塑料和橡胶绝缘材料
29.035.30	陶瓷和玻璃绝缘材料
29.035.50	云母基材料
29.035.60	涂层织物
31	电子学
33	电信、音频和视频工程
35	信息技术、办公机械
37	成像技术
39	精密机械、珠宝
43	道路车辆工程
45	铁路工程
47	造船和海上构筑物
49	航空器和航天器工程
53	材料储运设备

55		货物的包装和调运
59		纺织和皮革技术
61		服装工业
65		农业
67		食品技术
71		化工技术
73		采矿和矿产品
75		石油及相关技术
77		冶金
79		木材技术
81		玻璃和陶瓷工业
83		橡胶和塑料工业
85		造纸技术
87		涂料和颜料工业
91		建筑材料和建筑物
93		土木工程
95		军事工程
97		家用和商用设备、文娱、体育

7.4.3 中国标准号识别

中国标准号由标准代号（汉语拼音字母）、顺序号和批准标准的年份组成。
例如：

  GB 14711—2006   （中小型旋转电机安全要求）
  GB ------------------------------------标准代号
  14711 --------------------------------顺序号
  2006 ---------------------------------标准批准的年份

  我国标准代号都是采用汉语拼音缩写的，一般用两个大写的汉语拼音字母表示。国家标准从 1958 年开始采用汉语拼音 Guo Biao（国标）中的两个首字母 GB 做代号。对于现在的行业标准、地方标准和企业标准的代号，也以同样的原则作出了相应的规定。内部出版发行的标准，在标准代号的右侧加上（ni 内），例如："GBN"表示内部出版发行的国标；推荐性标准和指导性文件是在标准代号右侧分别添加"/T"和"/Z"，否则为强制性标准。地方标准代号是由 DB＋省级行政区划代码前两位数字组成，而企业标准号是由 Q＋企业代号组成。

7.4.4 标准目录及其检索方法

1. 常用标准目录

①《中华人民共和国国家标准目录》由中国标准化协会编辑出版，编辑了国家发布的工农业产品，环境保护及卫生等标准，目录后附有标准号（顺序号）索引。

②《中国标准化》，该期刊每期都报道新发布的国家标准，并提出国内标准制定等有关信息。

③专业标准化刊物；提供各专业有关标准信息。

2. 标准检索方法

①分类途径：利用《国家标准目录》，首先确定要查找标准属于哪一大类的哪一小类，再在小类中查找相应的标准号，直至索取到需要的标准为止。

②准号途径：如果已知标准号，可从标准号途径迅速查到该号的标准名称及其代替情况，（目前书本式标准检索仅作为检索的辅助手段）在此不多介绍。

7.4.5 中国标准服务网的标准检索途径和方法

1. 概述

目前国内有许多标准服务网站，其中较权威的有中国标准服务网（http：//www.cssn.net.cn）、上海标准化信息服务网（http：//www.cnsis.info）、广东标准化信息服务网（http：/www.gdsc.net.cn）、标准图书馆（http：//www.bzsb.info/gbxgd.jsp）等。在此本书仅介绍中国标准服务网，因为它是国家级标准信息服务门户，是世界标准服务网（www.wssn.net.cn）的中国站点。从 2001 年 4 月起向中国用户推出开放式服务，对标准信息提供免费查询。由中国标准化研究院标准馆负责网站的标准信息维护、网员管理和技术支撑。中国标准服务网已重新改版，以更丰富的内容和全新的面貌为用户服务，中国标准服务网具有种类齐全、信息准确、更新及时、服务快捷等特点。

中国标准服务网的标准信息主要依托于国家标准化管理委员会、中国标准化研究院标准馆及院属科研部门、地方标准化研究院（所）及国内外相关标准化机构。中国标准化研究院标准馆收藏有 60 多个国家、70 多个国际和区域性标准化组织、450 多个专业学（协）会的标准以及全部中国国家标准和行业标准共计 60 多万件。此外，还收集了 160 多种国内外标准化期刊和 7 000 多册标准化专著，与 30 多个国家及国际标准化机构建立了长期、稳固的标准资料交换关系，还作为一些国外标准出版机构的代理，从事国外和国际标准的营销工作。每年投入大量经费和技术人员，对标准文献信息进行收集、加工；并进行数据库和信息系统的建设、维护与相关研究。

中国标准服务网提供用户检索查询的数据库有：国家标准（GB）、国家建设标准（GBJ）、中国 70 余个行业标准、台湾地区标准、技术法规；国际标准（ISO）、国际电工标准（IEC）、国际电信联盟标准（ITU）、欧洲标准（EN）、欧共体法规（EC）、欧洲计算机制造商协会标准（ECMA）、欧洲电子元器件协会标准（CECC）；德国标准（DIN）、英国标准（BS）、法国标准（NF）、日本工业标准（JIS）、美国标准（ANSI）、澳大利亚国家标准（AS）、加拿大标准协会标准（CSA）、加拿大通用标准局标准（CGSB）；美国铝协会标准（AA）、美国国家公路与运输商协会标准（AASHTO）、美国船舶局标准（ABS）、美国音频工程协会标准（AES）、美国煤气协会标准（AGA）、美国齿轮制造商协会标准（AGMA）、美国航天工业协会标准（AIA）、美国航空与航天协会标准（AIAA）、美国信息与图像管理协会标准（AIIM）、美国核协会标准（ANS）、美国国家标准协会标准（ANSI）、美国石油协会标准（API）、美国空调与制冷学会标准（ARI）、美国航空无线电设备公司标准（ARINC）、美国声协会标准（ASA）、美国加热、制冷与空调工程师协会标准（ASHRAE）、美国机械工程师协会标准（ASME）、美国质量控制协会标准（ASQ）、美国卫生工程协会标准（ASSE）、美国材料与试验协会标准（ASTM）、美国焊接协会标准（AWS）、美国建筑小五金制造商协会标准（BHMA）、美国冷却塔学会标准（CTI）、美国电子工业协会标准（EIA）、美国通用汽车标准（GM）、美国照明工程学会标准（IEEE）、美国连接电子学工业协会标准（IPC）、美国仪器、系统与自动化协会标准（ISA）、美国阀门及配件工业制造商协会标准（MSS）、美国全国腐蚀工程师协会标准（NACE）、美国电气制造商协会标准（NEMA）、美国国家信息标准协会标准（NISO）、美国全国卫生基金会标准（NSF）、美国制管学会标准（PFI）、美国电阻焊接机制造商协会标准（RWMA）、美国机动工程师协会标准（SAE）、美国电影与电视工程师协会标准（SMPTE）、美国钢结构油漆委员标准（SSPC）、美国保险实验室协会标准（UL）、美国联邦军用标准（DOD）、美国军用标准（MIL）及德国工程师协会标准（VDI）。

2. 标准检索途径和方法

将中国标准服务网网址 http://www.cssn.net.cn 输入联网计算机地址栏后回车，就可进入该网站主页。为了获得最大使用权限和享受到最大的优惠，用户必须首先注册成为中国标准服务网网员。在登录主页后，单击子导航标准检索，新页面左侧便显示出以下标准检索栏目：

标准分类检索

- ICS 分类
- 中标分类

标准高级检索

电子资源检索

地方标准库检索

期刊检索

图书检索

该系统提供的逻辑运算符有："*"和"+"以及"%"（截词符），其含义和作用分别如下：

①与"*"的含义和作用：检索结果必须同时包含"*"算符前、后两个不同的检索词；

②或"+"的含义和作用：检索结果至少包含一个"+"算符前面的，或者后面的检索词；

③截词符"％"的含义和作用："％"在本系统中仅作为分类右截词符，例如："29％"代表电气工程一大类，另外本系统在许多检索项中支持检索词前、后模糊匹配。

(1) 标准分类检索。

标准分类检索包括 ICS（国际标准）分类和中标分类检索，点击相应的类别会显示当前类别下的明细分类，直到显示该类下的最小标准分类。例如：当需要检索云母基材料标准时，可单击 ICS 分类中的"29. 电气工程大类"，便显示二级类目；再单击其中的"29.035 绝缘材料"，在新页面上显现三级类目；而后单击"29.035.50 云母基材料"，就可获得查询结果列表，共找到 67 条记录。一旦数量太大，甚至难于筛选时，可在查询结果内按数据库类型重新查询。在上述查询结果列表内，选择中国国家标准（GB），然后单击重新查询，很快显示一条记录 GB/T 5019—2002 以云母为基的绝缘材料试验方法。

29.	电气工程
29.035	绝缘材料
29.035.01	绝缘材料综合
29.035.10	纸和纸板绝缘材料
29.035.20	塑料和橡胶绝缘材料
29.035.30	陶瓷和玻璃绝缘材料
29.035.50	云母基材料
29.035.60	涂层织物

……

(2) 标准高级检索。

①通过标准号查询某个标准的最新情况。如果用户想知道某个标准的最新情况，比如 ISO 9000，首先在数据库种类中选择 ISO，在标准号中输入"9000"，然后单击"检索"按钮。如果只在标准号中输入"9000"，那么检索结果将是所有数据库中标准号包含"9000"的全部标准，如 ASTM/ISO 9000-2000、BS EN ISO 9000-1-1994 等。

②通过中文信息检索某类标准。如果查询与幼儿有关的标准，可以通过下面方法实现：

a. 通过在"中文标题"文本框中输入一个词检索，在"中文标题"文本框中输入"幼儿"，然后单击"检索"按钮，这时，凡是中文标题中有"幼儿"的标准，将全部被检索出来。

b. 通过在"中文标题"文本框中输入多个词检索，如果查询在中文标题中有"婴幼儿"和"食品"这两个词的标准，在"中文标题"文本框中输入"婴幼儿＊食品"，最后单击"检索"按钮。如果查询在中文标题中有"婴幼儿"或者有"食品"的标准，在"中文标题"文本框中输入"婴幼儿+食品"，最后单击"检索"按钮，就可检索到相应的标准。

c. "中文标题"与"中文关键词"联合使用进行检索（提高"查全率"），仅在"中文标题"文本框中输入"幼儿"这两个汉字，有时会漏掉一些在中文标题中确实没有"幼儿"的标准，而这些标准与"幼儿"有关。因此，需要同时在"中文关键词"中再输入"幼儿"，然后"字段间的关系"选择"或"（即：OR 的意思），最后单击"检索"按钮，这将提高检索的"查全率"。只要在"中文标题"或者在"中文关键词"中有"幼儿"这两个汉字的标准都将被检索出来。

d. "中文标题"与"中文关键词"联合使用进行查询（提高"查准率"），如果用户需要查询与幼儿营养有关的标准，在"中文标题"中输入"幼儿"这两个汉字，在"中文关键词"输入"营养"这两个汉字，然后将"字段间的关系"选择"与"（即：AND 的意思），最后单击"检索"按钮。

③通过中文信息和采用关系，查询标准之间的关系。如果用户想了解中国国家标准采用国际标准或其他发达国家标准的情况，首先在数据库种类中选择"中国国家标准"，然后在"采用关系"中输入相应的代码：日本（JIS）、俄罗斯（GOST）、德国（DIN）、英国（BS）、法国（NF）、美国（ANSI）、国际电工委员会（IEC）、国际标准化组织（ISO）。如果在"采用关系"中输入"ISO"，再单击"检索"按钮，将显示出采用了 ISO 标准的全部中国国家标准。

④通过中文信息和中标分类，检索某一类标准。如果用户想检索中国国家标准中与食品有关的标准，首先在数据库种类中选择"中国国家标准"，然后单击"中标分类号"后的"请选择"，在弹出窗口中选择"食品"，再单击"检索"按钮，所有与食品有关的标准，将全部被检索出来。"X%"的含义：X 表示食品类,% 表示所有 X 类标准。

⑤通过中文信息和国际标准分类，检索某一类标准。首先单击"国际分类号"后的"请选择"，在弹出窗口中选择"食品技术"，然后单击"检索"按钮，所有与食品技术有关的标准，将全部被检索出来。"67%"的含义：67 表示食品技术类,% 表示所有 67 类标准。

(3) 电子资源检索。

①通过标准号查询某个标准的最新情况。如果用户想知道某个标准的最新情况，比如 ISO 9000，在"标准号"文本框中输入：ISO 9000，然后单击"检索"按钮，将检索出相应的标准。

②通过英文信息检索某类标准。如果用户想检索与 motor 有关的电子资源，可以通过下面方法实现：

a. 通过在"英文标题"文本框中输入一个词检索。在"英文标题"文本框中输入"motor"这个英文单词，然后单击"检索"按钮，这时，凡是英文标准名称中有"motor"这个词的标准，将全部被检索出来。

b. 通过在"英文标题"文本框中输入多个词检索。如果用户想检索在英文标题中有"motor"和"pump"这两个词的标准，请在"英文标题"文本框中输入"motor * pump"，最后单击"检索"按钮。

如果用户想检索在英文标题中有"motor"或者有"pump"的标准，在"英文标题"中输入"motor + pump"，最后单击"检索"按钮。

c. "英文标题"与"英文主题词"联合使用进行检索（提高"查全率"）。仅在"英文标题"文本框中输入"motor"，有时会漏掉一些在英文标准名称中确实没有"motor"这个词，而这些标准又与"motor"有关的信息。因此，需要同时在"英文主题词"文本框中输入"motor"，然后单击"检索"按钮，这将提高电子资源的"查全率"。只要在"英文标题"或者在"英文关键词"中有"motor"的标准，都将被检索出来。

d. "英文标题"与"英文主题词"联合使用进行检索（提高"查准率"）。如果需要检索与"motor pump"有关的标准，在"英文标题"文本框中输入"motor"，在"英文关键词"文本框中输入"pump"，然后单击"检索"按钮，就可检索到在"英文标题"中含有"motor"而在"英文关键词"中含有"pump"的标准。

（4）地方标准检索。

①通过中文信息检索某类标准。如果想检索与汽车有关的地方标准，可以通过下面的方法实现：

a. 通过在"中文标题"文本框中输入一个词检索。在"中文标题"文本框中输入"汽车"，然后单击"检索"按钮。这时，凡是中文标题中有"汽车"这两个汉字的标准，将全部被检索出来。

b. 通过在"中文标题"文本框中输入多个词检索。如果想检索在中文标题中有"汽车"并且有"尾气"的标准，在"中文标题"文本框中输入"汽车 * 尾气"，最后单击"检索"按钮。

如果想检索在中文标题中有"汽车"或者有"尾气"的标准，在"中文标题"文本框中输入"汽车 + 尾气"，最后单击"检索"按钮。

②通过中文信息和采用关系，查询标准之间的关系。

a. 如果想检索与眼镜有关的地方标准是否采用了国际标准，在"中文标题"中输入"眼镜"，在"采用关系"文本框中输入"ISO"，然后单击"检索"按钮，这时，凡是采用了国际标准的，与眼镜有关的地方标准将全部被检索出来。

b. 如果想了解地方标准采用国际标准或其他发达国家的标准的情况，在"采用关系"文本框中输入相应的代码：日本（JIS）、俄罗斯（GOST）、德国（DIN）、英国（BS）、法国（NF）、美国（ANSI）、国际电工委员会（IEC）、国际标准化组织（ISO），然后单击"检索"按钮，将检索出采用国外标准的地方标准。

③通过中文信息和中标分类，检索某一类标准。如果想检索与食品有关的地方标准，单击"中标分类号"后的"请选择"，在弹出窗口中选择"食品"，然后单击"检索"按钮，所有与食品有关的地方标准，将全部被检索出来。"X%"的含义：X表示食品类,% 表示所有X类标准。

（5）期刊检索。

如果想检索与ASTM有关的期刊，可以通过中文信息进行检索：

①通过在"标题"文本框中输入一个词检索。在"标题"文本框中输入"ASTM"，然后单击"检索"按钮，这时，凡是英文期刊名称中有"ASTM"的期刊，将全部被检索出来。

②通过在"标题"文本框中输入多个词检索。如果想检索在英文标题中有"ASTM"和"steel"这两个词的期刊，请在"标题"文本框中输入"ASTM * steel"，最后单击"检索"按钮。如果想检索在英文标题中有"ASTM"或者有"steel"的期刊，请在"标题"文本框中输入"ASTM + steel"，最后单击"检索"按钮。

③"标题"项和"关键词"项联合使用进行检索。在"标题"文本框中输入"ASTM"这个词，会把只要在"标题"文本框中有"ASTM"这个词的所有期刊列出，而这些期刊未免太多。因此，需要同时在"关键词"文本框中输入"steel"这个词，"字段间关系"选择

"与",再单击"检索"按钮。这将提高期刊的"查准率"。只要在"标题"文本框中有"ASTM",并且在"关键词"文本框中有"steel"这个词关系选择"或",再单击"检索"按钮,只要"标题"或者"文摘"中有"steel"这个词的期刊,都将被检索出来的期刊才被检索出来。如果还想减少检索结果,还可以在结果中进一步检索。

④"标题"与"文摘"联合使用进行检索。如果想查询与"steel"有关的期刊,在"标题"文本框中输入"steel",并且在"文摘"文本框中输入"steel""字段间"。

(6)图书检索。

图书检索是中国标准服务网网上书店的图书检索系统,提供国内外标准类图书的检索服务。如果想检索与计算机有关的图书,可以通过下面方法实现:

①通过"书名"检索,在"书名"文本框中输入"计算机",然后单击"检索"按钮,这时,凡是书名中有"计算机"几个字的图书,将全部被检索出来。

②通过"书名"与"出版社"联合使用进行检索(提高"查准率")。在"书名"文本框中输入"计算机",那么书名中有"计算机"这个词的所有图书将被列出,而这些图书未免太多,如果同时在"出版社"选择"北京理工大学出版社",然后按"检索"按钮,这将提高图书的"查准率"。只要"书名"中有"计算机"这个词的所有北京理工大学出版社的图书,都将被检索出来。

第 8 章 论文写作

论文在《现代汉语词典》中的解释是专门讨论或研究某种问题的文章。学术论文是某一学术课题在实验性、理论性或观测性上具有新的科学研究成果或创新见解和知识的科学记录；或是某种已知原理用于实际中取得新进展的科学总结，用以提供学术会议上宣读、交流或讨论，或在学术刊物上发表，或作其他用途的书面文件。由此可见，论文既是探讨学术问题、进行科学研究的一种手段，又是描述科研成果、阐明学术观点、进行学术交流的一种工具。因此，大学生学习和掌握论文的写作知识，可以了解科学研究的基本过程，掌握如何搜集、整理和利用文献信息的能力与技巧，如何利用图书馆、数据库，如何分析论述问题，为今后的学习和工作打下良好的基础。

8.1 论文的特点

学术论文作为一种文章样式与其他文章相比有其显著的特点。

1. 科学性

学术论文是运用概念、判断、推理、证明和反驳等逻辑思维手段来分析、阐明自然科学和社会科学的某些原理、规律和技术方法等各种问题及成果的议论文章。因此，学术论文都应具有严密的科学性，科学性是学术论文的生命。学术论文的科学性要求论文的观点、内容、资料、结论都应符合客观事物的发展规律，不能主观或轻率盲从；论文选用材料应真实可靠，切忌弄虚作假，更不能无中生有；论证要客观、公正，分析、推理、判断应符合逻辑。

2. 创造性

虽然任何科学研究都是在学习和借鉴他人成果的基础上发展起来的，但是，科学研究的意义在于不断地发现新领域、探索新现象、提出新见解、解决新问题、取得新进展。因此，论文写作不能单纯重复前人的结论和经验，而应在别人研究成果的基础上，提出作者自己的、有创造性的见解。当然，这种创造性可以表现为提出新的发现、新的理论、新的见解；也可以从新的角度，进一步说明和阐述他人研究过的课题等。这都是创造性的体现。

3. 理论性

科学研究离不开理论思维。理论思维成果反映到论文里，构成论文的理论性。理论高度是人类认识发展的标志，论文所能达到的理论高度是衡量其水平和价值的重要标志之一。学术论文的理论性要求我们在论文写作中不能停留在就事论事的水平上，而是要分析具体事物的具体矛盾，从中找出事物的规律和本质，从而把自己的认识和发现上升到理论高度。

4. 实用性

学术论文的科研成果应当具有一定的实用价值和现实意义。无论是自然科学还是社会科学，学术论文所提出的新观点、新发现、新理论，应对本学科的发展，或是生产力的提高，或是工作的改进，有参考和指导作用。

8.2 论文的分类

论文按不同的分类方法分为不同的类型。

1. 按学科性质，分为社会科学学术论文和自然科学学术论文

社会科学包括哲学、政治学、经济学、法学、文学、历史学、教育学、新闻学等学科。自然科学包括数学、物理学、化学、天文学、地质学、生物学等学科；还包括将基础理论转化为应用的技术学科，如材料学、能源科学、空间科学、电子技术科学、农业科学等；还包括直接应用于生产和生活的应用科学，如建筑工程、遗传工程、电子计算机工程、环境工程等等。

2. 按写作目的，分为专业性论文、毕业论文、学位论文

（1）专业性论文是专业研究人员和专业工作人员进行专业理论研究，描述科研成果，用来发表、交流研究成果，或提交给专业部门用来指导实践的一种论文。

（2）毕业论文是高等院校应届毕业生在老师的指导下，综合运用所学专业基础理论、基本知识和基本技能，针对某一现象或问题，进行独立分析和研究写成并提交的具有一定学术价值的文章。

（3）学位论文是申请者为取得学位而提交的学术论文，分为学士论文、硕士论文和博士论文。学士论文要求作者对所研究的课题有一定的心得并具有从事科学研究的初步能力；硕士论文要求作者对所研究的课题有独到见解并具有独立从事科学研究的能力；博士论文要求作者对所研究的课题做出创造性成果并具有坚实的知识和较强的科学研究能力。

3. 按篇幅、字数，分为单篇学术论文和专著

①字数在 4 万字以下，为单篇学术论文。
②字数在 5 万字以上的论文为学术专著。

8.3 论文的基本格式及写作要求

1. 基本格式

按国家标准 GB 7737—1987 的规定，科学技术报告、学位论文和学术论文由前置、主体、附录和结尾四大部分组成，如图 8-1 所示。

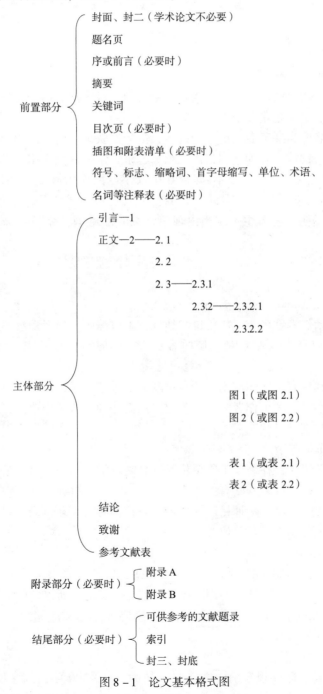

图 8-1 论文基本格式图

其中，附录部分和结尾部分是选择性的，因此，学术论文必须包含的只有八个组成部分，如图 8-2 所示。

图 8-2　学术论文 8 个组成部分

2. 论文各部分写作要求

（1）题名（Title，Topic）。

题名又称标题、题目或论题。它应当是用最恰当、最简洁的词语反映论文中最主要的特定内容的逻辑组合。论文题名要求准确、简洁、新颖。

准确：论文题名应当准确表达论文的内容，恰当反映论文的范围和深度。题名中的词语还应当有助于选取关键词，并为编制二次文献如题录、索引提供实用信息。

简洁：题名不宜过长，一般以不超过 20 个汉字。用作国际交流的论文应附加外文题名，外文题名一般不应超过 10 个实词。如果受字数限制，题名不能完全反映论文内容时，可加副题名进一步说明。题名中不应当出现不常见的缩略词、缩写字母、字符、代号、公式等。

新颖：题名与文章内容、形式一样，应体现作者的独到见解，做到不落俗套，引起读者阅读兴趣。

（2）作者信息（Author and department）。

作者信息应包括作者姓名、工作单位和地址、邮政编码。作者信息不仅记录该项研究成果为作者所拥有，而且表示作者对文稿内容负责，同时也方便读者、作者和编者之间的联系。

多个作者应按其对研究工作与论文撰写贡献大小排序。贡献最大为第一作者，贡献次之为第二作者，以此类推。多个作者为同一单位，不需分别注明工作单位、地址、邮编。若不在同一单位，则应分别予以注明。

（3）目录（Catalogue）。

篇幅较长的科学论文，在著者工作单位和姓名之后附有目录。目录是论文的小标题，反映论文内容的纲要，便于读者查阅有关章节。

若论文中采用数学符号、物理量以及其他符号较多时，可在目录后列出文中引用的符号表，注明符号所代表的物理量与单位等。

（4）摘要（Abstract）。

摘要是对论文内容不加诠释和评论的简短陈述。按正规要求，学术论文还应有外文摘要，以便国际交流。摘要能使读者不用阅读全文就能了解论文所涉及的主要内容，从而决定是否阅读全文，所以，摘要起报道作用。同时，摘要又是原文的缩影，有利于文摘报刊转载，此时，摘要起到索引作用。

摘要的写作要求：

①在字数上按国家标准规定，中文摘要字数为 200~300 字，外文摘要字数不宜超过

250个实词。对评审的学位论文或评议的学术论文，可按有关单位要求，不受此字数限制。

②在内容上应包括研究问题的背景和意义、研究的主要内容、研究取得的结论和研究成果、结论或成果的意义。

③英文摘要不一定要重复中文摘要内容，表述内容可以不同，但同样应简明扼要。

（5）关键词（Keyword）。

关键词是为了文献标引从论文中选取出来的、能够表达全文主题内容的单词或术语。国家标准规定，每篇论文可选取3~8个词汇作为关键词。关键词以显著字另起一行，排在摘要的左下方。为了国际交流，可以给出多文种的关键词。关键词起到揭示论文内容，便于论文在检索系统中的组织和利用的作用。关键词的选择方法：作者完成论文写作后，纵观全文，选出最能表达论文主题的词汇。这些词汇，可以从论文的题目中选，也可以从整篇论文中出现频率较高的词汇中选。

（6）引言（Introduction）。

引言又称前言或绪论。引言是向读者揭示论文的主题、目的。

引言的写作内容包括：论文所研究问题的背景、现状；前人研究的成果和空白；达到研究成果的研究方法和实验设计；研究工作的新发现；等等。引言不要与摘要雷同或成为摘要的解释，不要解释基本理论，不要推导公式。引言应该言简意赅，篇幅不应过长。字数视论文篇幅大小和内容而定，长的可达700~1 000字，短的不到100字。

（7）正文（Mainbody）。

正文是一篇论文的主体，约占全文的2/3。论文的创造性成果都在这一部分体现，因此，正文的水平标志着论文的学术水平。正文的写作要求是：内容充实，论点明确，论据可靠，论证清晰。

由于学术论文所涉及的学科、选题、研究方法、实验方法等差别很大，本书对正文的写作不能作统一的规定。

（8）结论（Conclusion）。

结论是全篇论文的归结。结论从内容上来说，不是某一局部问题或某一分支问题的结论，而是从全篇论文的全部材料出发，经过推理、判断、归纳等逻辑分析过程得到的新的学术观点、新的见解。

结论写作应包括：

①本文的研究成果说明了什么问题，解决了什么理论或实际问题。

②对前人有关看法作了哪些检验、修正、补充和发展。

③本文尚未解决的问题或不足之处，以及对解决这些问题的可能的关键和今后的研究方向。

（9）致谢（Thanks）。

致谢在论文结束之后。对曾经给自己研究课题或论文写作给予帮助的单位或个人，表示感谢，这是尊重他人劳动的一种表现。如果得到过几个人的帮助，应按实际帮助的情况，依次列出，不必按职称或社会地位的高低来排。谢词要诚恳、言简意赅。

（10）参考文献（Reference）。

科学研究工作总是在前人基础上发展提高的。在论文中引用前人的文章、数据、结论等资料时，应按文中出现的先后次序，列出参考文献。这样，可以反映真实的科学依据、严肃的科学态度，尊重别人的学术成果，还可以指明引用资料的出处，便于检索利用。

根据 GB 3469—1983《文献类型与文献载体代码》规定，以单字母标识：

M——专著（含古籍中的史、志论著）

C——论文集

N——报纸文章

J——期刊文章

D——学位论文

R——研究报告

S——标准

P——专利

A——专著、论文集中的析出文献

Z——其他未说明的文献类型

电子文献类型以双字母作为标识：

DB——数据库

CP——计算机程序

EB——电子公告

非纸张型载体电子文献，在参考文献标识中同时标明其载体类型：

DB/OL——联机网上的数据库

DB/MT——磁带数据库

M/CD——光盘图书

CP/DK——磁盘软件

J/OL——网上期刊

EB/OL——网上电子公告

我国国家标准 GB 7714—1987《文后参考文献著录规则》中对文后参考文献的标注和参考文献的著录项目与著录格式做了规定。

①参考文献的标注方法。

a. 顺序编码制：按论文正文引用的文献出现的先后顺序连续编码，并将序码置于方括号中。

例：

关于主题法的起源众说不一。国内有人认为"主题法检索体系的形成和发展开始于 1856 年英国克雷斯塔多罗（Crestadoro）的《图书馆编制目录技术》一书"，"国外最早采用主题法来组织目录索引的是杜威十进分类法的相关主题索引……"[1]。也有人认为"美国的贝加逊·富兰克林出借图书馆第一个使用了主题法"[2]。

参考文献

[1] 刘湘生. 关于我国主题法和分类法检索体系标准化的浅见. 北图通讯, 1980（2）: 19-23

[2] 杨沛霆, 赵连城. 建立检索系统的几个问题. 北京: 中国科学技术情报研究所, 1963

b. "著者-出版年"制。正文部分引用的各篇文献的标注内容由著者姓氏与出版年构成。当标注姓氏无法识别该人名时,可以标注著者姓名,集体著者的文献可标团体名称。

②参考文献的著录项目和著录格式。

a. 专著、论文集、学位论文、报告。

主要责任者. 书名. 文献类型标识(供选择). 其他责任者(供选择). 版本. 出版项(出版地:出版者,出版年). 文献数量(供选择). 丛编项(供选择). 附注项(供选择). 文献标准编号(供选择)。

例:姚衍春,赵文智. 论文写作基础[M]. 北京:中央党校出版社,1996

例:辛希孟. 信息技术与信息服务国际研讨会论文集:A 集[C]. 北京:中国社会科学出版社,1994

例:张筑生. 微分半动力系统的不变集[D]. 北京:北京大学数学系数学研究所,1983

例:冯西桥. 核反应堆压力管道与压力容器的 LBB 分析[R]. 北京:清华大学核能技术设计研究所,1997

b. 连续出版物。

题名. 主要责任者. 版本. 年. 月,卷(期)或其他标识[年. 月,卷(期)~年. 月,卷(期)](供选择). 出版项(出版地:出版者,出版年). 丛编项(供选择). 附注项(供选择). 文献标准编号(供选择)

例:李彦明. 简述科技论文写作的通用格式[J]. 中国兽药杂志,2004(1)

例:金显贺,王昌长,王忠东等. 一种用于在线检测局部放电的数字滤波技术[J]. 清华大学学报(自然科学版),1993,33(4):62-67

c. 论文集中的析出文献。

析出责任者. 析出题名. 析出其他责任者. 原文献责任者. 原文献题名. 版本. 出版地:出版者,出版年. 在原文中的位置

例:钟文发. 非线性规划在可燃毒物配置中地应用[A]. 赵玮. 运筹学的理论与应用——中国运筹学会第五届大会论文集[C]. 西安:西安电子科技大学出版社,1996:468-471

d. 专利。

专利申请者. 专利题名[P]. 专利国别. 专利文献种类,专利号. 出版日期

例:姜锡洲,一种温热外敷药制备方案[P]. 中国专利,881056073.1989-07-26

e. 报纸文章。

作者. 题名[N]. 报纸名,出版日期及期号(版次)

例:史君良. 围绕旋律婉转歌唱[N]. 音乐周报,2002-11-215(3)

f. 电子文献。

作者. 题名[电子文献及载体类型标识]. 电子文献的出版者或可获得地址,发表或更新日期/引用日期(供选择)

例:王明亮. 关于中国学术期刊标准化数据库系统工程的进展[EB/OL]. http://www.cajcd.cn/pub/wml.txt/980810-2.html,1998-08-10-04

g. 各种未定类型的文献。

主要责任者. 题名[Z]. 出版地:出版者,出版年

例:温廷宽,王鲁豫. 古代艺术辞典[Z]. 北京:中国国际广播出版社,1989

h. 外文文献。

引文及参考文献中的论文排序方式基本同中文文献；书名及刊名用斜体字，期刊文章题名用双引号；是否列出文献类型标识号及著作页码论文必须列出首尾页码可任选；出版年份一律列于句尾或页码之前（不用年份排序法）。

例：Nettl. Bruno. The Study of Ethnomusicology：Twenty - nine Issues and Concepts［M］. Urbana and Chicago：University of Illinois Press，1983.

Harrison. Frank. Universals in Music：Towards a Methodology of Comparative Research. World of Music，1977，19（1 - 2）：30 - 36.

外文文献一定要用外文原文表述（也可在原文题名之后的括号内附上中文译文），切忌仅用中文表达外文原义。

例：Rees，Helen. Echoes of History：Naxi Music in Modern China［M］. New York：Oxford University Press，2000

Rees，Helen. Echoes of History：Naxi Music in Modern China（历史的回声：当代中国的纳西音乐）［M］. New York：Oxford University Press，2000

误：李海伦. 历史的回声：当代中国的纳西音乐. 纽约：牛津大学出版社，2000

（11）附录。

附录是在论文末尾作为正文主体的补充项目，是不便于列入正文的有关资料或图纸，如原始实验记录、实验数据统计表、图像、照片、公式推导等。这些附录材料，实际上是作为论文的某一个方面的论据来使用的，它为确立论点提供一定的论据，所以是论文的一个有机组成部分。

为了扩大对外学术交流，有些无力刊发英文版论文的学术刊物，在参考文献后常附上本文英文摘要，便于不懂中文的读者，了解论文的主要内容。

（12）结尾。

论文的结尾部分包括文献数据表、文献发放范围一览表、索引、封底（即封3和封4）。

8.4　论文的写作步骤

1. 学术论文的选题

论文的主题是文章的灵魂，也是论文作者首要解决的问题。选择好的研究课题能够提升文章的价值。爱因斯坦说过"提出一个问题往往比解决一个问题更重要。因为解决一个问题也许仅仅是一个数学上或实验上的技能而已。而提出新问题、新的可能性，从新的角度去看旧问题，却需要创造性的想象力，而且标志着科学的进步"。虽然爱因斯坦是针对自然科学而言，但对社会科学同样适用。因此，有人认为，选准论文的课题，等于论文写作成功了一半。

（1）选题的原则。

论文的选题既要符合现实的需要，又要有一定的学术价值；既要反映事物的客观规律，具有创新性，又要有主观可行的条件。选题要把握的原则有价值性原则和可行性原则。

①价值性原则。选题要有价值，价值又包括两方面，即社会价值或者学术价值。选择社会生活中被普遍关注的重要问题和热点问题，运用所学的理论知识对其进行研究，提出解决

问题的见解，探讨解决问题的方法，才能体现论文的价值所在。无论是解决重大的理论课题还是解决某一方面的具体问题，只要是与社会生活和科学文化事业密切相关的问题，是千百万人所关心的问题，能及时回答和解决人们在思想、工作和学习中亟待解决的问题。如与党和国家、国计民生有关的重大问题，群众普遍关心的问题等。

②可行性原则。选题时要充分考虑主、客观条件，即要选择那些客观上需要，主观上又有能力完成的题目。既重视课题研究的必要性，又考虑完成研究工作的可行性，才能保证课题研究的顺利进行。作者选择的题目的方向、大小、难易程度都应与自己的知识积累、分析和解决问题的能力相适应。科学领域里分支学科众多，每门学科又有各种类型的问题，选题时要根据自己的研究能力选择难易程度相当的课题。科学研究还受多种外部条件的制约，选题时要考虑科学发展的程度，看是否为解决课题提供了必要的基础，对情况不了解、资料不齐备、政策不了解的选题就不宜选择。

（2）选题的方法。

在选题时应了解课题的历史和现状。例如前人已有的重要成果，已经解决的问题，代表性的意见和人物等，更重要的是要弄清哪些问题还存在争议？争议的焦点在哪？哪些问题还未触及？哪些属于研究的薄弱环节？哪些领域是还未开拓的处女地？哪些课题具有重点的意义和广阔的前景？在此基础上才能做到选题的有的放矢。选题时常见的方法有以下几种，它们各有特点，但并非互相对立，可以交叉使用。

①可以选择科学上的前沿课题。在科学研究中，新的发现和创造最具有科学价值。因为每一项新发现、新创造都将使科学的发展向前推进。科学上的前沿课题显示作者的创造才能，也标志学科发展中最具活力、最有价值的方向，影响巨大而深远。

②可以选择对传统观念提出质疑的课题。人类的认识规律决定了对一个问题的认识和研究不可能一次性完成，所以对现有的理论和实践方面的重大问题已有研究成果可以进行再认识。以新的角度、新的研究方法、新的材料做进一步研究，大胆假设，小心求证，纠正原来片面、偏颇甚至错误的观点，积极大胆、实事求是地探索真理，也是很有创造性的选题。

③可以选择被人遗忘的课题。在某一时期，由于人们侧重于某学科的研究而忽视了另一些学科的研究，致使该学科的研究出现空白，或者只侧重某一学科的某些方面的研究而忽视另一些方向，致使该学科的研究出现空白。这些被人遗忘的领域往往很有价值和意义，选择这些课题，不仅很少与人"撞车"，拓宽研究视野，而且容易获得成功。

④可以选择热门课题。每个时期总有几个中心议题。由于它是议论的热点，智者见智，仁者见仁，相互讨论、相互补充，容易深入思考，产生独到见解。又因为热点话题往往是与广大人民群众密切相关，是社会亟待解决的问题，运用理论知识对其进行研究，提出自己的见解，探讨解决问题的方法很有现实意义。

⑤可以选择冷门课题。与热门选题相反，有些议题因其难度大，或其重要意义还不为人们所认识而成为冷门。如果作者能耐得住寂寞，不畏艰难，坚持研究，也能收获成功的喜悦。

2. 文献收集

课题选好之后，就进入学术论文的准备阶段。论文的写作准备因人因条件因研究对象的不同而不同。但都要围绕论题收集资料，归纳整理资料，逐步形成论点、论据。资料是学术论文写作的基础，一篇几千字的论文，可能要搜集到几万字，甚至几十万字的资料。所以搜集整理资料是学术论文写作中一项极其重要的工作。

（1）收集资料的范围。

只要是与课题相关的事实、理论、数据都应该收集，从不同的角度可把这些资料分为不同的类型。根据资料自身性质及其研究的对象的关系，可分为原始资料和二手资料。原始资料由作者亲自参加调查或实验得来的资料，二手资料指从各种传递渠道得到的资料。

（2）收集资料的途径。

①充分利用图书馆和各类资料室。图书馆和资料室是进行科学研究的重要阵地，特别是图书馆，是文献信息的中心。通过图书馆和各类资料室，利用图书目录、索引、文摘、专集、年鉴、百科全书等检索方法，查找有关文献资料是收集资料的有效手段。

②进行社会调查和科学实验。从社会生活和科研实验中获取的第一手资料真实可靠，但必须注意以下问题：要围绕课题进行深入细致的调查和实验；要讲究方法，是问卷调查，还是跟踪考察，是抽样调查，还是随机采访。

③用 Internet 收集资料。互联网上的资源超乎想象的丰富，其信息不仅包括目录、索引、全文，还包括程序、声音、图像等各类文件和多媒体信息，信息内容涉及社会、政治、经济、军事、科技、文化、教育、艺术等。利用互联网收集资料方便、快捷。

（3）收集资料的方法。

①做卡片。使用卡片收集资料，具有便于分类、保存、查找，并且可以随时重新组合的特点。用卡片记录时资料内容的同时应注明资料的出处，如果是著作，要注明作者、书名、出版单位、出版年月及页码；如果是期刊，则注明论文题目、期刊名称、期刊号。

②做笔记。好记性不如烂笔头。阅读书报期刊，做实验和调查研究时，要随时记录所需资料的内容或有关思想、体会、理论观点，同时留出空白页面以备记录对有关摘录内容的理解、评价和体会。

③剪贴报刊。将有用的资料从报刊剪下来，或用复印机复制下来，再进行剪贴。把这些资料进行分类剪贴，可节省抄写资料的时间。

（4）资料的整理。

将收集来的零散的资料进行归纳分类，使之系统化、条理化就是资料整理的过程。整理资料的方法有辨析和分类。

①辨析法。辨析资料可以从适用性、真实性、新颖性和典型性四方面展开。

a. 辨析资料的适用性。作者要阐明的中心论点是选择资料的依据。用什么资料、不用什么资料，都要根据论文的中心论点来决定。不加分析地把所有收集到的资料统统用到文章里，使得论文的中心不突出，其实就是降低了文章的质量。

b. 辨析资料的真实性。一篇论文能否经受时间的考验，在于是否从真实可靠的资料中引出科学的结论。真实性要求作者在选择资料时要尊重客观实际，不能夹杂个人的好恶与偏见；选择资料时有理有据，对采用的资料要认真核对。

c. 辨析资料的新颖性。资料的新颖性包括两方面的含义：一方面指以前没有的，近期才出现的新事物、新思想、新发现；另一方面指某种早已存在的事物现在人们才发现其价值的资料。因此，新颖性不仅对资料产生的时间有要求，更重要的是从普遍常见的资料中发掘别人尚未利用的东西。

d. 辨析资料的典型性。资料的典型性是指资料能够深刻地揭示事物的本质，具有普遍代表性和强大说服力。材料并不需要多，却要具有无可辩驳的逻辑力量。产生这样的效果，一个重要的因素就是在于材料要选得十分精悍典型。

②分类法。对收集的资料进行辨析和取舍之后，再对其进行分类归纳，使之更加系统、条理，利用起来更加便利。方法有观点分类法和项目分类法。

a. 观点分类法是指以一个观点为统领，把与之相关的论点、论据、论证方法等资料汇总，形成系列。这样做可以使作者对各种资料的认识和理解更加清晰、深刻。

b. 项目分类法指按照资料内容的属性分项归类。整理资料时可按选题研究进程分成几个项目，也可按资料种类分项归类。如按资料种类分项归类可把资料分为理论类、事实类等。但这种分类法缺乏对资料的系统分析。

3. 结构设计

结构是论文各组成部分的总体布局和全部材料的具体安排，包括层次、段落、过渡、照应、开头、结尾等内容。

（1）结构的基本形式。

论文的结构形式多样，但也有相对稳定的基本类型。利用基本类型撰写学术论文，不仅便于组织材料和表达观点，也便于读者阅读。论文结构的基本形式分绪论、本论和结论。

①绪论。绪论也称引言或导言，用来说明研究本课题的目的、意义和使用的方法。内容包括课题的历史回顾，对前人的研究成果的评述，选题的背景、缘起，作者的基本观点和研究结论等。绪论要求符合三点：第一要开门见山。直截了当点明主题，提出论点。第二要不落俗套。绪论突破呆板模式，引人入胜，可以激发读者的兴趣。第三要简明扼要。繁杂冗长的绪论，不仅使论文显得头重脚轻，结构不匀称，而且影响读者的阅读兴趣。绪论的写作篇幅一般控制在全文的1/10以内。

绪论的写作方法有交代式、提问式、提要式、阐释概念式、对比式等等。不论怎样开头，都应紧扣论文主题。或作为标题的补充与完善，或强调撰写论文的目的，或阐明论文的展开方案，或交代论文的理论背景与历史背景。

②本论。本论是学术论文的主体部分，是学术论文的核心。它要求详尽地阐述个人的研究成果，特别是作者提出的新的创造性的观点和看法。这一部分，要根据论题的性质，或正面立论，或批驳不同看法，或解决疑难问题。作者要根据论点的需要，组织真实、新颖、典型的论据，充分展开论题，论证自己的思想、观点和主张。

本论部分具有篇幅长、容量大、层次多的特点，这就要求写作时思路清晰、布局合理、结构紧凑。根据层次之间的不同关系，可以把本论部分的结构分成并列式、递进式和混合式。

a. 并列式也称横式结构或平列式结构。它指各分论点相提并论，各层次平行排列分别从不同的角度、不同侧面论证中心论点，使文章呈现出起齐头并进的格局。

b. 递进式又称纵式结构或推进式结构。指对需要论证的问题，采取一层层的形式安排结构，使层次之间呈现出一种层层展开、步步深入的逻辑关系。前一层次的结论是后一层次的基础，后一层次的认识是前一层次的升华，各层次之间一层比一层深入，最后得到深刻透彻的结论。

c. 混合式又称并列递进式结构或纵横交叉式结构。它是将以上两种结构方式结合起来，通常以其中一种为主来安排大的层次，而以另一种结构来安排小的层次。这种结构常常用在论文的层次关系平行，没有主次、强弱之分，没有解释与被解释和支配与被支配之分。混合式又分为两种同向并列和反向并列。

本论部分最主要的任务是组织论证、以理服人。作者要用真实、典型、充分的论据展开充分的论证，证明自己的观点是正确的、可信的。论证的方法有立论和驳论。

a. 立论。作者运用各种论据从正面阐述证明观点的正确性的方法。立论常用的方法有例证法、引证法、归纳法、演绎法、分析法、因果论证法、类比法等等。

b. 驳论。根据作者掌握的理论和事实，通过驳斥对方论点的错误性和荒谬性来证明自己的观点的正确性的论证方法。驳论常用的论证方法有反证法、直接反驳法、归谬法等。

一般来说，单纯使用一种论证方法的情况是很少的，将几种论证方法结合起来使用，才能取得好的论证效果。

③结论。结论是绪论提出问题，本论分析问题之后推出的结果。这一部分的写作要对本论分析、论证的问题加以综合概括。在本论中，作者可以提出对本课题结论性观点或进一步的研究方向，也可以指出本课题研究中遗留的问题以及需要进一步探讨的问题等。

结论必须是从绪论中提出来的，在本论中论证的，而不能是凭空想象和牵强附会的。好的结尾，是全文的总结，能够使论点与论题联系紧密，从理论的高度将内容升华，体现论文的学术价值。

总之，绪论、本论、结论三者紧密相连，构成学术论文常见的结构。

（2）层次的安排。

层次是论文内容的划分和表现次序。它是事物发展的阶段性、客观矛盾的各个侧面、人们认识和表达问题的思维进程在文章中的反映。层次也称为"意义段"或"结构段"，它体现作者思路的展开步骤。安排层次就是对文章进行总体布局，必须分清哪些内容是主要的，哪些内容是次要的；哪些内容之间的关系是递进的，哪些内容之间的关系是并列的；哪些内容应当先说，哪些内容应当后说。材料之间关系不同，处理方法也应不同。

层次安排，最常见的三种顺序有按时间顺序、按空间顺序和按推理顺序。最常见的方式有分总式和总分式。

（3）段落的划分。

段落是构成文章的基本单元。它有"换行"另起的明显标志，是文章思想内容在表达时由于转折、强调、间歇等情况造成的文字停顿。段落习惯上称为"自然段"。每一段都有一个中心意思，通常在段首，有时在段尾，有时在段中。段落划分要注意段落的统一、完整和各段之间大体匀称。

开头、结尾、过渡和照应，也是结构的内容，写得好坏，直接影响文章的表达效果，因此也要下一番功夫。

4. 编写提纲

在学术论文的写作过程中，提纲是动笔行文前的必要准备。学术论文的结构比较复杂，篇幅较长，编写提纲可以有效地帮助作者理清思路，布置论文全局结构，把握论文的逻辑结构，将观点和材料组织成条理清晰、连贯流畅的论文轮廓，为今后的写作提供一个框架。

（1）编写提纲的要求。

①围绕中心论点进行资料取舍。尽管我们花费许多精力搜集了大量资料，但是与中心论点关系不大或无关的材料都应该毫不吝惜地舍弃。必须时刻记的论点是学术论文的价值所在，编写提纲时也应让结构安排、论据选择、论证方法等为论点服务。

②充分考虑各部分的逻辑性和连贯性。初写论文的人常常犯的毛病是论点和论据之间没有必然的联系。有的只是反复阐述论点，而缺乏有说服力的证据；有的堆砌一大堆材料，而没有明确的论点；有的各部分之间没有形成有机的联系。这样的学术论文都是不合乎要求的，在拟订提纲时就要注意论点与论据、组织结构、表述语言的统一。

（2）编写提纲的方法。

①标题式写法。标题式写法是以简要的语言，以标题的形式把该部分内容概括出来。这种写法简明扼要、一目了然。

②句子式写法。句子式写法是以能够表达完整意思的句子形式，把该部分内容概括出来。这种写法具体明确，但费时费力。

5. 撰写初稿

撰写初稿是按照拟订的论文结构和写作提纲，运用语言文字，将作者的研究成果、思想观点表达出来，之前的所有工作都是为之服务的。不论作者的选题如何恰当，立意如何新颖，材料如何丰富，只有经过撰写阶段，才能将这些无形的思想变成有形的文章。撰写初稿之前，许多思想是模糊的、混乱的、未成形的，撰写初稿时使它们明朗化、条理化、定形化。在行文的过程中，将原来的选题、创意、布局不断调整、补充、修正，这是文章从内容到形式的基本成型的过程，也是作者思维最活跃，精力最集中，其知识、阅历和才能得到最充分调动的过程。

（1）撰写初稿要求。

①围绕中心，紧扣主题。中心论点是学术论文的灵魂和核心，学术论文的各个环节都是围绕中心论点而展开。材料的取舍、结构的安排，甚至句式的选择、词语的遣用等，都要紧紧把握中心论点，这样写出的文章不至于杂乱无章、支离破碎。

②思路清晰，完整统一。学术论文要做到观点鲜明，中心明确，各部分之间要具有内在的逻辑联系。比如各段落之间要完整统一，每段大意要单一而不杂乱，还要注意段与段之间的衔接，这样使得全文每一段落、每一章节、每一部分都能前后照应、浑然天成。

（2）撰写初稿的方法。

①一气呵成法。一气呵成法指按照事先拟订的写作提纲，一直写下去，思路不中断，直到初稿完成后，再对文稿仔细推敲、修改和润饰。

采用这种方法要求作者对论文各部分内容了如指掌，各种材料准备很完备。即使在写作过程中遇到观点不深刻、材料不充实、结构不严谨、文字不通顺时，一概不做停顿，待到初稿完成后再做修改。

②各个击破法。论文的篇幅很长，而把论文划分成若干个相对独立的部分，然后一个部分一个部分地写，最后排列组合成一篇完整的论文。这种方法使作者不受写作提纲中部分与部分之间排列顺序的限制，考虑成熟一部分，撰写一部分。

采用这种写法要注意根据实际情况，制订出分段写作的计划，既要保持各部分内容的独立性，又要保证论文的完整统一性。

6. 论文修改

好文章都是改出来的，对已经完成的初稿反复推敲琢磨，多次修改、润饰，就是对论文进行一次次再研究、再认识、再创造的过程，唯有这样才能使论文更加充实，日臻完善。

（1）论文修改的范围。

论文修改的目的是使文章更加准确、鲜明、深刻地表述作者的研究成果。因此论文修改的范围广泛，大到主题思想，小到标点符号，发现什么问题，就修改什么问题。具体地说，包括以下几方面：

①修改论点。论点是由一个中心论点和支持中心论点的分论点构成，是作者对其所选论题的观点、看法和主张。论点是论文的灵魂，论点是否恰当直接关系到论文的成功与否。论文的修改，首先是对论点的修改。论点的修改要综观全局，立足全篇。首先要审视中心论点是否正确、集中、鲜明、深刻，是否有创新。再者根据中心论点审视各分论点是否与中心论点保持一致。总之，把偏颇改中肯，片面改全面，模糊改鲜明，肤浅改深刻，松散改集中，陈腐改新颖。

②修改结构。结构是文章的整体框架，是作者思路的表现，也是表达思想内容的重要手段。结构包括层次、段落、过渡、照应、开头和结尾等内容。论文的结构是否完整、严密，层次是否清晰，段落划分是否合适，开头和结尾、过渡如何照应，直接关系到论文的表达效果。调整结构时注意把杂乱无章的层次梳理顺畅，上下文断裂的地方连贯协调，详略不当、轻重倒置的调整适宜，使全文完整严密。

③修改材料。材料是证明观点的论据，是论点成立的依据。文章的主题与材料密切相关，修改材料的目的是使材料能够起到说明观点、充分表现和深化主题、揭示内容实质、增强论文说服力的关键作用。

对选用的材料要求真实、典型、新颖、合适，恰到好处，不滥不缺。如果不符合要求，就要增补、删减、调换。要把失实的、重复的、无关的材料删除，平淡的、陈旧的调换，不足的、单薄的补充。

④修改语言。语言运用是否准确、精练，直接影响论文的质量。对语言的修改，是对字、词、句及标点符号的修改。要看用词是否准确，句子是否通畅，诵读是否顺口，通篇有无漏笔。要剪去闲文，使语言精练；修改病句，使文字通顺；删减冗笔，使文章严谨。

⑤修改标题。标题的修改包括节段标题和总标题的修改。对节段标题，要检查层次是否清晰，格式是否一致。同一层次的标题表达应一致。

总标题在写作前已经拟好，对文章的写作有重要的指导作用。初稿完成后，应根据内容对总标题再进行斟酌和推敲，如果文不配题，要再调整、修改，使之具有高度概括性。

（2）论文修改的方法。

论文修改的方法主要有热改法、冷改法、求助法和诵读法。

①热改法。热改法指初稿完成后立即进行修改的方法。作者完成初稿，还处于写作兴奋状态，此时应趁热打铁，对需要删改的地方及时修改。这种方法比较适合对论文进行补充修改。

②冷改法。冷改法指初稿完成后，放上一段时间再修改的方法。论文初稿完成后，不

急于修改，待写作兴奋期已过，跳出原来的思路和情绪，用一种更加客观、清醒的眼光重新审视原稿，能够摆脱原来固定思路的束缚，发现原稿中的不足和毛病，修改时更趋理性。

③求助法。求助法指初稿完成后虚心听取别人的意见，请求他人帮助修改的方法。俗话说："当局者迷，旁观者清。"自己写的文章往往自己看不出毛病，而别人能从旁观者的角度对论文提出更为客观的修改意见。但是，由于每个人的生活阅历、文化水平和思维方式不同，听取别人意见的同时不一定要全盘接受，要以对论文是否有益为前提。

④诵读法。诵读法指初稿完成后，诵读几遍，发现问题及时修改的方法。文章"理不足读不下去，气不盛读不下去，情不真读不下去，词不雅读不下去，起处无用意读不起来，篇终不漏读不了结。"诵读能够发现论文存在的种种问题，从而帮助作者把论文修改得更好。

7. 论文定稿

学术论文经过修改后就可以誊清定稿了。一般誊稿使用 300 格或 400 格的稿纸，论文格式按照国家标准 GB 7713—1987 的规定，打印稿可不用规定的稿纸，但格式必须遵守国家标准 GB 7713—1987 的规定。

8. 投稿

学术论文大多数是通过学术期刊发表的，也有通过学术会议的论文集或专业报纸发表。投稿要讲究方法，否则会影响论文的发表率。投稿时应注意的问题有以下几点。

（1）选择期刊。

投寄稿件前要充分考虑自己论文的内容和水平，投寄给相应的期刊。

学术期刊有正式出版和非正式出版两种方式。有国际统一刊号即 ISSN 号的为正式出版刊物，较非正式出版刊物档次高，对论文质量的要求也高。

学术期刊还根据主办单位分为国家级、省级、地市级等。一般来讲。主办单位的级别越高，刊物的档次越高，对论文质量的要求也越高。

学术期刊还有核心期刊和非核心期刊之分。核心期刊指在本学科中刊载专业学术论文量（率）大、引用量（率）及文摘量（率）、利用量（率）高，被专家公认为代表该学科或该领域发展水平和方向的少数期刊。核心期刊具有学术的权威性，对论文的质量要求更高。

（2）不要一稿多投。

一稿多投指同一作者的同一篇论文同时向多家期刊投稿。这样容易造成多家刊物同时或先后发表同一篇论文，重复发表，有损作者和期刊的声誉。但在内部刊物上刊登过的文章可以再投给公开发行的刊物（刊出时加以注明）；参加学术会议交流的学术论文也可再投给公开刊物发表（刊出时注明在某学术会议上交流过）。

（3）自留底稿。

投寄的稿件，应自留底稿。大多数编辑部不采用的稿件一般不退稿。因此，作者应自留底稿，以免遗失。

参 考 文 献

[1] 卢小宾,李景峰.信息检索[M].北京:科学出版社,2013.
[2] 张帆,等.信息存储与检索[M].北京:高等教育出版社,2013.
[3] 张云秋,于双成.多媒体信息检索[J].技术与实例分析、现代图书情报技术,2012(4).
[4] 王曰芬,等.网络信息资源检索与利用[M].南京:东南大学出版社,2003.
[5] 夏立新.基于WWW的信息资源检索策略探析、图书[J].情报知识,2012(6).
[6] 陆建平.信息检索—从手工到联机、光盘、因特网[M].上海:华东师范大学出版社,2011.
[7] 彭奇志.信息检索与利用教程[M].北京:中国轻工业出版社,2016.
[8] 祁延莉,赵丹群.信息检索概论[M].北京:北京大学出版社,2016.
[9] 戴伟民,等.网络时代的信息组织[M].北京:北京图书馆出版社,2016.
[10] 吴新博.现代信息检索简明教程[M].北京:清华大学出版社,2016.
[11] 钟云萍,高健捷.信息检索应用技术[M].北京:北京理工大学出版社,2006.
[12] 徐庆宁.信息检索与利用[M].上海:华东理工大学出版社,2014.
[13] 孙济庆,等.现代信息检索教程[M].上海:华东理工大学出版社,2016.
[14] 沈传尧.信息资源检索[M].江苏:中国矿业大学出版社,2015.
[15] 卢小宾,李景峰.信息检索[M].北京:科学出版社,2013.
[16] 吴新博.现代信息检索简明教程[M].北京:清华大学出版社,2016.
[17] 董源.信息检索学[M].北京:中国林业出版社,2010.
[18] 郭吉安.现代信息检索教程[M].重庆:重庆大学出版社,2010.